值此中国人民银行建行60周年、人民币首发60周年之际,谨向为中国革命金融事业献身的先驱者们致敬!

《中国革命根据地货币史》丛书

《中国革命根据地货币史》丛书

中国革命根据地货币史纲

许树信 著

中国金融出版社

责任编辑：赵燕红
责任校对：李俊英
责任印制：毛春明

图书在版编目（CIP）数据

中国革命根据地货币史纲（Zhongguo Geming Genjudi Huobishigang）/许树信著．—北京：中国金融出版社，2008.9
（《中国革命根据地货币史》丛书）
ISBN 978-7-5049-4669-0

Ⅰ.中… Ⅱ.许… Ⅲ.革命根据地—货币史—中国
Ⅳ.F822.9

中国版本图书馆 CIP 数据核字（2008）第 052856 号

出版 发行	中国金融出版社
社址	北京市广安门外小红庙南里3号
市场开发部	（010）63272190，66070804（传真）
网上书店	http://www.chinafph.com
	（010）63286832，63365686（传真）
读者服务部	（010）66070833，82672183
邮编	100055
经销	新华书店
印刷	北京松源印刷有限公司
尺寸	140毫米×203毫米
印张	11.125
字数	209千
版次	2008年9月第1版
印次	2008年9月第1次印刷
印数	1—2090
定价	48.00元
ISBN 978-7-5049-4669-0/F.4229
如出现印装错误本社负责调换	联系电话（010）63263947

《中国革命根据地货币史》
丛书编委会

顾　　　　问：杨秉超
主 任 委 员：周世敏
副 主 任 委 员：许树信　戴志强
委　　　　员：王重山　吴　平　吴振强
　　　　　　　吴筹中　张　瀛　周战地
　　　　　　　金德平　姜宏业　赵宁夫
　　　　　　　赵会元　赵锡安　徐　枫
　　　　　　　童子玉　谢献华　傅藻生

《中国革命根据地货币史》丛书

总　　序

中国新民民主主义革命时期,中国共产党领导的各个革命根据地发行的货币,是中华民族货币发展史上光辉的一页,为开创新中国货币金融体系奠定了牢固的基础。

在庆祝中华苏维埃共和国国家银行创建六十周年之际,中国钱币学会革命根据地货币研究委员会决定编写《中国革命根据地货币史》系列丛书,敬献给创建革命根据地货币金融事业的革命先驱,以缅怀其丰功伟绩,发扬其革命精神。同时,这套系列丛书也是留给后来人,作为学习革命历史经验、继承优良传统的教材。这是一个光荣的历史任务。

总结革命根据地货币金融的历史经验,一是反映在中国共产党领导下,把马克思列宁主义的普遍真理和中国革命根据地货币、金融的具体实践相结合的历程，反映革命根据地货币制度、货币政策、货币购买力、货币形制，以及开展敌、友、我多方面的货币斗争的史迹，揭示革命根据地的金融工作者如何驾驭货币规律，为革命战争服务，如何在支援工农业生产与改善人民生活中发挥金融的作用。二是深刻体会在战火纷飞的岁月里，革命先辈为了实现伟大的共产主义理想，创建革命根据地货币、金融事业，以大无畏的英雄气概，进行了艰苦卓绝的斗争。革命先辈们坚忍不拔的工作作风，艰苦奋斗的精神，无私无畏的高尚情操，是我国革命和建设的宝贵精神财富，弥足珍贵的优良传统，并将永放光芒！

中国革命根据地货币、金融从1926年农民运动时期开始，经历了土地革命、抗日战争和解放战争时期前赴后继的革命斗争，到1948年12月1日在石家庄成立中国人民银行、同时发行统一的全国性的人民币，至新民主主义革命胜利、中华人民共和国成立后，在国民经济恢复和社会主义建设时期，革命根据地货币、金融都发挥了极为重要的作用。直到1955年在全国范围内发行单一的第二套人民币后，中国革命根据地货币才胜利地完成了她的历史使命。

《中国革命根据地货币史》系列丛书，是在各级钱币学会的重视和支持下，在前人研究成果的基础上编写的。丛书的内容力求吸收和运用已经取得的成果和经验，遵循实事求是的科学态度，反映历史的本来面目，不溢美，不掩过，以史实为依据，以历史唯物主义的观点，研究分析，去粗取精，去伪存真，突出货币、金融主线，密切融合政治、经济、军事斗争以及意识形态等方面的情况，从其中发掘带有规律性的正反两方面的经验，以资借鉴。

历史的经验值得注意。当然，任何珍贵的历史经验，也不可能直接给现实中的问题作出答案。货币、金融的问题也是如此。历史总是前进的，但在彼时彼刻与此时此刻之间，绵延因果关系密切。东汉唯物主义哲学家王充说过："夫知古不知今，谓之陆沉……夫知今不知古，则谓之盲瞽。"（《论衡·谢短第三十六》）此语说明总结历史经验，为现时服务的必要性。可见，我们编写《中国革命根据地货币史》系列丛书为社会主义革命和社会主义建设服务就尤为重要了。

《中国革命根据地货币史》丛书编委会
1992年5月

凡 例

一、《中国革命根据地货币史》丛书所论述的是中国新民主主义时期,在中国共产党领导下所开辟的广大农村革命根据地的货币历史,以及其在为革命战争服务,支持工农业发展,改善人民生活中的历史地位和作用。

二、丛书每卷约20万字,至少不得少于10万字,各卷不标卷次。出版顺序不按历史先后安排,先完稿的先出版。

三、丛书基本上以当时根据地区划定卷名,也有少数卷是按现时的行政区划定卷名,故部分卷的内容之间有交叉。

四、各卷结构大体一致,一般采用章、节、目的形式,多数卷有前言、后记或绪论以及附录。附录包括规章制度、重要文献、人物传记、大事记等。

五、丛书以文字为主,图文并茂,货币图录均为实物缩小的彩版,图下注有发行年月、发行单位、币名及尺寸大小;文献、遗址、人物均为黑白照片,随文附页。

六、货币名称:

土地革命时期称苏票或红军票;

抗日战争时期称抗币或边币;

北伐战争、解放战争时期从习惯。

七、卷中字体除必要时用繁体字外,一律用1956年国务院公布的《汉字简化方案》中的简化字。

八、卷中所用数字,除标明数量的用阿拉伯字码外,其余一律用汉字。

九、丛书一律为大32开本,内文用四号字排印,主要内容用黑体字排印。

十、卷中注解采用脚注方式。

前　　言

　　据不完全统计，中国革命根据地货币包括525种货币，2 121种版别，是近代中国金融事业发展中划时代的特殊范畴。中国革命根据地货币二十四年多的历史，在中华民族五千年的发展长河中只不过是一瞬间的事，但它的内容极其丰富而曲折，它开辟了中国人民自己货币的新纪元，是当前中国特色社会主义金融事业的试演和前奏。中国钱币学会高瞻远瞩，邀集了资深的专家学者组成《中国革命根据地货币史》丛书编辑委员会，领导全国各省市钱币研究，并组织了江西、湖南、福建、广东、安徽、湖北、浙江、江苏、四川、河南、陕西、山西、河北、山东、辽宁、吉林、黑龙江、内蒙古十八个省、自治区的人民银行机构、钱币学会及货币史学研究工作者的专业力量，发掘抢救了诸多珍贵史料,研究解决了许多重大史学问题,付出了很大的人力、物力、财力来编写出版,才使这套丛书得以陆续面世,为中国金融史学这座宏伟建筑增砖添瓦。但是,丛书编委会考虑到,现已出版的各卷本是按单个根据地分散独立编写的,它们的出版时间相互分隔较长,又是分别上市的,这就使得广大读者较难看到中国革命根据地货币史的整体全貌,为此决定编写一本《中国革命根据地货币史纲》以解决此问题。

《中国革命根据地货币史纲》在《中国革命根据地货币史》丛书各卷本的基础上,参考改革开放以来有关这方面的权威著作和史料,对中国革命根据地货币的历史作了集中概括和归纳总结,对《中国革命根据地货币史》各卷本作了拾遗补缺,展示了革命根据地货币发展的不同历史阶段的概况,对根据地货币产生的背景、货币的性质、货币形态及货币本位、货币的制作、货币管理制度等方面的演变和发展进行了系统研究,并以马克思主义历史观为原则从中提炼出一些带规律性的理性认识,在研究货币工作与政治、经济、军事的关系中揭示了党内两条路线斗争在货币工作中的体现和影响,为金融史学研究、中共党史研究提供了素材和例证,对当代金融实际工作也有一定的借鉴意义。

需要说明的是,由于丛书编写规则所限,已出版的各卷本对革命根据地货币的早期雏形农民协会货币和解放战争后期全国性根据地货币人民币的具体情况涉及很少,对这两部分的内容也不再单独出书,因此本书特对这两个方面的重大历史事件和历史情况稍作详细具体的叙述,以为补充。本书还对一些既非革命根据地货币又不同于旧中国货币的某些特殊的历史货币现象,如以东北义勇军货币为代表的抗日货币,以及东蒙古过渡性货币等,进行了分析和介绍。

为适应广大钱币学家、钱币爱好者和钱币收藏者的需要,本书在广泛收集和认真甄别资料的基础上,将迄今各界已发现、发表和掌握的全部革命根据地钱币,包括各种金属币和纸、布钞票的基本情况进行了汇总,按不同根据地分别编列表格,以附录形式刊出,可供需要者查对。其中因农民协会货币在丛书中首次介绍,所以农民协会货币一览表刊于本书的内文之中。

目　录

绪论 …………………………………………………… 1

第一章　中国革命根据地货币的产生 ………………… 9
　第一节　革命根据地货币产生的社会背景 ………… 9
　第二节　革命根据地货币产生的思想理论
　　　　　准备 ……………………………………… 12
　第三节　革命根据地货币产生的缘由 ……………… 15

第二章　中国革命根据地货币的历史演变 ………… 18
　第一节　革命根据地货币的初创
　　　　　（1926～1927 年） ……………………… 18
　第二节　革命根据地货币的发育成长
　　　　　（1927～1937 年） ……………………… 24
　第三节　革命根据地货币的长足发展
　　　　　（1937～1945 年） ……………………… 39

第四节 革命根据地货币的集中与统一
(1945~1951年) ……………………… 58

第三章 中国革命根据地货币的币材与本位制度 ……… 99
第一节 革命根据地货币的币材 ……………………… 99
第二节 革命根据地货币的本位制度 ……………… 118

第四章 中国革命根据地货币的发行与管理 …………… 140
第一节 革命根据地的货币流通管理 ……………… 140
第二节 货币发行的数量管理 ……………………… 148
第三节 调整根据地之间的货币贸易关系 ………… 155
第四节 货币发行与党内路线斗争 ………………… 159

第五章 中国革命根据地的金银管理与外汇管理 ……… 166
第一节 革命根据地的金银管理 …………………… 166
第二节 革命根据地的外汇管理 …………………… 172

第六章 中国革命根据地反假货币的斗争 ……………… 190
第一节 革命根据地出现假币的概况 ……………… 190
第二节 革命根据地反假币的政策措施 …………… 196
第三节 革命根据地货币的防伪措施 ……………… 200

第七章 中国革命根据地货币的印制与铸造 …………… 205
第一节 革命根据地货币的印制与铸造机构 …… 205
第二节 革命根据地货币印制与铸造的

　　　　人员队伍 …………………………………… 224
　　第三节　革命根据地货币印制与铸造的
　　　　生产装备 …………………………………… 234

第八章　中国革命根据地货币的历史经验 ………… 241

附录一　农村根据地货币一览表 …………………… 255

附录二　抗日根据地货币一览表 …………………… 275

附录三　解放区货币一览表 ………………………… 316

后记 …………………………………………………… 335

绪　论

中国革命根据地，是指中国共产党领导的革命武装所开辟并护卫的由人民政权组织管理的地区。革命根据地既是地理概念，也是政治概念，党内最早称它为"工农武装割据"或"红色政权割据地区"，是在中国共产党领导下革命武装斗争、土地革命与革命政权的结合体。[①] 1936年毛泽东在总结土地革命战争经验时写的《中国革命战争的战略问题》一文，最早提出了"革命根据地"这个概念，并作了论述。革命根据地的产生和存在，是由中国当时的政治经济形势所造成的。在中国这样的半殖民地半封建的大国里进行革命游击战争，在敌强我弱、白色恐怖猖獗的环境下，只有以革命根据地为依托才能够长期坚持下去，并得以不断发展和取得胜利。毛泽东在《抗日游击战争的战略问题》一文中指出，革命根据地"是游击战争赖以执行自己的战略任务，达到保存和发展自己、消灭和驱逐敌

---

① 参见中共中央党史研究室：《中国共产党历史》，上卷，241页，北京，人民出版社，1991。

人之目的的战略基地。没有这种战略基地，一切战略任务的执行和战争目的的实现就失掉了依托。"① 1937年刘少奇也说："游击战争是要有根据地的，没有根据地就不能长期坚持。"② 后来他在担任中共中原局书记时更形象地说，"打鬼子要有枪，有了枪还要有家，这个家就是根据地，就是抗日民主政权。"③ 由此可见创建、巩固和发展革命根据地的重要意义。

在被白色恐怖包围和进攻的极端困难的情况下，革命根据地怎样才能长期坚持并立于不败之地呢？毛泽东1928年在《井冈山的斗争》一文中指出，革命根据地的存在和发展，"需要具备下列的条件：（1）有很好的群众；（2）有很好的党；（3）有相当力量的红军；（4）有便利于作战的地势；（5）有足够给养的经济力。"④ 后来的历史实践表明，毛泽东当时的分析是十分正确的。人民群众是革命根据地的基础，根据地是为了革命和人民群众的利益而建立的，只有在人民群众舍生忘死的支持和保护下，根据地才能长久发展下去。根据地是由共产党所领导的，党的路线、政策正确，根据地就能建立起来，并发展壮大；反之，党的路线、政策出了问题，根据地即使建立了，也会萎缩甚

---

① 参见毛泽东：《毛泽东选集》，第2版，第二卷，418页，北京，人民出版社，1991。
② 参见刘少奇：《刘少奇选集》，上卷，88页，北京，人民出版社，1981。
③ 参见章书范：《淮南抗日根据地货币史》，2页，北京，中国金融出版社，2004。
④ 参见毛泽东：《毛泽东选集》，第2版，第一卷，57页，北京，人民出版社，1991。

至丧失，土地革命时期就有过这样的惨痛教训。在党的领导下的日益强大的革命武装部队，既是发动群众创建根据地和促进根据地政权建设的主要力量，又是维护根据地安全、土地完整，使根据地不断发展扩大的中坚力量，没有能征善战的武装队伍，根据地是不可能存在的。毛泽东多次强调根据地的地理条件的重要性，他说这是大自然已经具备只待人们去利用的第一个重要条件。实际上，大多数根据地都是在地势比较偏僻、敌人力量比较薄弱的农村或山地，在便于游击作战有回旋余地的地区建立和发展起来的。具有一定的经济力量，也是根据地必备的重要条件。为了充足供应武装部队的给养，维持政权组织的经费开支，搞好人民群众的生产生活，根据地必须要有一定的经济、金融实力，以便组织好社会生活，安定社会秩序。其中，印制发行革命根据地货币，组织货币流通，管理金融市场是必不可少的。马克思、恩格斯在《共产党宣言》中就曾强调无产阶级革命胜利后掌握货币金融的重要性。中国的革命实践也证明了这一论断，没有人民自己的货币和金融事业，根据地是很难坚持长久的。毛泽东所指出的这五个条件缺一不可，中国革命根据地正是在这五个条件的相互作用下发展壮大起来的。

中国革命根据地是个历史范畴，它经历了第一次大革命、土地革命、抗日战争和解放战争四个历史时期。革命根据地作为地理概念是一个统称，它在中国革命发展的不同历史时期有着不同的称谓，这是由于当时的政治经济形势和环境不同所造成的。在土地革命时期，革命根据地主要处于农村，以农村土地革命斗争为中心，主要依靠农民打游击战争，所以一般称做农村根据地；又由于当时根据地政权组织多叫做苏维埃政府，所以人们又俗称其为苏区。在抗日战争时期，革命根据地是中国共产党在抗日统一战线旗帜下团结全国人民抗日的基地，是打击日本帝国主义最严厉的地区之一，所以人们称之为抗日根据地。在解放战争时期，革命根据地是中国人民解放军抗击和推翻国民党独裁统治，解放全中国的基地，所以人们都称之为解放区。在第一次大革命时期①，当时虽然还没有"工农武装割据"或"革命根据地"这样的概念，但由共产党领导的农民协会已在发挥着当地准政权组织的作用，它所管辖的区域已初步具备了革命根据地的基本特征，所以我们把它作为革命根据地的雏形称做农民协会辖区。

革命根据地从全国范围来看，具有布局分散、相互相对独立的特点。农民协会辖区和农村根据地最早出现在中国南部地区，如湖南、湖北、江西、福建、浙江、安徽、广东等地。抗日根据地遍布于华北、西北、华中、华南抗日前线，在抗日战争后期八路军、新四军向日伪军发动大反攻的过程中，各个根据地迅速发展扩大。日本投降后，在国民党军队的疯狂进攻中，有的根据地面积又有所缩小，不过为时不久。随着解放军战略反攻的不断胜利，各个根

---

① 第一次大革命时期，即第一次国内革命战争时期，或北伐战争时期，本书统一按中共中央党史研究室编《中国共产党历史》一书的提法进行阐述。

据地迅速发展扩大并逐渐连成一片，在全国范围内由北向南、由东向西迅速扩展开来，最后实现了全中国的解放。

中国革命根据地货币，是一个货币门类的统称，不单指某一个货币或某一种货币，它是一个具有自己特色的独立的货币体系，包含了四百多个货币发行机构所发行的五百多种货币。在革命根据地货币产生之前，全中国只有唯一的半殖民地半封建货币体系。在这个体系内，包含了官僚资本主义银行的货币、民族资本主义银行的货币、帝国主义外商银行的货币、封建军阀金融机构的货币、各种地方势力发行的货币，以及各种私人商号、工矿企业、行会等发行的土杂币等。这些货币形制不一、价值不等，有银两、银元、制钱、铜元、钱票、银元票、银两票、铜元票各种钱币品类，以及名目繁多的硬辅币和辅币券，充斥于全国城乡市场。各种金属币成色不一，钱体大小重量混乱，各种钞票比价差别悬殊，在当权者的操纵下时涨时落，混乱不堪。以出卖劳动力过活的工人、农民和其他劳动人民深受其害，他们辛辛苦苦流血流汗挣来的钱币，几经兑换盘剥就所剩无几了。革命根据地货币，则是完全不同的另一货币体系，它是劳动人民自己制造，自己流通使用，自己管理，为革命、为劳动人民自己利益服务的货币。实际上，革命根据地货币就是在上述混乱庞杂的半殖民地半封建货币体系的夹缝之中，通过革命斗争而产生出来的。革命根据地货币从它产生开始，就表现出了极其坚韧的生命力。虽然就这个体系中某一种货币个体来说，它存在的时间可能比较短暂，流通范围可能不大，但就其总体而言，可谓是"野火烧不尽，春风吹又生"，此起彼落，前赴后继，二十多年来始终连绵不断，曲曲折折，无休无止。在革命战争的火与血的磨炼中，在与半殖民地半封建货币体系不断的碰撞、斗争中，革命根据地货币逐渐发育、成长、壮大起来，在中国的土地上形成了一个全新的、革命的人民货币体系。

在中国革命根据地货币史的研究中，也存在历史分期问题的论争。革命根据地货币史始自何时？在金融史研究中有两种看法。有人认为，既然是革命根据地的货币，那么它的历史就应从有革命根据地时，即土地革命时期算起。但多数同志认为，第一次大革命时期虽然还没有革命根据地这个概念，但在农民协会辖区发行和流通的货币，已经初步具备了革命根据地货币的性质和特点，是革命根据地货币的雏形和渊源，因此也应属于革命根据地货币史的研究范围。笔者基本同意后一种意见。这样，本书阐述的中国革命根据地货币史的起始时间，即从1926年12月湖南衡山县柴山洲特别区第一农民银行发行的第一张银元票产生时算起。

关于中国革命根据地货币史的截止时间，也有各种不同意见，主要是人民币是否属于革命根据地货币范畴的问题。有人认为革命根据地货币不应包括人民币，有人认为应包括。在认为人民币应属于革命根据地货币范畴的人中间，又有何时的人民币应属于、何时的人民币不应属于革命根据地货币范畴的各种不同主张。各种不同意见都各有其一定道理,还有待于货币史学界进一步研究探讨。笔者为了叙述方便起见,本书阐述中国革命根据地货币史的截止时间,基本定为到1951年10月中国人民银行在新疆发行维吾尔文版人民币、回收新疆省银行银圆票时止。

《中国革命根据地货币史》丛书,在中国钱币学会的领导和组织下,自1992年开始酝酿,组成编委会,至今已有十几年之久,已经正式出版了十几部著作。按照原来的计划,目前还有少数几部著作正在组织编写之中,可望在不久的将来出齐。中国革命根据地货币史,在中国几千年的金融历史上,乃至世界金融历史上,是绝无仅有的一枝奇葩。《中国革命根据地货币史》丛书的出版,不仅填补了中国近代金融史的空白,而且对当前的实际金融工作也有一定的借鉴意义。这套丛书是按照一个一个根据地分别来编写的,或者是将一省范围内几个根据地拼合写成的,体现了根据地分散独立的特点。《中国革命根据地货币史纲》所不同的是,在上述十几部著作的基础上,将中国革命根据地货币作为一个货币体系的整体进行综合研究介绍,并提出某些带规律性的认识加以探讨。第一章、第二章探讨革命根据地货币的产生,并从不同角度研究中国革命根据地货币的历史演变。第三章到第五章研究和介绍不同时期中国革命根据地货币的货币制度和货币管理工作。第六章介绍革命根据地反假货币斗争情况。第七章简要介绍有关革命根据地货币制作机构、人员和技术装备的情况。第八章简要阐述中国革命根据地货币的历史经验。此外，为了方便金融史学界对革命根据地货币史进行研究和广大钱币爱好者、钱币收藏者对革命根据地货币品种进行核对与查找，本书把迄今为止已发表或已收集到的全部革命根据地货币品类，按各个历史时期各个根据地分别整理成一览表，作为附录刊载于书末（农民协会货币一览表在书的正文中）。

第一章 中国革命根据地货币的产生

中国革命根据地货币,作为一个独立的货币体系,从1926年12月第一张革命根据地货币产生起到1951年10月实现除西藏、台湾外全国革命货币统一流通止,共经历了24年零11个月的时间。在这不太长的二十多年中,它一方面受到广大人民群众的爱戴和保护,另一方面又经历了无数战争的火与血的洗礼,以及党内两条路线斗争的磨炼,曲曲折折地发展壮大起来。

第一节 革命根据地货币产生的社会背景

20世纪20年代的旧中国,处在一个新旧势力激烈碰撞、搏斗的时代。辛亥革命虽将满清王朝赶下历史舞台,但代表封建买办势力的北洋军阀继续了对中国的统治,形成了封建割据和军阀混战的局面。在城市,官僚资本勾结帝国主义势力继续剥削压迫广大工人阶级和其他劳动人民。在农村,"封建剥削制度的根基——地主阶级对农民的剥削,不但依旧保持着,而且同买办资本和高利贷资本的剥削结合在一起,在中国的社会经济生活中,占着显然的优势。"[①] 半殖民地半封建的生产关系,严重地阻碍了生产力的发展和社会进步。1921年,中国共产党成立,领导城乡广大工人、农民和其他劳动人民,大力开展政治斗争和经济斗争,推动了"二七惨案"以来低落的工人运动的复兴和农民运动的开展。1923年,孙中山总结了辛亥革命的教训,提出"联俄、联共、扶助农工"三大政策。于1924年1月召开了中国国民党第一次全国代表大会,实现了国共两党的第一次合作,使工人运动和农民运动合法化,加快了中国革命的步伐。1926年7月,国民革命军正式出师北伐,矛头直指北洋军阀。北伐军的胜利进军,动摇了北洋军阀和帝国主义在中国的统治,也进一步激发了广大工人和农民的革命运动。

在农村,由于多年来受封建地主、官僚资本家的剥削压迫,大片土地荒芜,农业生产下降,农村经济凋敝,农民生活十分困苦。中国共产党从建党一开始就十分关心农民问题。早在1922年就有不少共产党人从事农民运动工作,发动农民进行减租斗争。1923年1月,在农民运动领导人彭湃的领导下,海丰县总农会成立,有会员达10万多

---

① 参见毛泽东:《毛泽东选集》,第2版,第二卷,630页,北京,人民出版社,1991。

人。国共合作后,有了公开组织农民运动的条件。中共广东区委通过国民党中央农民部和广州革命政府,派遣农民特派员到广东省各县进行宣传和组织工作,点起了农民运动之火。在北洋军阀占领地,共产党人也积极开展了发动农民的工作。以后,在共产党人的主持下广东又开办了农民运动讲习所,共办六届,为湖南、广西、河南等省培训了大批农民运动骨干,促使农民运动在这些省份迅速扩展开来。1926年在北伐军占领的地区,农民运动得到了更大规模的发展,湖南、湖北、江西、河南等省成为农民运动的重点,到1926年11月,湖南省已有54个县建立了农民协会组织,会员达到107万人,1927年1月又猛增到200万人;在此期间,湖北省的会员达到20万左右,江西省也有会员5万多人。农民革命的目标是打倒骑在他们头上的土豪劣绅、贪官污吏,也旁及各种封建宗法思想和宗法制度。在打倒了地主政权的地方,农民协会便成了当地唯一的权力机关。① 正如毛泽东所说的,"地主权力既倒,农会便成了唯一的权力机关,真正办到了人们所谓'一切权力归农会'。……一切事情,农会的人不到场,便不能解决。"② 农民协会已成为一种准政权组织,农民协会辖区已呈现了革命根据地的雏形。

随着农民运动的发展,广东、湖南、湖北、江西等省

---

① 参见中共中央党史研究室:《中国共产党历史》,上卷,60页,北京,人民出版社,1991。
② 参见毛泽东:《毛泽东选集》,第2版,第一卷,14页,北京,人民出版社,1991。

相继召开了全省的农民代表大会,湖南、湖北的大会已开始提出了农民要解决土地问题的要求;同时河南、陕西、福建、安徽等省的农民运动也有很大发展,标志着农民运动的政治斗争和经济斗争已进入了新的阶段。

第二节　革命根据地货币产生的思想理论准备

20世纪20年代在中国的农村,广大农民一方面遭受着高额地租、高利贷以及贪官污吏苛捐杂税的剥削压迫,另一方面又深受当权者滥发货币、操纵市场物价盘剥之苦。因此,反对高利贷、建立为农民服务的信用机关和发行农民自己的货币,是广大农民和劳动人民的迫切要求。中国共产党人在深入研究了中国工人阶级、农民阶级的现状后,洞察农村广大农民和劳动人民的这一要求。中国共产党在其诞生后不久,即于1923年1月在《中国共产党对于目前实际问题之计划》中,就提出了"组织农民借贷机关"和实行低利借贷的建议。在马克思、恩格斯的《共产党宣言》中关于无产阶级夺取政权后必须"通过拥有国家资本和独享垄断权的国家银行,把信贷集中在国家手里"著名论断的影响下,彭湃结合中国农村实际,联系农民切身利益,在为海丰县总农会起草的《临时简章》和《农会利益》传单中,提出"便利金融。农民常因财政支绌,无法施肥,或年关之际,而用衣服家具质在当铺,其利息甚高……既有农会，可设金融机关（以最低利及长期）以利农民"的思想。① 1924年，第一次国共两党合作发表的国民党第一次全国代表大会宣言，也指出农民因受高利贷盘剥而负债终生，农民发展经济困难是因为缺乏资本，解决办法只有"国家为之筹设调剂机关，如农民银行等"。

1925年广东省第一次农民代表大会，热烈讨论了农村经济问题，通过了《经济问题决议案》，号召"农民作经济斗争"，"反对高利贷和高利押"，提出"要创办农民银行（或叫信用合作社）"。广东省第二次农民代表大会在决议案中进一步指出，"信用合作社确能谋贫农间金融之流通而减轻其借贷之利息，以抵制地方土豪、地主等高利贷。"②

1926年12月，湖南省第一次农民代表大会，在经济方面，在制定了有关地租、田赋、取缔高利贷等政策的同时，还通过了《金融问题决议案》和《农民银行决议案》。《金融问题决议案》指出，"中国币制紊乱已极，农民及一切贫苦人民受影响极为深广"。为了解决金融混乱问题，规定"禁止城乡商店或个人发行市票"；"取消元丝银"，"铜元的成色须确定不变，制造数量须适合社会需要"；"禁止轻质的广东毫子及四川轻质铜元入境"；并规定了统一的银钱比价。《农民银行决议案》指出了"农村金融枯竭，高利贷乘机榨取，农业生产衰落的情况"，从而提出"请求政府

---

① 参见吴平：《华南革命根据地货币史》，17~18页，北京，中国金融出版社，1995。

② 《中共党史参考资料》（二），282页。

设立农民银行，以最低利息贷给农民"，"以省公有之土地，如营产、官产、荒湖田等，拨作农民银行基金，不得以他种名目，动用此种为农民谋利益的农民银行基金，不得以他种名目，动用此种为农民谋利益的银行款项"。1927年3月，湖北省第一次农民代表大会也讨论了设立农民银行、信用合作社的问题以及利息率问题，并作出决议。

1927年一二月间，毛泽东到湖南的湘潭、湘乡、衡山、醴陵、长沙等县调查，3月向党中央写出《湖南农民运动考察报告》，提出"合作社，特别是消费、贩卖、信用三种合作社，确是农民所需要的。他们买进货物要受商人的剥削，卖出农产要受商人的勒抑，钱米借贷要受重利盘剥者的剥削，他们很迫切地要解决这三个问题。……地主'卡借'，农民因借钱而企图组织'借贷所'的，亦所在多有。"① 这个报告受到党中央主管宣传工作的瞿秋白的重视，他亲自为之写序，并于同年4月在汉口以《湖南农民革命》为书名公开出版。同年3月，毛泽东与彭湃、方志敏等人组成了全国农民协会临时执行委员会，毛泽东并和陈克非、邓演达两人联名发表了《对农民宣言》（以下简称《宣言》）。《宣言》较全面地阐述了农民的经济问题，研究了农民运动中的金融政策，指出"贫农不仅无土地，而且无资本，革命发展的结果，乡村富有阶级极端'闭借'，许多地方几乎断绝借贷关系，致使贫农社会惶惶不可终日，非

---

① 参见毛泽东：《毛泽东选集》，第2版，第一卷，40~41页，北京，人民出版社，1991。

有一具体政策，不能解决此资本缺乏问题"。《宣言》提出各省应将农民银行问题"列为专条，并规定以年利百分之五贷款与农民"，"在革命势力可及之地"，"努力设立农民银行等条件极低的贷款机关，以解决农民资本缺乏问题"。

以上一系列文章、报告、宣言、决议、章程等，都清楚地阐明了在农民协会的体制下，建立农民自己的金融机构、发行货币、开展低利借贷的重要性和必要性，从而为农民协会发行货币、组织货币流通打下了思想、理论和政策基础。

第三节 革命根据地货币产生的缘由

革命根据地货币首先产生于中国南方的农村，这与当时南方革命形势和南方农村社会经济状况有密切关系，农民协会货币的产生最具典型意义。

农民协会货币的产生，有它的客观原因和主观原因。在1926年北伐战争的胜利进军中，农民运动热潮汹涌澎湃，农民协会的革命热情十分高涨。但是，当时的社会经济状况却相当混乱。一是现金外流，农村市场交易筹码十分缺乏。在农村，多年来掌握大量现金的主要是地主豪绅和富商。农民运动兴起后，在革命的强势威力下，他们害怕革命纷纷携带现金逃往外地，使市场现金筹码奇缺，大额、小额交易都出现困难。有些地主怕露富，将现金隐藏起来，对农民"闭借"、"卡借"，不肯给予资金融通。农民的农副产品无法在市场上换回现金,又借不到钱,甚至日常生活用品也无现钱购买,生产、生活存在困难。二是商业、手工业资金缺乏,难以维持正常的再生产和购销活动。一些大的工商铺户纷纷抽逃资本歇业,致使一些手工业停产、工人失业,一些家庭手工业因产品无人收购而出现困难,一些铺户的店员们也随之失业。三是金融市场混乱。当时南方农村流通中的钱币不下十余种,金属币有银元、常洋①、毫子②、制钱③、铜元等,纸币有中国银行、交通银行发行的钞票,外商银行、华商银行发行的纸币,以及当地商号铺户发行的市票④和军阀、土豪们发行的土杂币。这些货币中金属币在流通中常常降低成色、减轻重量,纸币名目既多又滥,代表的价值不一,钱币间比价行情多变,有的甚至贬值得形同废纸。加之,不法奸商在各种钱币之间互相折价拆兑,投机取巧,从中渔利,致使农民一年辛勤劳动所得几经折价盘剥,所剩无几,人们经常为没有一种公平合理的钱币而发愁。

在上述社会背景下,农民运动中的共产党人,运用马克思主义理论结合当地实际情况,提出了创办农民自己的银行、发行农民自己的货币的思想和主张。这些思想和主张一经提出,就受到广大劳动人民的欢迎。特别是已经掌

---

① 常洋指钱庄或银楼为了辨别真伪或鉴别成色在币面凿一凹眼的银元,由于凿挖后的银元重量减轻,因而它的价值比正常的银元低 1%~2%。

② 毫子指各地铸造的银辅币。

③ 制钱指清代遗留下的方孔圆形铜钱。

④ 市票指大的商号、铺户或商会发行的限于当地市场流通的纸币。

握了当家做主权力的农民协会,面对困难的社会经济问题,对上述理论、思想、主张一拍即合,并且说干就干付诸实际行动,力争为广大农民和劳动人民排忧解难。加之,各个省一级的农民代表大会都认真讨论研究了农民协会领导下的经济问题、金融问题,通过了相应的决议案,制定了创办农民银行、信用合作社,发行农民自己的货币的政策和措施,进一步推动了革命根据地货币的产生。

在上述客观、主观条件具备了的情况下,一个崭新的、性质完全不同于旧中国半殖民地半封建货币体系的农民协会货币终于在湖南、湖北等省的南方农村诞生了。

第二章　中国革命根据地货币的历史演变

中国革命根据地货币，是中国新民主主义革命运动中的特有货币现象。它经历了新民主主义革命过程中的第一次大革命、土地革命、抗日战争和解放战争四个历史时期，伴随着新民主主义革命的发展而产生、发展，二十四年多来共建立了404个货币发行机构，发行了514种名称7种币材的货币，最终完成了它的历史使命。由于革命根据地货币是政府主导型的货币，与当时的政治、军事以及社会状况有着紧密的联系，因此从不同的政治历史时期来考察，就能更清楚地展示它的历史演变情形。

第一节　革命根据地货币的初创（1926~1927年）

一、农民协会货币的创立

1926年到1927年第一次大革命时期，是革命根据地货币的最初创始阶段，革命根据地货币作为一个经济范畴，此时还处于孕育和萌芽状态。如前所述，1926年国民革命军北伐胜利进军，所到之处工农革命运动风起云涌，湖南、湖北、江西、广东等省广大农村的农民协会普遍兴起，并且"真正做到一切权力归农会"，形成了当地的准政权组织。1926年冬到1927年春，一些地区的农民协会为了发展当地经济，帮助贫困农民克服经济困难，免受高利贷的压榨和奸商在货币兑换等方面的盘剥，创建了银行、合作社或公有财产保管处等金融组织，并开天辟地地制作发行了农民自己的货币，史称农民协会货币。这些货币的产生，在平抑物价、公平买卖、充盈市场资金筹码、解决贫苦群众困难等方面起了积极的作用，受到了广大工农劳动群众的拥护和欢迎，但同时也受到了土豪劣绅们的仇视，因此为时不久。1927年4月国民党反动派发动"四一二事变"后，各地军阀乘机向农民协会发动进攻。在敌人强大的军事压力下，农民革命运动归于失败，各地农民协会先后被取缔或解散，农民协会货币随之停止发行退出流通，一些经营管理货币的工作人员受到迫害，甚至壮烈牺牲。

　　从现有的资料看，最早发行农民协会货币的是湖南衡山县柴山洲特别区第一农民银行。1926年8月，柴山洲特别区农民协会成立，随即在河湾之地组织发展生产。由于资金困难，就筹备创建银行，发行货币。农民协会将没收土豪劣绅侵占的公产、祠产中的一部分，连同减租、减息、退押所收的银钱作为银行基金，加上对土豪劣绅的派捐和富户自愿捐款，共计5 800元。12月，柴山洲特别区农民协会召开会员大会，订立了《银行暂行章程》，确定以"拥护无产阶级，维持生活，扶植生产"为宗旨，民主选举出银行正、副经理，第一农民银行即宣告成立。第一农民银行成立后，随即发行了面额壹圆的布质银元票，共5 000元。币材为白竹布，手工制作，竖式，长4寸，宽2寸，面额为毛笔书写，票面盖有"农民银行"公章。银元票1元可兑现金银元1元，随时兑现。银元票发行后，信誉很好，银行还在与湘潭交界处设立了兑换点。由于这次货币发行的成功，1927年二三月间，柴山洲特别区农民协会又在油麻田设立了第二农民银行，同样发行了布质的银元票。两种银元票可相互通用，在当地顺畅流通。1927年6月，柴山洲特别区农民协会被国民党反动派镇压，第一农民银行、第二农民银行遭到破坏，有的工作人员被逮捕杀害，银元票遂停止流通。

继第一农民银行银元票发行之后，湖南、湖北一些农民协会也先后发行了货币，如湖南的浏东平民银行临时兑换券（1927年1月发行）、浏东平民银行信用券（1927年1月发行）、醴陵地方银行银元票（1927年1月发行）、浏阳金刚公有财产保管处有期证券（1927年3月发行）、浏南文市生产合作社常洋券（1927年3月发行）、醴陵工农银行纸币（1927年3月发行），湖北的黄冈县农民协会信用合作社流通券（1927年2月发行）、鄂城商民协会信用券（1927年发行）等（见表2-1）。后来，这些货币都在1927年6月到8月受到国民党反动派的迫害而停止流通。

第二章 中国革命根据地货币的历史演变

表2-1 第一次大革命时期农民协会货币一览表

货币名称	发行机构	面额种类	发行额	币材形制	流通范围	流通时间	发行基金
第一农民银行银元票	柴山洲特别区第一农民银行	壹圆	5 000元	白竹布毛笔书写、竖式	湖南衡山柴山洲	1926年12月~1927年6月	5 800元
第二农民银行银元票	柴山洲特别区第二农民银行	壹圆		白竹布毛笔书写、竖式	湖南衡山柴山洲	1927年二月~6月	1 000元
浏东平民银行临时兑换券 浏东平民银行信用券	浏东平民银行	壹角、贰角、伍角、壹圆 叁角	12万元	土纸石印	湖南浏阳东乡	1927年1~6月	6万元
醴陵地方银行银元票	醴陵地方银行	壹角、贰角、伍角、壹圆 叁角		土纸石印	湖南浏阳县城乡	1927年1~8月	3万元
浏阳金刚公有财产保管处有期证券	浏阳金刚公有财产保管处	壹角、贰角、壹圆		土纸石印，横式、竖式二种	湖南浏阳金刚大瑶地区	1927年3~8月	
浏南文市生产合作社常洋券	浏南文市生产合作社	壹角、贰角、伍角、壹圆		土纸印刷	湖南浏阳文家市	1927年3~6月	
醴陵工农银行币	醴陵工农银行	壹角、贰角、伍角		毛边纸石印	湖南醴陵	1927年3~6月	6万元
黄冈县农会信用合作社流通券	黄冈县农民协会信用合作社	壹串文	5万串	雕版印刷	湖北黄冈县团风镇	1927年2~7月	6万元
鄂城商民协会信用券	鄂城商民协会	壹角			湖北鄂城县	1927年	

资料来源：根据《中国近代地方银行史》、《中国钱币大辞典》、《中国革命根据地印钞造币简史》有关资料整理。

二、农民协会货币的特点

农民协会货币虽然存续时间较短,流通和分布的地域不够广泛,但它一在市场上出现,就表现出了与一切旧中国货币截然不同的特色,受到了广大工农和劳苦群众的欢迎,也遭到了反动官僚、军阀、地主豪绅的厌恶和迫害。概括地说,农民协会货币具有以下一些特点。

1. 开创了具有革命性质的新型货币的时代。农民协会是在轰轰烈烈的农民运动中产生,为了革命斗争的需要和切实解决劳苦群众困难而发行的,因此在性质上与旧中国传统的各种货币迥然不同,它公然宣布以"拥护无产阶级,解决劳苦工农群众困难,活跃农村经济"为宗旨,并且在实践过程中确实发挥了这方面的作用,受到广大革命群众的欢迎和拥护,从而宣示了革命的新型货币的诞生。

2. 明确为以金属货币为本位十足兑现的兑换券。农民协会货币一般以银元或常洋为本位,如柴山洲特别区第一农民银行、第二农民银行和醴陵地方银行的银元票,就是以银元为本位的;而浏东平民银行的兑换券、信用券,浏阳金刚公有财产保管处的有期证券,浏南文市生产合作社的常洋券,则是以常洋为本位的,并在票面上标明"常洋"字样。有的货币则随当地流通习惯,以铜钱为本位,如湖北黄冈县农民协会信用合作社的流通券。这些货币都是十足兑现的,并且设有兑换点方便群众兑现,与旧中国某些纸币不能十足兑现呈鲜明对比。

3. 货币发行机构有三类。由于年代久远，以及战乱的恶劣环境，资料散失很多，完整的情况已无从查考。从现有资料看（见表2-1），农民协会货币的发行机构约有九家，第一类是农民协会下属的银行、信用合作社等金融机构，有七家。浏阳金刚公有财产保管处是为发行货币而成立的，也属于这一类。银行发行基金来源主要有三方面，一是贫苦农民通过减租退押等所得资金参加集资入股，二是当地公法团体集资，三是对殷实富户的派捐。一些银行还民主选举出董事会、监事会和经理人员等，经办货币发行和信贷业务，如柴山洲特别区的农民银行、浏东平民银行等。第二类是农民协会领导的经济组织，如浏南文市生产合作社，只有一家。第三类是农民协会自身发行货币，只有一家，如湖北鄂城商民协会，它是与农民协会同时建立并在当地中共组织领导下以小商贩为会员的组织。

4. 货币的券别种类较多。农民协会货币的券别名称各种各样，大约有十种之多，如银元票、常洋券、临时兑换券、信用券、流通券、银行券、有期证券等。浏阳金刚公有财产保管处有期证券，虽名为证券，也规定了兑现期限，但实际上是作为交换媒介在市场上流通的。农民协会货币的面额有壹圆、伍角、叁角、贰角、壹角、壹串文6种形式，23种版别。除少部分是1元主币外，大部分为角券和面额为串文的辅币券。

5. 货币的形制比较简陋。农民协会货币的币材有白竹布、土纸、毛边纸等，多数为土纸石印。醴陵工农银行纸币是毛边纸印的，纸质柔韧，但容易起毛，群众不大喜欢。柴山洲第一农民银行、第二农民银行银元票是用普通白竹布制作的，票面文字为毛笔手书，竖式。浏阳金刚公有财产保管处有期证券则横式、竖式都有，横式票面为印刷的，竖式面额为毛笔手写的。

6. 货币发行工作的规章制度比较简单。在货币发行之前，一般都设有多少不等的发行基金或资本金，如柴山洲第一农民银行为5 800元，柴山洲第二农民银行为1 000元，而浏东平民银行、醴陵工农银行、黄冈县农民协会信用合作社则都为6万元。关于货币发行量的控制，有些银行明文规定了货币发行限额，如柴山洲第一农民银行规定为5 000元，浏东平民银行为12万元，黄冈县农民协会信用合作社为5万串。这些货币大多在票面上写有"保证兑现"之类的字样，与金属本位币等值并行流通，流通范围只限于本地区，在群众中享有信誉。

农民协会货币流通时间虽然比较短暂，但它的出现既表明了中国革命根据地货币新纪元的开始，为以后的革命根据地货币工作提供了宝贵的经验，也昭示着具有坚强生命力的可与旧中国货币相抗衡的崭新的革命货币体系即将到来。

第二节　革命根据地货币的发育成长（1927～1937年）

1927年到1937年土地革命时期，是革命根据地货币发展过程中的成长阶段。革命根据地货币在这一时期已经逐步成长起来,共有86个货币发行机构,发行了150种名称6种币材的货币,初步形成了自己的货币体系。

1927年"四一二事变"后,以蒋介石为首的国民党反动派叛变革命,抛弃了孙中山的"联俄、联共、扶助农工"三大政策,滥杀共产党人和革命的工农群众,镇压农民运动和农民协会,轰轰烈烈的第一次大革命归于失败。1927年7月中旬,中共中央决定在江西南昌举行武装起义。8月1日,周恩来、贺龙、叶挺、朱德、刘伯承等领导了南昌起义。8月7日,中共中央由瞿秋白等主持在湖北汉口召开紧急会议(史称"八七会议"),批判了以陈独秀为代表的右倾机会主义错误,确定了实行土地革命和武装起义的总方针,并决定在革命基础较好的湖南、湖北、江西、广东四省举行秋收起义。在"八七会议"总方针的指引下,广大受剥削受压迫的工农群众,在共产党的领导下,在全国三百多个县举行了工农武装起义,先后创建了大小约十四个革命根据地和革命政权。其中主要有:1927年4~10月广东海丰、陆丰三次武装起义建立的海陆丰根据地;1927年9月,湘赣边界秋收起义后创建的井冈山根据地;1927年9~10月江西吉安东固武装起义创建的赣西南东固根据地;在陕西省,1927年10月清涧起义和1928年5月渭华起义建立的陕北和陕甘边根据地;1927年11月湖北黄安、麻城起义,后发展成为鄂豫皖根据地;1927年冬,闽西上杭县蛟洋区受八一起义部队的影响,组建了农民自卫军,次年3～6月又分别在龙岩、平和、永定等地举行武装暴动，建立了闽西根据地；1928年1月江西弋阳、横峰起义和闽北崇安起义创建的赣东北根据地和闽北根据地，后来发展为闽浙赣根据地；1928年1月湖南郴县、耒阳等地起义创建的湘南根据地；1928年1月，湘鄂边起义，开辟了洪湖根据地，后来发展成为湘鄂西根据地；1928年7月，湖南平江起义，后来形成湘鄂赣根据地；1929年12月广西百色起义和1930年2月龙州起义，创建了左右江根据地。上述一系列武装起义的胜利和革命根据地的建立，极大地打击了阶级敌人的气焰，鼓舞了工农革命群众的士气。

各个根据地在武装起义成功之后，立即建立起革命政权机构，组建了常备的革命武装部队，并发动群众开展根据地的革命和建设工作。首先是根据党的"八七会议"精神，动员群众开展打土豪、分田地的土地革命运动。通过土地革命，把地主的土地分配给广大贫苦农民，将原来的封建土地所有制改变为农民土地所有制，真正实现了"耕者有其田"，从而使农村生产力得到解放，农业生产蓬勃发展起来，广大工农劳动群众的革命热情空前高涨。废除封建性高利贷是土地革命运动中一项重要的斗争。工农革命政权机构在领导群众进行废债斗争的同时，根据第一次大革命时期农民协会的经验，先后建立起了银行、信用合作社等金融机构，印制发行了工农群众自己的货币，即革命根据地货币。农村根据地建立之初的金融环境与农民协会建立初期相似，金融市场十分混乱。银元、毫子、铜元、铜钱以及五花八门的纸币、杂钞充斥于市面，广大工农群众经常吃亏上当，深受其害。因而，革命根据地货币受到了普遍的欢迎和拥护。

这一时期的革命根据地，在分布地域上主要是在农村，又以农村土地革命为中心，组织农民参加革命武装斗争，因此一般称做农村根据地。又因根据地的工农民主政权机构亦称做苏维埃①政府，所以这时的革命根据地也称为苏区。对于这一时期革命根据地发行的货币，本书即相应统称做农村根据地货币。

一、农村根据地货币的历史发展演变

土地革命时期的农村根据地货币，从其历史发展演变过程来看，大体可分为早期、中期、晚期三个阶段。

（一）早期阶段

早期农村根据地货币，主要是1927年冬到1929年初各根据地发行的货币。这一时期的农村根据地，刚刚突破了反共反革命的白色恐怖，革命政权初建，根据地规模尚小，革命力量薄弱，还未站稳脚跟，加之敌人的围攻、"围剿"迎面而来，根据地困难较多。这一时期农村根据地货币主要有闽西蛟洋农民银行流通券、湖南耒阳工农兵苏维埃政府劳动券和耒阳第十三区工农兵苏维埃政府劳动券、湘南郴县良田苏维埃政府的中华苏维埃金币、广东海陆丰

---

① 苏维埃是从苏联移植来的革命政权称谓。其原意为代表会议，十月革命后，苏联的政权机构称做苏维埃。

劳动银行银票,以及湘赣边界苏维埃政府的井冈山"工"字银元等。它们的共同特点是:品种单一,流通区域狭小,流通时间较短,长的只有几个月,短的也不过十多天,还留有过去农民协会货币的痕迹。从现在已知的资料看,在闽西蛟洋、湘南、海陆丰、井冈山4个根据地内的早期农村根据地货币有6种货币名称,11种面额和版别,有金币、银币、纸币3种币材。这些货币的发行机构有6家,其中银行2家,政府机构4家。

早期农村根据地货币,虽然数量少,存续时间短,但它点燃了在经济领域革命的希望之光,成为由农民协会货币向农村根据地货币鼎盛期过渡的桥梁,对随后而来的农村根据地货币大发展起了积极的带动作用。

(二)中期阶段

1929年到1932年,是农村根据地货币蓬勃发展的鼎盛时期。

在中国共产党领导下,革命武装起义风起云涌,各地工农红军陆续创建并不断取得胜利。随着各个农村根据地的建立,各根据地的货币也先后发行并陆续发展起来。在赣西和赣南,继井冈山"工"字银元之后,1929年出现了东古平民银行铜元票和东古银行铜元票,1930年江西工农银行和江西省苏维埃政府的纸币和银币开始发行。在闽西,继蛟洋农民银行流通券之后,1929年闽西永定、上杭等县的信用合作社以及杭武县坑口墟消费合作社也发行了多种面额的银毫票,1930年闽西工农银行成立,并发行了银元票和辅币券。随着工农红军反"围剿"战争的不断胜利，赣西南和闽西苏区连成一片，形成中央苏区根据地。1931年11月，中华苏维埃共和国临时中央政府成立，中央苏区根据地进一步扩大。1932年2月，中华苏维埃共和国国家银行（以下简称苏维埃国家银行）正式开业，此后发行了多种国家银行纸币、银币和铜币，并统一了赣西南和闽西的货币发行及货币制度。至此，中央苏区根据地范围内除早期的闽西蛟洋纸币外，这一阶段共发行了纸币13种、银币3种、铜币1种，合计共17种货币。在湘鄂西，1930年鄂西监利、石首、沔阳等县发行了信用券，1931年统一为鄂西农民银行信用券；同时，鄂北农民银行发行了该行的信用券和银币，湘鄂边的鹤峰县苏维埃银行也发行了布币和纸币。1932年，苏维埃国家银行湘鄂西特区分行成立，发行了该行的银币券、银币和铜币，统一了湘鄂西根据地的币制。据统计，湘鄂西根据地先后共发行了纸币9种、布币1种、银币5种、铜币2种，合计17种货币。在湘鄂赣，受秋收起义的影响，1929～1930年鄂东南的平江、修水、大冶等县陆续举行武装起义，建立了县苏维埃政权，1930～1931年平江、万载、铜鼓、修水、宜春、阳新、大冶等县相继发行了各自的银洋票、铜钱票，以及鄂东农民银行铜币券。1931年10月，鄂东南工农兵银行成立，发行该行的铜币券，统一了各县的货币。同年11月，又发行了湘鄂赣省工农银行银洋票。据统计，湘鄂赣根据地先后共计发行纸币24种、银币6种，合计30种货币。在鄂豫皖，经过1928年到1930年的黄麻起义、商南起义和六霍起义，分别建立了鄂豫边、豫东南和皖西北三块根据地，1931年鄂豫皖特区苏维埃银行，皖西北特（道）区苏维埃银行，赤城县、赤南县苏维埃银行分别成立，并发行了各自的银币券、银币和铜币。1932年1月，鄂豫皖省苏维埃银行成立，发行了银币券、银币和铜币，统一了省内币制。据统计，鄂豫皖根据地在此期间共发行了纸币6种、铜币5种、银币4种、布币1种，合计16种货币。在闽浙赣，经过1928年到1930年的弋横农民暴动和崇安、上梅等地农民起义，分别建立了赣东北和闽北两块根据地。1930年10月，赣东北特区贫民银行成立，后扩大为赣东北省苏维埃银行和该省银行的闽北分行。1932年12月闽浙赣省苏维埃银行成立，统一了全省银行机构，至1935年1月红军撤出根据地止，该地区共发行纸币7种、银币3种，合计10种货币。在湘赣，1929年井冈山根据地失守后，经过两年多的斗争，逐渐形成了湘赣根据地，1931年10月湘赣省苏维埃政府成立，1932年1月中华苏维埃共和国湘赣省工农银行开业，至年底结束业务，共发行了纸币3种、银币1种，合计4种货币。在南方，琼崖根据地于1930年到1931年曾发行了1种纸质银币代用券；左右江根据地1930年曾铸造了每只重三两的银锭，供行军途中应用。

这一时期的农村根据地货币，呈现了蓬勃发展、欣欣向荣的势头，共有8个根据地发行了96种货币，对促进根据地经济发展、支持工农红军对敌作战、改善当地军民生产生活等起到了积极有益的作用。

（三）晚期阶段

1933年到1937年，是农村根据地货币的低潮时期。在这一阶段又有两种情形：大部分根据地货币停止了发行，退出流通；少数根据地货币经过艰苦奋斗坚持了下来。

1. 多数根据地货币停止了发行，退出流通。货币停止发行的原因，主要是一些根据地执行了王明"左"倾机会主义路线，或在两条路线斗争中"左"倾机会主义路线占据主导地位，对内实行极"左"的过激政策，财政开支剧增，盲目扩大货币发行，币值低落；对敌人的进攻采取阵地战、消耗战，进攻中采取冒险主义，防御中采取保守主义，使红军在战场上不断失利，苏区的面积不断缩小或丧失，最后红军不得不撤出根据地或进行长征。这样，这些根据地的货币也就随之停止了发行，并退出流通。如湘鄂西根据地货币，早在1932年12月即被迫停止了发行。在鄂豫皖根据地，在张国焘"不停止地进攻"的作战方针下，红军在敌人30万军队的"围剿"下陷于被动，不得不撤出苏区，根据地货币随之于1932年10月停止了发行。只是同年11月鄂豫皖重建红二十五军后，才又以经济公社的名义发行了4种油布币，坚持到1934年11月。湘鄂赣根据地货币，也因"左"倾机会主义导致的军事上的失败，于1934年1月停止了发行和流通。在湘赣根据地，1933年1月湘赣省工农银行改组为中华苏维埃共和国国家银行湘赣省分行，共发行纸币12种。由于1932年2月以后，"左"

倾机会主义路线占据主导地位，导致军事上失利的同时又盲目发行货币和公债，使物价狂涨。1934年1月"二苏大"[①]后认识到滥发纸币的危害，采取了适当控制货币发行、稳定币值的措施，虽小有效果，但为时已晚，由于战争的失利，红军从根据地撤出，于1934年5月陆续停止了货币发行。在闽浙赣根据地，其经济政策和货币政策是正确的，从而货币币值一直是稳定的，与银元等值流通。只是到了1934年春，王明"左"倾机会主义路线在当地占据了主导地位，战争连遭失利，最后红军不得不撤出根据地去打游击，根据地货币也随之停止了发行。在川陕根据地，川陕工农银行于1932年成立，1933年以后共发行纸币4种、布币2种、银币2种、铜币3种、锡币1种，合计12种货币。由于红军在战争中消耗较大，经济上难以支持大规模的反敌人围攻斗争，加之为配合中央红军而向西进攻，因此1935年四五月间开始长征后川陕根据地货币即停止了发行，陆续退出流通。

2. 少数根据地货币经过艰苦奋斗坚持到抗日战争时期。在中央苏区根据地，苏维埃国家银行在"左"倾机会主义影响下，纸币超量发行，通货膨胀严重，到1933年夏纸币已不能保证兑现。同年9月，国民党军队开始第五次"围剿"，中央红军在王明"左"倾机会主义路线领导下战争节节失利，中央苏区根据地越来越小，而货币发行却不

[①] "二苏大"即中华苏维埃第二次全国代表大会。此次会议在以毛泽东为代表的马克思主义路线的影响下，提出了正确的货币政策与财政政策主张。

断扩大，物价上涨。期间虽有以毛泽东为代表的共产党人提出了正确的货币政策主张，并在"二苏大"通过了包括稳定金融在内的决议案，但实际上并未得到贯彻执行。直至1934年10月中央红军被迫撤出中央苏区根据地开始长征时，苏维埃国家银行的货币才不得不全面停止发行和流通。不过，苏维埃国家银行的货币发行机制并未由此消失，就是在苏维埃国家银行随军艰苦长征的一年多时间内，也还进行了4次临时性的货币发行和收兑，满足了长征途中斗争的需要，最后于1935年10月到达了陕北根据地吴起镇。此前，在陕甘、陕北地区，陕甘渭华起义后，于1933年3月建立了陕甘边根据地，1934年到1935年曾发行了陕甘边区银行油布票、陕甘省苏维埃银行银元券、铜币券等共5种货币；陕北清涧起义后，1933年7月起逐步建立了一些县苏维埃政权，后经过扩充、合并成为陕北根据地，于1935年发行了陕北省苏维埃银行纸币和金属币，共3种货币。以后，两块根据地合并，于1935年9月成立中共陕甘晋省委，陕北省苏维埃银行改称陕甘晋省苏维埃银行，发行了银币、纸币和布币3种货币。1935年10月苏维埃国家银行到达陕北吴起镇后，在瓦窑堡与陕甘晋省苏维埃银行合并，于1935年11月成立中华苏维埃共和国国家银行西北分行（以下简称西北分行）。两行货币的印制发行机构同时合并，开始发行西北分行货币，原来的陕甘、陕北的货币停止发行并逐步收回。西北分行从1935年11月成立到1937年8月抗日民族统一战线形成被撤销止，共发行了包括布币和纸币在内的3种货币。与此同时，陕北的神府特区于1936年到1937年还发行了3种纸币和布币。因此，这一时期在陕甘陕北根据地，共发行了纸、布、银、铜4种币材，17种名称的货币。以上事实说明，在经历过种种苦难曲折之后，农村根据地货币一脉相承，终于延续了下来。

值得指出的是，中央红军1934年北上抗日时，途经福建闽东地区，在当地党组织的配合下开辟了闽东根据地，建立了一些县的苏维埃政权。其中有5个县的区乡政府曾发行过7种根据地货币，虽然其中大部分存在时间不长，但有的货币也还一直流通到1937年。无独有偶，在原来的中央苏区根据地，红军主力撤出后，留守部队在三年艰苦的游击战争中，于1936年在游击区范围内还发行了3种闽西南军政委员会借钱票，并组织流通，到抗日战争时期新四军成立后，才停止流通，由新四军收兑。因此，这一时期总计共有4个根据地发行了37种货币。

二、农村根据地货币的特点

农村根据地货币的种类繁多，形式多样，比农民协会货币有很大发展，并且初步形成了与国民党统治区货币性质完全不同的货币系统。概括地说，农村根据地货币具有以下一些特点：

1. 金属币与兑换券并行流通，并成为独立的货币体系。土地革命时期，大部分根据地都铸造行使金属币，以银币为本位，铜币或锡币为辅币。据统计，这一时期各根据地发行的金属币共计42种，其中金币1种、银币28种、铜币12种、锡币1种。金属币从其流通范围和用途来看，又可分为两类，一类是只限于根据地内部流通的苏区银元和辅币，一类是适用于根据地以外专供外贸使用的仿制银元和铜元。但是，农村根据地货币中大宗的还是纸币和布币，它们是代表金属币流通的可以兑现的兑换券。兑换券虽然有着各种各样的名称，但就其属性而言都是保证自由兑换金属币的代用货币。农村根据地兑换券主要是纸币，有的地方还发行了布币或油布币①，它们同属于代用货币性质。据统计，这一时期共有纸币98种，布币10种。不过，由于战争的艰难环境和通货膨胀，到土地革命中后期，多数纸币、布币都不能十足兑现了。综合来看，在短短的十年间，一百多种金币、银币、铜币、锡币、纸币、布币独立自主地发行流通，融通于各地经济运行之中，已成为独立的全国特殊类型的货币系统。

2. 货币发行机构和流通区域高度分散。由于通过土地革命和武装起义的斗争，众多的农村根据地都是白手起家，初创于基层并由小到大地发展起来的，各个根据地之间相互隔离，相互独立、分散，因而货币发行的主体很多。就整体而言，农村根据地货币流通的覆盖面要比农民协会时

---

① 这种布币不属于实物货币性质，其形制和作用与纸币类同，二者仅存在币材的区别，其本身的使用价值极微甚至没有，仅是一种价值符号，所以称做金属币的代用货币。

期大得多。根据现有资料，对湘南、海陆丰、井冈山、中央苏区、湘鄂西、湘鄂赣、湘赣、闽浙赣、鄂豫皖、川陕、陕甘陕北、琼崖、闽东、左右江14块根据地的不完全统计（见表2-2），从1927年到1937年，发行货币的机构多达86个，其中有银行、信用合作社等金融机构，有政府、部队等管理机关，还有经济公社等经济组织。这时的货币发行机构比农民协会时期扩大了将近十倍，货币流通范围涉及全国十个省。

3. 货币名称和面额种类繁多而复杂。在货币的名称上，金属货币有"中国苏维埃共和国币"、"中华苏维埃共和国银币"、"中国苏维埃造银币"、"中华苏维埃金币"、"粉碎敌人五次围攻决战临时军用币"，以及一些以省的名义铸造发行的银币、铜币和锡币，据统计，这类金属币共约有42种货币名称。然而，货币名称的多样化则以纸币、布币更为突出，它们有兑换券、信用券、流通券、信用条、兑换条、银元票、银洋票、铜元票、铜元钱票、辅币券、银毫票、暂借发行券、借钱票、代用券、银票等券别名称，再加上发行机构名称，共有纸（布）币名称108种。这一时期，金属币和纸（布）币的名称达150种之多，令人眼花缭乱。货币面额也很复杂。由于各个货币发行机构都遵循了当地的货币使用习惯和对货币单位的通常称谓，从而货币面额名称多种多样，除一般的元、角、分外，还有毫、文、串、吊等，达34种之多。如果将这些面额票券与硬币的不同版别一起计算，则多达443种（见表2-2）。

第二章 中国革命根据地货币的历史演变 37

表2-2 土地革命时期农村根据地货币综合统计

单位：种、家

农村根据地	货币名称	币别							面额种类	版别种类	发行机构			
		金	银	铜	锡	纸	布	合计			行政机构	金融机构	经济组织	合计
湘南	3	1	—	—	—	2	—	3	5	5	3	—	—	3
海陆丰	1	—	—	—	—	1	—	1	3	3	—	1	—	1
井冈山	1	—	1	—	—	—	—	1	1	1	1	—	—	1
中央苏区	18	—	3	1	—	14	—	18	18	58	2	6	4	12
湘鄂西	17	—	5	2	—	9	1	17	15	54	4	5	—	9
湘鄂赣	30	—	6	—	—	24	—	30	18	76	7	14	3	24
湘赣	16	—	1	—	—	15	—	16	8	16	1	2	—	3
闽浙赣	10	—	3	—	—	7	—	10	7	27	1	5	—	6
鄂豫皖	16	—	4	5	—	6	1	16	15	46	2	5	1	8
川陕	12	—	2	3	1	4	2	12	11	78	—	1	1	3
陕甘陕北	17	—	2	1	—	8	6	17	9	56	—	7	—	7
琼崖	1	—	—	—	—	—	—	1	2	2	1	—	—	1
闽东	7	—	—	—	—	7	—	7	7	20	7	—	—	7
左右江	1	—	1	—	—	—	—	1	1	1	—	—	—	1
合计	150	1	28	12	1	98	10	150	120	443	31	46	9	86

资料来源：见本书附录。

4. 货币的形制突出了革命色彩。这一时期货币的制作虽然仍是就地取材，因陋就简，但形制方面注意了不断改进和创新。在金属币方面，最初只能是在币面打上带有革命意义的戳记，如井冈山"工"字银元；或者铸成条块状、锭形的金属块，如湘鄂西的"维持块"。到后来，一些根据地不仅能仿制白区通行的银元，而且铸造出了带有镰刀、锤子、五角星以及革命伟人头像的银币。在纸（布）币方面，票面设计增加了反映工农生活的图景和革命漫画，马克思、恩格斯、列宁、斯大林、毛泽东等伟人头像更加逼真。有的票面文字还增加了英文或俄文的行名、面额，有的票面文字和宣传口号等还使用了新文字运动中拉丁化汉语拼音文字。

5. 货币管理工作中充满了两条路线斗争。各个根据地的货币管理工作，比农民协会时期都有所进步和提高。一般都建立了发行基金制度，有的还规定了法定货币制度、货币发行与财政金库制度、货币投放与回笼制度等。但是，货币管理工作常常受到政治因素的左右。在这一时期，中共党内两条路线斗争十分激烈，当时各根据地的货币发行政策、货币管理工作大都受到路线斗争的影响，实际上货币管理工作已成为党内两条路线斗争的一项具体内容。各个根据地后期普遍出现的通货膨胀现象，除各种客观因素之外，主观上决策层的"左"倾机会主义路线与政策也应是重要原因。

6. 每种货币的存续期有所延长。在农民协会货币中，每种货币的存续时间最长的只有八个月,短的则只有三四个月。土地革命时期,革命武装力量发展壮大了,根据地政权也较稳固,从而每种货币的存续时间延长了,如苏维埃国家银行纸币的生存周期就长达三四年。

土地革命时期的革命根据地货币,从无到有,由小到大,由少到多,又从高潮降到低潮,短短十年中经历了无数艰难困苦,曲曲折折,同时也积累了许多正面的经验和反面的教训,为革命根据地货币以后的发展奠定了坚实的基础。

第三节 革命根据地货币的长足发展（1937~1945年）

1937年到1945年抗日战争时期,是革命根据地货币较快发展的时期,革命根据地货币无论是在货币发行的数量和质量方面,还是在货币流通范围方面都旺盛地发展壮大起来,在支持抗日战争、保证根据地军民需求、维护货币市场稳定等方面发挥了更大的积极作用。据不完全统计,这一时期革命根据地货币的发行机构共有198个,发行了252种货币,这标志着根据地货币体系的成熟发展。

日本帝国主义对中国的侵略由来已久。1931年"九一八事变"后,日军迅速占领了我国东北三省,继而又向华北入侵。国民党政府采取不抵抗政策,步步退让。中国共产党领导东北三省军民奋起抵抗,开展了东北抗日游击战争，同时呼吁国民党当局停止内战、团结抗日。但蒋介石仍坚持"攘外必先安内"的反动政策，一面对日本妥协，一面积极反共打内战。直至1936年12月"西安事变"爆发，蒋介石才被迫答应停止内战。1937年7月7日"卢沟桥事变"爆发，日军向北平发动进攻；8月13日又在上海发动大规模进攻，中国军队奋起抵抗，从此开始了全国的抗日战争。同年7月8日，中共中央通电全国，号召团结抗日。随后，国共两党通过谈判宣布重新合作，抗日统一战线形成。根据两党协议，中国共产党取得了合法地位，陕甘宁革命根据地改称陕甘宁边区，并组建了陕甘宁边区政府，中央红军改编为国民革命军第八路军（简称八路军）；在南方各省的红军游击队改编为国民革命军新编第四军（简称新四军）。两军立即开赴抗日前线和敌后，与国民党军并肩抗击日本侵略军。

在抗日战争中，日本侵略军纠合汉奸队伍向我国大举进攻，侵占了我国东北、华北、华东、华南广大地区，建立了汉奸伪政权，这些地区史称敌占区或沦陷区；国民党军队在战争中节节败退，国民党政府最后龟缩在以重庆为中心的西南、西北八省地区，史称国民党统治区或国统区；八路军、新四军在抗日前线和敌后展开游击战争，解放了被敌人占领的大片国土，建立了抗日民主政权，这些地区史称抗日根据地。沦陷区、国统区、抗日根据地三足鼎立，在地理范围上，沦陷区初期不断扩张，后期迅速缩小；国统区自始至终不断收缩；抗日根据地初期小而分散，后期不断扩大,连片发展,三者的消长,形成了八年抗日战争的突出特征。

抗日根据地是在抗日民族统一战线旗帜下,由中国共产党领导的抗日爱国武装通过艰苦的游击战争开辟的,实际上是中国革命根据地在抗日战争这一特定历史条件下的继承和延续。除陕甘宁边区直接起源于土地革命时期的农村革命根据地外,其他各个根据地在创建的初期都是白手起家的,土地面积较小,有的只有几个区、乡或县的范围。以后经过反复斗争,小的根据地逐渐扩大,有些根据地逐渐连成一片,形成较大的具有战略意义的区域,通称战略区。抗日根据地的发展是很快的,据统计,从1937年抗战开始到1940年,共产党领导的抗日部队已由5万多人发展到50万人,此外还有大量的地方武装和民兵;除陕甘宁边区外,在华北、华中、华南建立了约16块根据地[1],拥有人口近1亿,成为全国抗战的重心。抗日根据地军民通过艰苦的游击战争,积极打击日伪军,先后取得了百团大战以及多次反"扫荡"、反"蚕食"、反"清乡"等战役的胜利,战争形势逐渐发生了有利于我军的变化。自1944年起,抗日根据地军民展开了声势浩大的攻势作战,把日伪军赶出农村,并将其压缩包围在主要城市和交通线附近,根据地面积进一步扩大,许多战略区连成一片。到1945年

---

[1] 这16块根据地是晋察冀、晋冀豫、晋绥、冀鲁豫、豫鄂边、山东、皖东北、皖东、皖中、皖南、苏南、苏北、苏中、豫皖苏、东江、琼崖。参见胡绳:《中国共产党的七十年》,169页,北京,中共党史出版社,1991。

春天,全国已有19块战略抗日根据地。后经过合并、调整和发展,至1945年8月日本投降前夕,全国形成了包括陕甘宁、晋绥、晋察冀、晋冀鲁豫、山东、华中、华南在内的七大抗日根据地,土地面积共达86.4万平方公里,人民军队93万人,民兵220万人。① 至此,日伪军占领的大部分城镇、交通要道和沿海地区都在抗日根据地的包围之中。1945年8月9日,毛泽东主席发表了《对日寇的最后一战》,号召全国军民向侵略者进行广泛的反攻,迅速占领所有被我军包围和力所能及的大小城市。朱德总司令8月10日24时至11日18时,连续发布7道命令部署全面反攻事宜。大反攻中,从8月11日到9月2日,八路军、新四军和各地人民武装共解放了县以上城市150座及大片国土,抗日根据地进一步扩大。② 与此同时,中国共产党领导的东北抗日民主联军,在各个抗日根据地的支援下,配合苏联军队对日作战,解放了东北大片土地和城镇。

各个抗日根据地创建后,都首先进行了抗日民主政权建设。在抗日民族统一战线精神指引下,各级抗日民主政府逐步建立起来。一般是在区、乡政权组织的基础上建立县和县以上的行政公署,几个大的抗日根据地则建立了统辖全区的边区政府。各地抗日民主政府在经济建设方面,主要是发展农业生产,同时注意发展当地的工业和对外贸

---

① 参见辞海编辑委员会:《辞海》(缩印本),911页,上海,上海辞书出版社,1999。

② 参见中共中央党史研究室:《中国共产党历史》,上卷,652~655页,北京,人民出版社,1991。

易；为了支援战争和支持经济建设，各地都着重抓了根据地银行的建设和发行抗日根据地货币，组织好对日伪货币和国民党货币的货币斗争。

一、抗日根据地货币的发展演变

随着抗日战争形势的发展，抗日根据地货币的历史演变过程大体可分为初始阶段、困难阶段和发展阶段。

（一）初始阶段

1937年到1940年，是抗日根据地货币的初始创建时期。这一时期正是中国抗日战争处于战略防御阶段和相持阶段的前期，各地的抗日根据地刚刚开辟并且不十分巩固，抗日根据地货币随着根据地在敌后的创建和发展而在全国十几个省份产生并发展起来。抗日根据地货币的产生又有两种情况：一种是在陕甘宁边区，1938年7月边区政府突破了国民党政府的种种禁令和限制，在原来苏维埃国家银行西北分行货币的基础上，由陕甘宁边区银行印制发行了延安光华商店代价券（以下简称光华券），随着边区的巩固和发展，光华券的货币流通区域也逐步扩大；另一种是敌后抗日根据地发行和流通的货币，它们占抗日根据地货币的大多数，如晋绥、晋察冀、晋冀豫、山东、苏北、淮南、豫皖苏、琼崖等根据地的货币。这些货币都是白手起家、从基层分散创办的。开始时发行的规模很小，流通的地域也只限于县或专署的范围，形成了众多的地方性货币。以后，一些抗日根据地逐步扩大、相连，经济实力逐渐增强，分散的地方性货币开始集中统一为票券质量比较好一些、货币管理比较严密些、流通于数十个县或较大区域的区域性地方货币。这一阶段抗日根据地货币先后共约有97种币名，三百多种版别，其中有些后来成为大抗日根据地的区域本位币。抗日根据地货币是在抗日民族统一战线的旗帜下发行和流通的，因而得到了根据地爱国人士和群众的广泛支持。特别是在初始阶段，根据地政权的经济力量还较薄弱，很多爱国人士和当地群众的有力支持对根据地货币的创办和发展发挥了重大作用。如晋绥边区的兴县农民银行币，就是在当地爱国士绅刘少白等和抗日群众的积极捐助下组织发行的，后来的晋绥西北农民银行币就是在它的基础上发展起来的。这一时期抗日根据地货币是在对敌伪货币展开激烈斗争中成长起来的。日本侵略者为了"以战养战"，无限地扩大发行日伪钞票，利用这些日益贬值的纸币，一面到根据地来抢购物资，一面争夺国民党法币，以便到国际市场上换取外汇。根据地银行和经贸部门在抗日政府的领导下，采取多种措施，一方面严禁日伪钞票进入根据地，粉碎其抢购物资的企图；另一方面实行保护法币的政策，开展比价斗争，打乱了敌人争夺法币换取外汇的如意算盘。

（二）困难阶段

1941年到1943年上半年，是抗日根据地货币发展的困难时期。这一阶段，国际法西斯势力嚣张，德国大规模进攻苏联，日本发动太平洋战争，对中国抗日根据地集中兵力进行"扫荡"、"清乡",同时国民党三次发动反共高潮,配合日伪军队夹击抗日根据地。抗日根据地在敌人的强大攻击中,有的被蚕食侵占,有的已连接成片的土地重新被分割包围,根据地土地面积缩小,总人口由1亿减少到5 000万以下,粮食、牲畜被抢夺,生产下降,经济十分困难。在此情况下,一些抗日根据地货币流通范围锐减,货币发行困难。有的根据地货币为适应被蚕食、被分割的环境,从初始时期的相对统一转变为相对分散。如晋冀鲁豫的冀南币,本已实行了统一的区域本位币制度,1943年初又改为按行署分区发行、分区管理的地名券制度,发行了"太行"、"太岳"、"平原"、"滏西"等地名券。晋察冀的冀中区各县的地方币,本来打算由晋察冀边区银行统一收兑,但由于1942年日寇"五一大扫荡"等战争原因,仍维持地方币体制至1945年。山东的胶东各县,则由于北海币供应不足,也分别发行了地方流通券。在货币斗争方面,太平洋战争爆发后,日本失去了利用法币套取国际外汇的机会,从而改变了过去吸收法币的政策,千方百计将国民党法币推向抗日根据地来抢购物资,各个根据地则针锋相对予以抵制,禁用法币,普遍实行了独立自主的以本根据地货币为当地本位币的制度。原来实行与法币相联系制度的根据地,此时也切断了这种联系,实行禁用或限制法币的政策,如陕甘宁边区。

(三)发展阶段

1943年下半年到1945年,是抗日根据地货币的大发展时期。

1943年到1944年，世界反法西斯战争形势发生了根本性的变化，德、意、日法西斯联盟败象已露。在国内，华北战场的山东、北岳、冀东、太行、太岳、晋西北、冀鲁豫等根据地反"扫荡"、反"蚕食"斗争取得了一个又一个胜利，各根据地的土地面积逐渐恢复，并且进一步扩大开来，华中、华南根据地则在敌人的重兵进攻中继续进行抗击敌人的艰苦斗争。在经济上，各根据地普遍开展了大生产运动，在"自己动手，丰衣足食"这一口号的号召下，实现了自给有余，经济实力增强。根据地货币的流通范围随形势发展而进一步扩大，发行量增加，币值趋于相对稳定。由于根据地的扩大和连片发展，各地区之间经济往来日益频繁，金融市场也开始繁荣起来，从而在一定区域内的货币又逐渐集中统一起来，并开始形成各大战略根据地的区域性法定本位币制度。据统计，这类区域本位币约有53种，其中地名券27种。

1944年到1945年，抗日根据地军民在中共中央的号召和指挥下，对日伪敌人展开了大反攻。反攻中，抗日军民不断取得胜利，使根据地土地面积急剧扩大，其范围已遍及全国十四五个省区，根据地货币的流通范围也空前扩大，除国统区和敌占的大城市、交通要道外，根据地货币都能有所行使，货币发行量也大大增加。但这一时期根据地货币的种类却大为减少，许多地方性货币又逐渐集中统一于各大抗日根据地的区域本位币。区域本位币的建立和发展，就更便于支援战争，有利于根据地的建设和经济发展。由于各根据地实行了独立自主、自力更生的经济政策和货币政策，从而抗日根据地的物价远比国统区和沦陷区的物价稳定，抗日根据地货币对法币和日伪货币的比价都有很大提高。如在山东根据地，1940年以前，北海币与法币以1:1的比价共同流通；到1943年，法币禁用了，法币币值大降，法币作为外汇与北海币的比价降为6:1。在晋冀鲁豫边区，1940年以前，冀南币作为本位币1元可兑换法币1元，兑换日伪联银券1.2元；到1945年抗日战争胜利时，1元冀南币则兑换法币3.2元，兑换日伪联银券15元。从货币购买力上显示了抗日根据地货币的优越性。

以上三个阶段的史实表明，抗日根据地货币虽然经历了种种曲折和不利，但在抗日战争后期的大发展中已逐渐走向成熟，并为以后的全国货币大统一打下了初步基础。

二、抗日根据地货币的特点

抗日根据地货币与土地革命时期农村根据地货币是一脉相承的，在政治上坚持以服务于战争需要和根据地军民生产生活需要为宗旨，在货币制度、货币政策上继承了农村根据地货币独立自主、自力更生的传统。但在抗日战争这一特殊的历史环境下，抗日根据地货币又存在一些突出特点。

1. 货币性质由金属币及其兑换券转化为作为货币符号的信用货币。这里所谓的兑换券，是指以金属币如银元为本位，作为金属币的价值符号随时可以兑现的纸币或布币；

信用货币是指与金属币切断联系，不可兑现的由政府法定流通的纸币或布币。土地革命时期农村根据地的纸币或布币，均属于兑换券性质。到了抗日战争时期，抗日根据地的纸币已不再是可兑现的兑换券性质的货币了，而成为与金属币脱离联系，以大量商品物资、外汇和金银储备基金为基础，由各根据地政府立法推行的信用货币，只不过有的纸币面额还保留了某些金属币的痕迹而已。这是由于在全国抗战爆发前夕的 1935 年，国民党政府实行了币制改革，在全国推行不兑现的法币政策，白银收归国有，银元退出流通。抗战爆发后，沦陷区日伪政权强制推行中储券、联银券等既毫无准备金又不兑现的纸币。在这种大的环境下，抗日根据地货币在"独立自主、自力更生"方针的指导下，也只能实行不兑现的信用货币制度。

2. 货币发行机构增加，货币流通地域范围扩大。由于抗日根据地在战争初期地域比较分散，创建时间先后不一，相互隔离、相互独立，因此发行机构较多。据现有资料统计，从 1937 年到 1945 年，七大抗日根据地先后存在的货币发行机构共计 198 个（见表 2-3），相当于农村根据地时期的 2.3 倍，其中有抗日政府、银行、信用合作社及各种经济组织。随着抗日战争不断取得胜利，许多小块根据地连片扩大发展，从而使抗日根据地货币的流通地域范围也逐步扩大，并且就全国范围来看呈由北向南扩展的趋势。到 1945 年日本投降时，已遍及全国十四五个省份，在原来沦陷区的大部分农村地区都有了抗日根据地货币的踪迹。

第二章 中国革命根据地货币的历史演变

表 2-3 抗日战争时期抗日根据地货币综合统计

单位：种、家

根据地	货币种类			面额种类	钞币版别	发行机构			
	区域本位币①	地方性货币	合计			行政性机构	金融机构	经济组织	合计
陕甘宁	2	3	5	17	37	—	2	—	2
晋绥	1	4	5	11	31	2	2	1	5
晋察冀	4 (2)	31	35	15	119	1	4	28	33
晋冀鲁豫	9 (6)	32	41	24	210	5	15	2	22
山东	8 (7)	24	32	15	216	16	11	1	28
华中	28 (12)	103	131	30	442	59	25	21	105
华南	1	2	3	5	8	2	—	1	3
总计	53 (27)	199	252	117	1 063	85	59	54	198

注：①区域本位币栏右括号内数据为地名券种数。
资料来源：见本书附录。

3. 货币的种类相对集中，区域本位币出现。在各大战略抗日根据地逐渐形成的过程中，原来分散发行的仅限于某一地区流通的基层的地方性货币，逐渐集中统一于由各大战略抗日根据地统一发行、统一管理和统一组织流通的区域本位币。区域本位币为本战略区唯一法定通货，有利于当地的经济发展和支援战争。这些区域本位币有陕甘宁边币、陕甘宁商业流通券、晋绥西北农民银行币、晋察冀边币、冀南币、鲁西币、北海币以及华中地区的江淮币、淮海币、盐阜币、淮南币、淮北币、豫鄂边建设银行币、浙东币等。由于考虑到在大的战略区内某些地区的经济差别及交通、战争等因素，有的区域本位币又发行了仅限于这些地区流通的地名券。据统计，在整个抗日战争时期，各大战略抗日根据地共发行了区域本位币53种，其中地名券27种；这些地区一度流通的地方性货币有199种，两类货币合计共252种（见表2-3）。

4. 货币的形制发生了变化。由于社会环境的变化、兑换券性质的改变以及币材的纸介质单一化，抗日根据地货币的形制显示了突出的变化。一是货币币材的单一化。除华中抗日根据地少量地方币为金属镴质合金或铜外，绝大部分是纸质材料钞票，而印钞纸的质量则大为提高。这样，货币的券别名称也就简化了，只有流通券、代价券、代用券、金融券、辅币券、人民券等七八种称谓，有利于区域货币的统一和人民行使方便。二是面额种类减少，只有元、角、分等几大类。后来由于战时通货膨胀，元以上的票面金额迅速增大，角、分类面额的钞票逐渐被淘汰。同时又出现了改变原来面额的钞票，如"作壹圆"、"改作拾圆"等加盖戳记的票券。三是票券的版别极大增加。由于战争的环境、印制机构的分散和货币发行量的增加，同一币种的版别明显增加。据统计，在七大抗日根据地的252种货币中，各种不同的版别竟达1 063种之多（见表2-3）。四是票面设计更加精致。除多种多样的图景外，一些票券上还印了相关的货币政策规定和抗日宣传口号。相当多的票券上增加了英文或汉语拼音文字的银行名称和面额。有的票面设计还设置了防伪标志或暗记。

5. 货币管理制度进一步健全。各个抗日根据地都建立了法定的区域本位币制度，规范了货币流通管理。在货币发行上，普遍建立了货币发行基金，严格了对货币发行量的控制，加强了对市场物价的监测研究和对外汇汇价的掌握。建立了票券发行管理制度和代理财政金库制度，研究掌握货币投放与回笼规律，适时采取相应措施。开展了本币与兄弟根据地货币的兑换和汇兑，协调相互之间的货币贸易关系。

6. 货币斗争复杂而激烈。由于抗日根据地与沦陷区、国统区在地理范围上此消彼长、犬牙交错，民间在经济上不可避免地有着各种交易往来和经济联系，从而货币就成为相互交换和价值转移必不可少的工具。三个区域的币值和货币购买力由于各种原因是不一致的，这就出现了敌、友、我三方的货币比价问题。加之，日伪和国民党当局总想通过货币的交流，在经济上占根据地的便宜，"合法地"掠夺根据地物资，而根据地政府和银行必然针锋相对地采取各种措施保护自己的货币和地区经济。彼来此往，斗争极其复杂，有时是相当激烈的，甚至流血牺牲，并且这种斗争贯穿于抗日战争时期的始终。

7. 每种货币的生命周期进一步延长。各大战略抗日根据地区域本位币的流通存续时间，都远比农村根据地货币要长得多，有一些货币的存续期还横跨了抗日战争和解放战争两个历史时期。如晋察冀边币的生命周期为十年多，冀南币为九年多，北海币为八年多，最后合并为全国性的人民币，而国民党法币的生命周期也不过十二年多，并且以最后崩溃告终。

从以上这些特点可以看出，抗日根据地货币作为中国革命根据地货币体系的构成，已进入成长的大发展阶段，这一崭新的货币体系已发展到足以与传统的旧中国货币体系相抗衡的地步。

三、抗日货币——中国近现代货币的特殊形式

在抗日根据地货币史研究中，有人提出了"抗日货币"的概念，但迄今尚未见到对此的专门论述。笔者认为，抗日货币是一种复合性货币的概念，是中国近现代货币的特殊形式，弄清它的性质和内涵对研究中国近现代货币史是十分必要的。现提出几点初步认识，以供货币史学界同

仁研究参考。

（一）抗日货币的定义

抗日货币作为一个经济范畴，它的定义应是指在抗日战争中反对和抗击日本帝国主义侵略，与日伪政权及其经济组织进行不可调和斗争的军队、政权机构、经济组织所发行的为抗日战争服务的货币。抗日战争在中国是举国上下全民族的战争，是在抗日民族统一战线的旗帜下，全国民众不分民族，不分阶级、阶层，不分男女老幼，有钱的出钱、有力的出力，共同奋起抗击敌人的战争。在这样的大环境下产生的货币，必然包罗万象，涵盖了多种性质不同的货币。因此，抗日货币实际上是包含范围相当广泛的一种货币统称。

（二）抗日货币的基本特征

如对抗日货币作具体分析，可以清楚地看出它具有以下一些基本特征：

1. 抗日货币的发行宗旨，是为反对和抗击日本帝国主义侵华战争服务的。它的作用，一方面是为抗日部队提供经费和给养，另一方面是支持和保障抗日地区军民生产生活需要，增强抗日的经济实力。

2. 抗日货币的发行机构是分散的、多方面的。在全民抗战的大环境下，抗日货币发行机构，既有国民党政府的银行、抗日根据地的银行，也有从国民党统辖中分离出来的军队、政权组织及其相关经济机构，以及参与抗日的各行各业的私营经济组织。这些发行机构各自独立，自成系统,为适应当时当地的实际需要而组织发行货币。因此,抗日货币发行机构包含了多种经济成分。

3. 抗日货币与日伪政权货币在当时中国境内形成了两大对立甚至对抗的货币体系,二者之间展开了不可调和的甚至相当激烈的斗争,这种斗争贯穿于抗日战争时期的始终。抗日货币斗争中,不知有多少英雄儿女为了抗日货币的印制、保管、发行、组织流通而流血牺牲、家破人亡。晋冀鲁豫边区冀南银行行长高捷成,就是在检查冀南币保管点的途中遭遇日寇而壮烈牺牲的。

(三)抗日货币的种类

抗日货币既然是复合性货币,那么它包含了哪些货币种类呢?据现有资料分析,综合来看,笔者认为,抗日货币大体包含四类不同性质的货币,即抗日根据地货币,国民党政府的货币,抗日根据地内私营经济的货币和从国民党阵营中分离出来的军队、政权机构或经济组织发行的货币(见本书附录二中的附表)。

1. 抗日根据地货币。如前所述,抗日根据地货币是中国共产党领导的军队、政权机构、银行及经济组织,为保证抗日战争的胜利进行和保障抗日根据地的建设与发展而发行的货币。抗日根据地货币是抗日货币的中坚力量。

2. 国民党政府的货币。国民党政府的货币主要是法币。国民党政府在抗日战争期间总的来看还是抗日的,它在抗日战争中处于传统的主体地位,但是它又有对日本帝国主义妥协、制造反共摩擦等不利于抗战的一面。因此,国民党法币不同于抗日根据地货币，是另一种类型的抗日货币。在抗战初期，国民党政府对中共抗日政权支付法币作为军费，支持了八路军、新四军作战和抗日根据地建设。陕甘宁边区等抗日根据地还一度实行了以法币为主币或本位币的货币制度。1941年以后，国民党政府实行"消极抗日，积极反共"方针，迅速增加反共反人民的军政开支和根据蒋介石"手谕"的"特别支出"（即军事和特务经费开支），导致法币急剧通货膨胀。法币发行指数猛增，如以1937年6月为100，到1941年12月就猛增为1 076，增长约10倍；到1945年6月，则达到28 289，增长约282倍。[①] 1941年以后，国民党政府非但停发了八路军、新四军的军费，而且在靠近抗日根据地的地区，利用急剧贬值的法币套购根据地物资，扰乱根据地金融稳定。

3. 抗日根据地内私营经济的货币。这类货币是在抗日根据地范围内，由于当地根据地货币数量不足或其他原因，市场找零辅币缺乏，遵循当地的流通习惯，经根据地民主政权批准或同意，由私营经济组织发行的在一定区域内流通的货币。例如，1945年浙东抗日根据地一些县、镇、乡的商会、盐行、集市为响应根据地政府号召，适应市场流通需要，弥补根据地浙东银行货币数量和品种的不足而发行的纸币和镴币。这类货币，历史上称之为商会币或商会抗币。据有关资料统计，目前可见到的浙东商会抗币有18种、48个版式，发行机构15个。商会抗币与抗日根据地货

---

① 参见杨培新：《旧中国的通货膨胀》，33页，北京，人民出版社，1985。

币的根本区别是，它是由商会或较大的商户私人发行的，在市场上不属于法定货币，与根据地货币由公营机构发行有抗日政权作保证有所不同。它的私营性质决定了其有追逐利润的一面，从而发行的随意性较大，其信誉好坏不一，有的因制作条件较差而导致钞币的品质不高。特别是它与法定主币之间既有联系、补充、辅助的一面，又有矛盾、排斥、对抗的一面，如果处理不当，容易产生一些弊端，冲击市场。[①] 此外，1941年，苏北抗日根据地一些商户在抗日政府的监督下也曾发行过竹筹辅币或纸质辅币券，同年10月盐阜银行成立后即停止了流通使用。

4. 从国民党阵营中分离出来的军队、政权机构或经济组织的货币。一些国民党政府所属的军队、基层政权机构、经济组织，受共产党影响、引导或为战争形势所迫，脱离了国民党政府的管辖和控制，勇敢地起来进行抗日斗争。这些既非共产党领导也非国民党政府统辖的军队、政权机构、经济组织，为了保障和支持它们的抗日正义斗争而发行了各种货币。这些货币具有抗日货币的特征，却又与抗日根据地货币、国民党政府的货币有所不同。如1939年，晋西北一些原为阎锡山所委任的县长，在抗日战争中具有一定的民族主义觉悟，积极抗日，脱离了阎锡山的控制后，曾配合八路军参与了抗日武装斗争。其中有些县政权为了斗争需要而发行了货币，像当时晋西北的五寨县、中阳县、

[①] 参见浙江省钱币学会：《华中革命根据地货币史》，第三分册，157～179页，北京，中国金融出版社，2004。

离石县等都发行了这类流通于当地的货币，现在能见到的有8种钞券、17种版别。① 又如，1932—1934年东北义勇军的货币，也应属于这类货币。

关于东北义勇军货币，由于见诸史籍的情况不多，所以在这里作一简要介绍。祖国东北辽宁、吉林、黑龙江三省的抗日战争，自1931年"九一八"事变开始，早于全国抗战六年，战争涉及的地域除东北三省外，还包括现在的内蒙古和河北省的部分地区。"九一八"事变后，国民党军队奉命不抵抗而撤出这些地区，从而日寇乘机侵占了东北三省，并培植了汉奸傀儡伪政权。"九一八"事变爆发后的第三天即1931年9月20日，中共中央发表了《为日本帝国主义强占东三省宣言》；同日，中共满洲省委发表了《为日本帝国主义武力占领满洲告全满洲朝鲜工人、农民、学生及劳苦群众书》，并部署了抗日斗争事宜。一些受共产党影响的进步人士，以及不甘心做亡国奴的正义人士和军人，纷纷起来组织武装反抗和武装起义，进行抗日游击战争。1931年10月，辽宁省警务处处长黄显声组织了东北民众义勇军，首先燃起了抗日武装斗争之火，随后揭竿而起的武装队伍多达58路又27个独立支队，共30余万人。当时东北三省的154个县份中，有抗日武装活动的就有93个县。比较有名的起义队伍的领导有：辽宁的邓铁梅、唐聚五、李纯华、高文彬、张海天、刘景文等；吉林的李杜、张作

---

① 参见杨世源：《晋绥革命根据地货币史》，23~28页，北京，中国金融出版社，2001。

舟等；黑龙江的马占山等。这些队伍此起彼伏，虽然名称各异，但一般将其统称为东北抗日义勇军。后来，由于敌我力量悬殊，这些队伍有的被镇压消灭，有的并入共产党领导的东北抗日联军，坚持斗争到抗日战争胜利。东北抗日义勇军中，为了筹措军费，大约有12支队伍以部队、政权机构或群众团体的名义发行了自己的货币。据现有资料统计，共约有18种货币名称、66种面额版别。① 这些货币在支持抗日斗争、鼓舞士气、抵制日伪货币等方面起了重要的作用。

第四节 革命根据地货币的集中与统一（1945～1951年）

1945年到1951年，是革命根据地货币从繁荣走向集中并实现统一的时期。在此期间，从1945年8月到1949年，各解放区（不含全国性的人民币）根据地货币发行机构由198个调整集中为97个，货币种类由252种减少到111种。最后到1951年新中国成立初期，全国除西藏、台湾外已集中统一为中国人民银行一个发行机构、人民币一种货币了。

1945年8月日本投降后，中国共产党与国民党就和平建国等重大问题进行了谈判。谈判过程中，中共代表从大局出发，同意把广东、浙江、苏南、皖南、皖中、湖南、湖北、河南（豫北不在内）八个革命根据地的部队撤退到

---

① 参见郑海章：《东北革命根据地钞票》，7～41页，沈阳，辽沈书社，1991。

苏北、皖北及陇海路以北地区。在中共的让步和各民主党派、社会贤达的共同努力下，10月10日终于签订了国共两党《双十协定》，以及政治协商会议通过的各项和平协议。但是在此期间，国民党军并没有停止对解放区[①]的进攻。解放区军民被迫自卫作战，并取得了胜利，解放区在原来抗日根据地的基础上有所扩大，拥有人口1.49亿，土地239.1万平方公里，506座城市。1946年6月，国民党军在美帝国主义的支持下完成了各项部署，随即公然撕毁各项和平协定、协议，悍然向解放区发动了全面进攻，全国解放战争从此开始。战争中，八路军、新四军改称人民解放军，抗日根据地改称解放区。此时，解放区军民在共产党领导下，针锋相对地对进犯之敌进行自卫还击，保卫抗战胜利果实，保卫解放区。战争的第一年，即1946年6月到1947年6月，人民解放军处于战略防御地位，战争主要在解放区内进行。这一阶段的前八个月，解放区有240座城市被国民党军占领，同时解放军又收复了135座城市；国民党军被消灭71万余人，从而丧失了全面进攻的能力。后四个月，国民党军转为对陕北和山东解放区的重点进攻，解放军分别粉碎了敌人这种重点进攻，同时在东北、热河、冀东、豫北、晋南等地开始了局部反攻，收复了153座城市，歼敌40余万人。战争的第二年，1947年7月人民解放军开始了战略进攻。刘邓、陈谢、陈粟三路大军纵横驰骋

---

① 为叙述方便起见，本书将抗日战争胜利后到全面解放战争开始前这段时间的革命根据地，也称做解放区。

于江淮河汉的广大地区,开始在外线作战。其他野战军也渐次转入战略反攻。到1948年夏秋,不仅老解放区得到恢复,而且解放了很多新区,一些解放区连成一片。解放区的土地面积已占全国土地总面积的24.5%,人口占全国总人口的35.2%,广大工人、农民和其他劳动人民经过土地改革,其革命热情和生产积极性空前高涨。国民党军则处于劣势,被迫放弃了全面防御战略而实行重点防御。1948年9月,以济南战役为序幕,解放战争的战略决战阶段开始。辽沈、淮海、平津三大战役,歼灭国民党军154万余人,使国民党政府赖以维持其反动统治的主要军事力量被摧垮,长江以北地区全部解放。1949年4月,人民解放军百万雄师过长江解放南京,宣告了国民党反动政府统治的覆灭。此后,人民解放军乘胜前进,迅速扫除残敌,解放了大片国土。

1949年10月1日,中华人民共和国成立。新中国成立初期,在军事上,继续向华南、西南进军,取得了广西、贵阳、重庆、成都等战役的胜利。1950年4月,渡海作战解放了海南岛。又相继用和平方式解放了云南、四川、西康的广大地区。到1950年6月,全国除西藏、台湾外都已获得解放。1951年5月,中央人民政府同西藏地方政府达成关于和平解放西藏办法的协议。10月,人民解放军进驻拉萨,西藏获得和平解放。正当举国欢庆解放的时候,1950年6月25日朝鲜内战爆发,几天后美国宣布武装介入朝鲜战争,并派它的第七舰队封锁台湾海峡。10月初,美军悍然越过"三八线",并急速向中朝边境冲来。10月8日,中国人民志愿军被迫赴朝作战。志愿军战士在敌人狂轰滥炸,我军供应不足,且气候严寒的极端困难条件下,英勇作战,共歼敌23万余人,把战线推回并稳定在"三八线"附近。1951年7月起,双方开始了停战谈判。

当战争还在进行的同时,已解放的地区开始了国民经济恢复工作。由于战争中财政负担过重、财政收入不足,1949年出现了严重的通货膨胀和几个大城市的物价上涨风潮。在各级人民政府严厉打击投机倒把,整顿金融市场,实行全国财政收支、物资调度、现金管理三统一政策措施后,通货膨胀逐渐停止,物价趋于稳定,到1952年12月,全国批发物价比1950年3月下降了7.6%。在农村,从1950年冬开始,全国新解放的地区开展了土地改革运动,废除了几千年来的封建土地制度,农村生产力得到极大解放,农业实现了增产。在城市,实行了一系列民主改革,团结一切积极因素全力恢复和发展工业、交通和物资交流,取得了明显成就。经过新中国成立初期三年的努力,1952年比1949年工业总产值增长77.5%,农业总产值增长53.5%,全国职工平均工资收入提高70%,整个国民经济在战争的废墟上焕发出欣欣向荣的生机。

在解放战争和国民经济恢复的整个过程中,由于各地解放时间先后不一,实际上形成了以抗日根据地为基础发展扩大的老解放区和从国民党统治区陆续解放开辟出来的新解放区两类地区。老解放区包括:原来的陕甘宁边区与晋绥边区，后来两区连成一片，逐渐形成为西北解放区；原来的晋察冀边区与晋冀鲁豫边区连成一片，并发展扩大形成为华北解放区；山东全境解放后形成的山东解放区。新解放区包括陆续解放的华东（华中）解放区、东北解放区、内蒙古解放区、中原解放区、华南解放区，以及后来解放的西南和西北部分地区。在新老解放区建设的过程中，发展和建立金融机构，扩大货币发行，积极组织货币流通，则是新老解放区建设中极其重要的一环。新老解放区发行和流通的货币，作为中国革命根据地货币的一个品类，在本书中统称做解放区货币。

解放区货币继承了抗日根据地货币的传统并得到进一步发展和提高，是中国革命根据地货币空前繁荣、日臻成熟的形态。事实上，老解放区货币是抗日根据地货币的延续。西北解放区区域本位币西北农民银行币，就是原抗日战争时期陕甘宁边币、陕甘宁商业流通券、晋绥西北农民银行币经过调整统一而形成的。晋冀鲁豫解放区的冀南币，是抗日战争时的鲁西币与冀南币合并统一而成的。晋察冀解放区的晋察冀边币和山东解放区的北海币，不仅分别一脉相承，而且名称也没有变化。上述这些解放区货币，在后来即构成了全国性的人民币的主要基础。新解放区的货币，虽然发行较晚，分布比较分散，但在发行宗旨、货币制度和货币政策等方面也都承袭了抗日根据地货币的做法和经验，只是在货币发行与货币流通范围等方面更加扩大，货币政策和货币制度上更加完善，货币管理和货币流通的组织工作上更加成熟、有效。

一、解放区货币的发展演变

解放战争时期和新中国成立初期,解放区货币在抗日根据地货币的基础上发展壮大起来,作为独立的货币体系,不仅与传统的国民党货币相抗衡,而且时时事事胜过它。前者如旭日东升,蒸蒸日上;后者则日薄西山,每况愈下。最后各解放区货币集中统一于人民币,并全面占领了国内货币流通市场,而国民党货币在极度贬值的情况下,一再改革币制,并随着国民党政权的崩溃而黯然退出流通。纵观解放区货币的发展演变,大体可分为三个历史阶段。

（一）战略调整阶段

从1945年抗日战争胜利到1947年,为解放战争战略防御阶段和战略反攻阶段的前期,战争主要在解放区内进行,各个解放区货币在此期间有的发展、有的收缩,在走向集中统一的趋势下处于战略调整状态。

在陕甘宁边区,1945年到1946年,货币流通基本正常,币值有所上升,后因被迫备战而扩大了货币发行,使物价有所上升。1947年3月以后,国民党军向边区大举进攻,边区面积缩小,货币流通范围随之收缩。陕甘宁商业流通券在狭小的地区内流通,发行量却成倍增加,币值大跌,为此中共中央西北局决定抛售畅销物资、黄金等回笼货币,以稳定币值,解决货币发行困难。由于对国民党军几次战役的胜利,晋绥边区土地面积扩大,已与晋察冀边区连成一片，并扩展了与陕甘宁边区连接的地域，西北农民银行的机构和货币流通范围随之扩大，为支援陕甘宁边区自卫战争创造了有利条件。在晋察冀边区，抗战胜利之初，边区面积扩大，晋察冀边币流通范围随之扩大。1946年内战爆发，解放军撤出了一些地区，但由于几个战役的胜利又收复和新解放了一些地区，货币流通随之调整。同时，由于交通不便，晋察冀边币供给不足，一些地区又分别发行了流通于当地的地方货币，如冀东各专署、县的地方流通券，北岳区雁北的地方流通券以及晋察冀边币冀热辽地名券等，货币发行由初步的集中发行又转向部分地区分散发行。在晋冀鲁豫边区，1945年上党战役胜利后，太岳区面积扩大，新区冀南币数量严重不足，太岳区行署决定从1945年10月起发行"太岳区经济局商业流通券"，限在当地流通。至1946年当地市场货币筹码紧缺情况有所缓解，才由边区本位币冀南币陆续收回该币。在冀鲁豫区，鲁西币早在抗日战争后期即与冀南币混合流通，此时经过调整于1946~1947年由冀南币分批收兑，鲁西币停止流通，冀南币成为全边区统一的本位币。在华东解放区，1945年8月北海币的各种地名券取消，实现了山东境内北海币的统一流通。与此同时，华中银行于1945年8月1日成立，以华中币统一了华中地区各地方银行、银号的货币。但是由于国民党军的疯狂进攻，华中解放区面积急剧收缩，华中银行总行被迫转移到山东，华中币的流通范围也迅速缩小。1947年11月以后，战争形势好转，华中币的发行和流通范围又逐渐恢复和扩大。在东北地区，1945年8月日本投降后，人民解放军在苏联军队的配合下建立了东北解放区。东北银行于同年10月成立，并发行了货币。但由于国民党军大肆进攻，疯狂占领城市，东北解放区被分割成北满、东满、西满、南满、冀察热辽等若干个分区。于是中共中央东北局决定实行"统一发行与分区发行相结合"的货币发行方针，在各地实行分区建银行、分区发货币的政策。除东北银行统一发行的东北地方流通券外，还发行了24种地方货币和3种东北银行的地名券。在此期间，苏联军队为了军事需要与国民党政府达成协议，在东北、内蒙古地区还发行了苏联红军票。同时，国民党军进入东北又带来了国民党的法币和东北九省流通券，再加上原来的日伪货币，一时间东北地区形成了多种货币混乱流通的局面。1946年7月到1947年1月，东北解放区人民政权通过多种措施肃清了日伪货币，对苏联红军票分步骤予以收兑停用，国民党货币也逐渐被排挤出区外，至此解放区的货币基本占领了市场。但是解放区多种地方货币依然存在，货币流通仍处于分散状态。在内蒙古，1945年8月日本投降后，内蒙古地区出现了一些临时的维持社会秩序的组织，其中有的发行了过渡性的钞票，如东蒙印刷厂印制发行的"兴安总省政府暂行流通券"；1946年1月，东蒙银行印制发行了"东蒙古人民自治政府暂行流通券"；纳文慕仁盟也发行了当地的"暂行流通券"等。1946年5月，东北人民政府领导的兴安省政府在东蒙地区成立，7月发行了

"兴安省政府暂行流通券"等几种钞票，为当地的解放区货币，与当时的过渡性钞票并行流通。1947年内蒙古地区解放战争形势渐趋明朗，5月内蒙古自治区人民政府成立，6月开始发行"内蒙古各旗县公私款通用流通券"，从而为统一内蒙古解放区的货币打下了基础。

（二）相对集中与分散发行并举阶段

1947年到1948年，是老解放区货币相对区域集中、新解放区各种货币开创发行的时期。1947年下半年人民解放军开始战略反攻，在解放区迅速扩大连片发展的形势下，解放区货币出现了新变化。

1. 老解放区和东北、内蒙古解放区基本实现了区域本位币化。一些老解放区在实现全境解放的过程中，对区内新解放的地方以老区货币为主展开了占领流通市场的阵地斗争，驱逐了国民党货币及其他各种杂币，收兑了当地流通的地方货币，统一了区域本位币市场。如晋察冀、晋冀鲁豫和山东解放区，在此过程中都进一步加强了货币管理，迅速扩大了区域本位币流通范围。陕甘宁和晋绥两个解放区在战争中已连成一片，1947年11月两边区的银行机构合并，统称西北农民银行，以西北农民银行币（以下简称西农币）为合并后的西北解放区的本位币，随着战争形势的好转而恢复并扩大了货币流通范围。在华东，1948年华中解放区陆续收复，华中银行总行由山东返回苏北，统一整理华中地区流通中的货币，进一步健全了华中币的区域本位币制度。1948年11月华中行政办事处发布公告，实行华中币与北海币等值混合流通。淮海战役期间,各路大军云集淮北、苏北、豫皖苏地区,部队带来了各个解放区的货币,一时间形成了华中币、冀南币、鲁西币、北海币、中州币、晋察冀边币六大解放区货币并行的局面,由于各区货币币值不一,兑换比率不一,因此存在着一定的混乱和困难。1948年12月11日,人民解放军徐州军区发布公告,统一规定了上述六种货币的兑换比率,并责成各地银行机构以华中币、北海币为主统一兑换其他各区货币,从而保证了货币流通的顺畅。在东北,1947年1月东北行政委员会确定了"地方银行并入东北银行,统一货币发行"的方针,到同年8月以东北地方流通券为区域本位币收兑了各种地方币,基本实现了货币统一。当时只有冀察热辽地区和旅大地区因条件不成熟而保留了地方币。[①] 在内蒙古,1948年内蒙古自治区的内蒙古人民银行成立,同年6月内蒙古人民银行币(新蒙币)开始发行,收兑了此前当地流通的各种地方货币,成为内蒙古解放区的区域本位币。

2. 北方五大解放区货币实现固定比价混合流通。在各解放区已经连成一片的形势下,为了适应经济的发展,有力地支援部队作战,将原来分隔独立管理、分散发行流通的各个解放区货币集中统一起来已迫在眉睫。为了照顾到各个方面及广大民众的经济利益,调整好地区间的货币贸易关系,实行双方货币固定比价混合流通成为首要步骤。

---

① 冀察热辽地区当时正处于党政辖属关系变革过程之中,旅大地区一向以苏联红军票为主,以关东银行加贴票为辅,币值比较稳定,故两地货币关系暂不宜变动。

1947年1月,中共中央同意晋察冀中央局的建议,发出《关于召开华北财政经济会议的指示》,要求研究解决"华北货币不统一"等问题。同年3~5月,华北财经会议在河北邯郸召开,有陕甘宁、晋绥、晋察冀、晋冀鲁豫、山东五大解放区的有关负责人参加(史称邯郸会议),会议决定实行经济工作适当集中领导的方针,并研究了各解放区货币固定比价、混合流通问题,议决"对各解放区的货币贸易关系,应即进行适当调整,便利人民物资交流","各区货币应互相支持,便利交换"。会议期间的1947年4月16日,中共中央发出《关于成立华北财经办事处及任命董必武为主任的决定》,决定由董必武统一领导华北各解放区的财经工作。5月下旬,董必武到达邯郸与各区代表团团长交换意见,要求抓紧准备工作。同年7月24日,中共中央批准了这次会议的决定,同意按照所决定的各解放区货币兑换比价执行。邯郸会议后,在中央工委华北财经办事处(以下简称华北财办)的领导下,晋察冀边区银行与冀南银行即开展了货币贸易关系调整工作。在两区相邻地界划定混合流通地带,开辟两区货币混合流通市场,两行分支机构联合设立货币兑换所,共同协议兑换比价,实行定点通汇。通过一系列工作,到1948年3月两区货币比价已接近邯郸会议所定的标准。1948年3月,华北五大解放区金融贸易会议在石家庄召开(史称石家庄会议),会议确定了"必须使各地货币实现相对稳定,并把各地区货币统一起来"的方针,要求华北各解放区的货币首先统一起来。

于是，晋冀鲁豫边区政府与晋察冀边区行政委员会联合发出关于两区货币统一流通使用的命令，自1948年4月15日起冀南币与晋察冀边币在两区范围内，按冀南币1元兑晋察冀边币10元的固定比价自由兑换，混合流通使用。同年7月，两区的银行机构合并，改组为华北银行，以冀南币为本位币，晋察冀边币停止发行，至此华北地区首先实现了货币的统一。

在石家庄会议上，曾考虑到当时山东、西北的战事还在激烈进行，因此决定这两个解放区的货币统一工作要根据不同情况在不同地区采取不同办法逐步实现。在山东，华北银行与山东的北海银行于1948年7月22日在泰安就两区货币统一问题进行协商，签订了泰安协议，决定由华北银行、北海银行、华北贸易公司和山东工商总局代表组成两区货币统一联合委员会，负责领导、决策、协调相关工作，同时成立两区银行联合办事处负责具体工作的领导和执行，并对划定两区货币混合流通地带、设立兑换机构和兑换基金、开展通汇等作了具体规定。通过数月的工作以及对货币流通量和市场物价的调整，两区物价水平和货币比价已接近邯郸会议定的标准。1948年9月，华北、山东货币统一联席会议召开，确定自10月初起冀南币、晋察冀边币与北海币可以实行固定比价、混合流通。在西北，石家庄会议后于1948年5月13日，华北、西北两解放区签订了货币工作协定，确定了对货币统一的指导方针和具体工作部署。随即成立了华北银行、西北农民银行联合办事处，办事处下设货币兑换所，负责相关的具体工作。经过一系列工作，1948年10月两区货币比价已接近邯郸会议的标准。

1948年10月2日华北财经工作委员会召开了第一次会议，作出了华北、华东、西北三区货币尽快实行统一流通的决定。于是，华北人民政府与山东省政府于1948年10月5日发出布告，宣布北海币与冀南币、晋察冀边币实行固定比价、混合流通；华北人民政府与陕甘宁边区政府、晋绥边区政府发出布告，宣布自10月15日起西农币与冀南币、晋察冀边币按固定比价相互流通；同年11月，山东省政府与华中行政办事处联合通告，宣布华中币与北海币等值混合流通。至此，华北、华东、西北的货币均实现了固定比价、混合流通，为全国各解放区货币的统一奠定了基础。

3. 中原解放区货币在艰难环境下创立。解放军战略反攻中，刘邓、陈谢、陈粟三路大军驰骋于江淮河汉之间广大地区，相继解放了鄂豫、皖西、豫皖苏、桐柏、豫西、陕南、江汉等地区，最后形成中原解放区。在皖西、陕南、豫西、桐柏、江汉等地解放之初，为了支援战争，解决当地小额票券缺乏问题，各行署以工商总局、贸易公司或县政府的名义发行了地方性货币，据不完全统计约有14种币名的票券。1948年5月，中州农民银行币（中州币）首先在豫皖苏区的界首开始发行。同年8月，中州农民银行总行成立，中州币正式发行，后又发行了陕南、江汉、桐柏等地名券。中州币是在白手起家、远离后方的情况下发行的,一开始即与众多国民党货币、各种土杂币展开了争夺阵地的斗争。为了保护币值,中州币曾于1948年6月到10月一度实行与银元直接挂钩联系的制度。通过多种措施和艰苦斗争,中州币终于在市场上站稳了脚跟,成为中原解放区的本位币,并陆续收回各地方性货币。

4. 华南地区游击战争中一些根据地印制发行了地方性货币。1946年内战全面爆发,由于国民党军队的进攻,华南原来的东江纵队北撤。同年11月,华南各地重新恢复了游击战武装斗争。广东的东江、九连、潮汕等地都建立了游击据点,海南的琼崖独立纵队建立了以五指山为中心的根据地。1947年到1948年,各个游击队"主动出击,攻城夺镇",建立了粤赣湘、闽粤赣、粤桂边、粤中等根据地,琼崖独立纵队也把游击区扩大到沿海地区。在此大好形势下,一些地区为了支援战争,搞好区内经济建设,开始发行地方性解放区货币。如琼崖根据地于1947年1月授权当地大众合作社发行了"临时光银代用券",琼崖西区专员公署于1948年12月发行了"西区专员公署光银代用券",这些货币属于以银元为本位的银元兑换券性质的辅币券。粤赣湘边区支队司令部也于1948年12月发行了"河源县信用流通券"。这些货币的发行,为华南各游击根据地以后发行货币提供了经验。

5. 全国性的人民币在战火中诞生。在打退敌人全面进攻,晋察冀、晋冀鲁豫两边区与山东的渤海区、西北的河东地区已基本连成一片的情况下，1946年12月30日，中共晋察冀中央局致电中共中央，建议召开华北财经会议，解决"华北货币不统一"等问题。1947年1月3日，中央很快就复电同意召开这次会议，后又任命董必武为华北财办主任并参加会议。董必武赴会途经晋察冀野战军司令部，面见中央工委刘少奇、朱德时谈及此事。刘少奇嘱咐统一货币要认真研究主客观条件，不要过早勉强统一。① 邯郸会议后，中央工委财经办事处成立，同年8月16日，中共中央批准了董必武草拟的《华北财经办事处组织规程》，其中华北财办的八条任务之一就是"筹建中央财政及银行"。9月14日，中共华东中央局工委书记张鼎丞、邓子恢致电华北财办，建议立即成立联合银行或解放银行，以适应战争，愈快愈好。华北财办接电后，即派副主任南汉宸赴山东渤海共商建银行事宜。关于中央银行名称问题，董必武曾与多人商量，认为拟议中的中央银行是全国性的，是长远存在的，以取"人民"二字为好。它可表明银行的性质是人民大众的，不同于官僚资本家的或金融寡头的银行，同时也表明了它的规模、范围、格局和作用。② 1947年10月2日，董必武经刘少奇同意后致电中共中央，建议成立全解放区的银行，行名拟定为中国人民银行。10月8日，中央复电华北财办，提出了有关统一发行货币必须考虑的

---

① 参见薛暮桥、杨波：《总结财经工作迎接全国胜利》，332~340页，北京，中国财政经济出版社，1993。

② 参见邓加荣：《开国第一任央行行长南汉宸》，257页，北京，中国金融出版社，2006。

一些主客观条件问题,并称"目前建立统一的银行是否过早一点(进行准备工作是必要的,至于银行名称可以用中国人民银行)"。后来,朱德总司令来华北财办时也说,"你们的银行名字叫人民银行好,人民银行要永远为人民服务"。①

中央复电所提的主客观条件问题主要包括:(1)新币的印制能力及市场对票券的需求能否充分供应;(2)在目前各解放区财政、税收、贸易分散管理和经营的条件下,如何保证币值稳定;(3)在各地物质生产、物资交流和物价水平尚不平衡的情况下,如何保证货币比价固定、顺利通汇;等等。华北财办针对上述问题立即开展了两方面的工作。一是由董必武负责,通过调查研究、各方协商、集思广益,于1947年12月11日向中央上报了《关于华北财经办事处工作向中央的报告》,提出了统一票币发行准备工作的五个步骤设想草案。二是经中央工委同意,于1947年11月成立中国人民银行筹备处,立即开始关于组建中国人民银行以及人民币印制、发行和管理的各项准备工作。

中国人民银行筹备处由南汉宸任主任,从各解放区先后调集了何松亭、石雷、武子文、秦炎、孙及民、王厚溥、武博山、赵善普等工作人员。在人员少、任务重、时间紧的情况下,主要做了以下工作。一是着手搜集整理、调查研究各解放区财政、税收、贸易、金融、货币发行、物价等经济资料,编制各地货币发行指数、物价指数等统计数

---

① 参见石雷:《人民币史话》,11页,北京,中国金融出版社,1998。

据，切实掌握各解放区货币发行量与预算收支，了解各区票币的互换率，以及粮食、花纱布、油盐煤、金银的价格和变动趋势。二是研究组建中央银行和发行统一货币的方针、政策、措施，草拟《中国人民银行组织纲要草案》、《新中国货币统一问题》等文件，为华北金融贸易会议做准备。三是调查敌区货币、经济情况，研究对敌币办法。四是研究部署各解放区印制人民币工作，及新币发行前的调运、保管等准备工作。五是筹备和管理人民币发行基金等。在此期间，董必武还应南汉宸的请求，以极其郑重审慎的心情为新币票面题写了中国人民银行行名和面额等文字。①

1948年3月，华北五大解放区金融贸易会议在石家庄召开，会议主题之一是创设中国人民银行，发行统一货币，整理地方货币问题。会议主要内容在前文已述及，从略。1948年5月，周恩来到达河北平山西柏坡。当他听取了关于金融贸易会议的汇报后说，"不能再搞联合政府了，要搞统一政府，决定改华北财经办事处为中央财政经济部，成立中国人民银行，发行统一货币"。② 后来，毛泽东在中共中央政治局会议上进一步说："不是一切都统一，而是可能的又必要的就统一，可能而不必要的不统一，必要而不可能的也暂时不统一。如农业、小手工业等暂时不统一，而

---

① 参见邓加荣：《开国第一任央行行长南汉宸》，258～259页，北京，中国金融出版社，2006。

② 参见薛暮桥、杨波：《总结财经工作迎接全国胜利》，4页，北京，中国财政经济出版社，1993。

金融工作、货币发行就必须先统一。"①

于是，1948年6月中央财政经济部成立，董必武任部长，华北财办撤销。7月22日，晋察冀边区银行与冀南银行合并，成立华北银行，南汉宸任总经理，中国人民银行筹备处划归华北银行总行框架内继续筹备工作。10月初，华北财政经济委员会（以下简称华北财委）成立，董必武为主任，在党中央领导下统一管理华北、华东、西北的财政、经济、金融、贸易、交通等工作。10月2日，华北财委第一次会议召开，决定：（1）1949年1月1日起正式向社会发行人民币，同时确定了人民币与各解放区货币的比价。（2）华北、华东、西北三区的货币比价已接近邯郸会议既定的标准，应尽快实行以固定比价相互流通的方式统一市场货币流通。（3）抓紧人民币的印制、调运工作，保证新币发行顺利进行。此外，还部署了新币发行的宣传工作等。会后，华北、华东、西北三区的政府机构分别于10月5日至11月，先后宣布三区货币在本地区相互混合流通，至此三大解放区实现了固定比价的货币统一。

1948年10月3日，中共中央就"关于印制新币的问题"发出指示，决定"由华北财委指导，人民银行负责计划，委托华北、华东印制十元、五十元、一百元之新币，尽可能于年前完成五十亿元票券，并且印刷力求精细，以防假票流行。"关于人民币的印制，早在1947年秋中央工委召开的土地会议上，就已决定建立中央财政基金，要求

---

① 参见毛泽东：《毛泽东文集》，第五卷，137页，北京，人民出版社，1996。

各区除原定的上解款项外，应在预算中加列一款作为华北财办基金，用做统一发行钞票之用。人民银行筹备处成立后，即着手对新币的面额、票面图景图案设计制版、纸张购置等进行调研、计划和安排。1948年8月21日，华北银行总行上报了《关于发行中国人民银行券的补充意见》，对新币发行比价、面额、发行时间和步骤、投放数量、印制计划，以及对敌币比价的变化趋势等问题作了汇报，同时附上了新币1元、5元、10元、50元、100元五种面额七种版别的票样设计稿。票样设计通过中共中央领导的审核批准后，立即开始了印制工作。据现有资料显示，先后参与印制第一套人民币的厂家有华北、东北、华东各解放区印刷厂，北平、天津、上海、汉口、重庆解放后接管的印刷厂，以及上海、北京的委托印刷协作厂等，共计21家。到1948年华北财委开会时，待发行的人民币票券已有了一定的库存。

这时的战争形势发展很快，1948年11月2日东北全境解放，淮海战役正在激烈进行，平津解放在即，而经济上各解放区钞票不统一造成的种种混乱和困难更加凸显出来。当时在平津周围流通的钞票，有冀南币、北海币、热河币、长城币、东北币、新蒙币、西农币以及晋察冀边币和它的冀热辽地名券等八九种以上。设想如果让这些钞票一齐涌入平津等大城市和各解放区的接合部地区，势必造成市场混乱，既不利于新解放区经济社会秩序的稳定，也有碍于国民经济的恢复。为此，中共中央决定，把成立中国人民银行和开始发行人民币的时间，从原订的1949年1月1日提前为1948年12月1日。于是，1948年11月18日，华北人民政府召开了第三次政务会议，经过认真讨论研究，议决："发行统一货币，现已刻不容缓。立即成立中国人民银行，并任命南汉宸署理中国人民银行总经理。一面电商各区，一面加速准备。"会后，华北银行总行在抓紧各项准备工作的同时，于11月25日向华北、华东、西北三区的银行机构发出《关于发行中国人民银行钞票的指示信》[①]，宣布"经华北、山东、陕甘宁、晋绥边区政府会商决定，以人民银行准备基金及华北银行、北海银行、西北农民银行之全部资产统一为中国人民银行之资产准备。即于本年十二月一日施行。并于同日开始发行中国人民银行钞票，统一华北、华东、西北三区货币"。该指示信还安排了各级行处应做好的各项工作。

1948年12月1日，华北人民政府发出金字第四号布告，宣布华北银行、北海银行、西北农民银行合并为中国人民银行，以原华北银行为总行。从即日起发行新币（人民币），定为华北、华东、西北三区的本位币在市场统一流通，并规定了逐渐收回旧币前新旧币的固定比价。同日，发布发行人民币五十元、二十元、十元三种钞券的通告，同时说明了三种钞券的颜色、形制等特征。这一天，两个布告在石家庄市和河北平山县刚一贴出，布告前就挤满了

[①] 参见中国人民银行货币发行司：《人民币图册》，148~150页，北京，中国金融出版社，1988。

人。当人们拿到崭新的人民币后,又奔走相告:"快啦!快啦!全中国快解放啦!"①

(三)实现统一阶段

1949年到1951年新中国成立初期,是解放区货币实现全国基本统一的时期。1949年中华人民共和国成立前后,人民解放军各路大军继续向中南、西南、西北各省进军,在消灭国民党军残余的过程中,人民币随军进入新解放区占领了当地货币市场,并收兑了原解放区货币。在新中国建立初期国民经济恢复的过程中,人民币作为全国法定本位币,在支援解放战争和抗美援朝战争、稳定市场物价、支持经济恢复与发展等方面发挥了积极作用,逐步实现了除西藏、台湾外全国货币的统一。②

1. 以人民币逐步收兑各解放区货币。

(1) 对老解放区货币限期收兑。人民银行在开始发行人民币时就确定了"固定比价,混合流通,逐步收回,负责到底"的方针。1949年1月10日,人民银行总经理南汉宸通过《人民日报》发表谈话,表示"人民政府不但对人民银行新币负责,而且对一切解放区银行过去所发行的地方货币负责。将来我们收回地方货币的时候,一定要按照现在规定的比价收兑,兑到最后一张为止"。经过几个月的努力,人民币票券供应已达到可适应市场需要的水平,于

---

① 参见1948年12月10日《人民日报》相关报道。
② 在西藏地区,1951年西藏和平解放,1956年西藏自治区筹备委员会成立,1959年8月10日该委员会宣布原西藏地方政府印发之"藏币"作废,从即日起以人民币收兑"藏币"。因这一情况不在本书既定的叙述时间范围之内,故作此注。

是人民银行总行1949年5月5日发出收兑旧币的通令,规定在安排好收兑基金的同时,自5月15日开始收兑旧币。至1950年4月,已收回的旧币折合人民币239.5亿元,占旧币发行总额的82.95%。[1]

(2) 对新解放区货币随形势发展逐步收兑。在中原解放区,1948年12月中国人民银行成立后即与中州农民银行议定了《华北中原统一货币方案》。1949年3月,人民币开始在中原地区发行,作为中原地区本位币的中州币与其固定比价、混合流通。同年10月,鉴于条件已经成熟,人民政府即公告以人民币收兑中州币,实现了中原地区人民币统一货币流通市场。

在华东地区,1948年底淮海战役后,长江以北广大地区已获解放。至1949年4月,在苏北、皖北等解放区,以华中币收兑了各种地方性货币和兄弟解放区货币,与北海币等价混合流通。在此期间,尚在敌后的浙东根据地,为了迎接解放,抵制国民党货币的严重贬值,保护人民群众利益,浙东第三区行政督察专员公署曾发行该行政公署金库兑换券,并投入流通。渡江战役后,1949年5月人民币随军在新解放的地区发行,北海币、华中币作为辅币分别在大江南北与人民币并行流通,以人民币收兑了浙东金库兑换券,人民币流通范围达到华东地区六省一市。到1949年底,北海币、华中币停用,以人民币兑换收回。其中在江西省,为解决低面值人民币短少的困难,1949年6月在

---

[1] 参见戴相龙:《中国人民银行五十年》,41页,北京,中国金融出版社,1998。

当地人民币开始发行的同时，经上级批准，人民银行江西省分行发行了竖式的"中国人民银行江西省分行临时流通券"，有伍圆、拾圆、贰拾圆三种面额，共发行了600余万元，限在江西省范围内流通。该币于1950年6月以人民币兑换收回。

在华南地区，为了迎接人民解放军南下作战，各地的武装斗争如火如荼地展开。到1949年初，华南已形成了粤湘赣、闽粤赣、琼崖、粤桂边、粤中、桂滇黔6块革命根据地。这些根据地大都发行了流通于本地的地方性货币。据不完全统计，约有24种之多。其中有名的如裕民银行券（1949年2月发行）、新陆银行券（1949年4月发行）。经上级批准，1949年7月南方人民银行券（以下简称南方券）开始发行，并定为华南解放区的本位币，逐步收回了裕民银行券、新陆银行券等地方性货币。1949年10月，广州解放；11月，桂林解放；1950年2月，昆明解放，人民币即随军进入华南、西南各地。随即以人民币陆续收回了南方券，以及残存的裕民银行券、新陆银行券等地方性货币，建立了统一的人民币市场。

（3）对部分地区货币待条件成熟后以人民币统一市场。在东北和内蒙古地区。东北的冀察热辽区1948年仍允许热河省银行券与长城银行券并行流通。1949年1月长城银行改组为东北银行热河分行和辽西省分行，东北银行总行即发出通告，以上两券停止流通，由东北地方流通券予以收回。旅大地区由于情况特殊，1948～1949年仍然流通使用关东银行币，直至1950年6月关东银行改组为东北银行旅大分行，东北人民政府颁发《关于收兑关东币的决定》，关东银行币由东北地方流通券收兑而退出流通。至此，东北地方流通券统一了整个东北地区的货币流通市场。在内蒙古解放区，早在1948年6月就已建立了以新蒙币为区域本位币的统一货币市场。当时，中央考虑到东北、内蒙古这两个地区解放较早，经济情况较好，物价比较稳定，决定暂时保持当地原来的货币制度。到1951年初，全国经济形势已经改变，因此于1951年3月20日由中央人民政府政务院发布命令，从4月1日起，以人民币收兑两区的货币，从而在东北和内蒙古地区实现了人民币统一的流通市场。

在西北地区，1949年1月已实行了以人民币为本位币的制度。同年5月，西安市解放。8月，中国人民银行发出通知，全面收兑各解放区在西北流通的货币，至1949年底即收兑完毕。1949年9月25日，新疆和平解放。人民政府为安定人心、稳定当地金融与物价，通告原来的新疆省银行银圆票为新疆暂时合法货币，但停止兑现银元。后于1950年9月29日，新疆省人民政府决议，撤销新疆省银行，其全部业务移交人民银行新疆省分行办理。1951年10月1日，人民银行在新疆发行了维吾尔文版人民币，可通行全国，同时收回新疆省银行银圆票，至此实现了人民币市场的统一。

2. 彻底肃清国民党政府货币。国民党政府因法币恶性通货膨胀，于1948年9月18日起实行币制改革，推行金圆券。但是，通货膨胀更为加剧，到 1949 年 5 月上海解放前，与 1937 年抗战前比，金圆券加法币的货币发行量增长了 1 400 多亿倍，上海物价上涨了 36.8 万亿倍。① 通货膨胀使全国人民财产损失共计 150 亿银元以上②，导致社会普遍贫困化，民不聊生。人民政府对国民党货币实行坚决、迅速、彻底肃清的方针，每解放一地，即明令禁止金圆券的流通。但为照顾广大群众的利益，采取了暂准使用、限期兑换的办法，同时不断调整兑换比价和期限，以避免受金圆券迅速贬值造成的损失。例如，北平市解放后，1949 年 2 月 2 日确定人民币与金圆券比价为 1∶10，限期 20 天，对低收入人群可按 1∶3 比价每人兑换金圆券 500 元。主管部门安排了 200 多个兑换点，仅用 18 天就兑换了 8 亿余元金圆券，保证了社会稳定，也促进了人民币迅速占领市场。1949 年 4 月南京解放时，兑换比价调整为 1∶2 500，限期 10 天；5 月上海解放时，比价就下降为 1∶10 000，限期 7 天。1949 年 7 月，金圆券已彻底崩溃，国民党在广州、重庆改发所谓的银元券。人民解放军随即宣告，在解放区一律禁止银元券流通，并号召人民群众在解放前就拒绝使用。这一措施得到广大人民的拥护，银元券发行不到三个月就崩溃了。到 1949 年冬天，国民党政府货币在解放区已基本肃清，它与革命根据地货币纠缠了二十余年的局面从此结束。

---

① 参见洪葭管：《中央银行史料》，5 页，北京，中国金融出版社，2005。
② 参见萧清：《中国近代货币金融史简编》，95 页，太原，山西人民出版社，1987。

3. 禁止金银、外币计价流通，私相买卖。由于国民党货币恶性通货膨胀，蒋管区以金银计价，金银投机买卖之风盛行。各地一解放，人民政府立即向社会颁布金银管理办法，取缔金银市场，禁止金银计价流通，不许私相买卖，除非特许不得将金银带出解放区。但允许人民持有少量金银，或到银行按牌价兑换人民币。同时明令整顿金银饰品行业，限定其业务范围；对金银的生产和销售实行严格的计划管理；由人民银行统一负责收售和兑换金银。上述政策措施的施行，基本肃清了金银计价流通现象，割断了长期以来形成的金银与物价波动的联系，打击了金银黑市，为人民币统一市场创造了条件，也为国民经济的恢复增强了实力。

全国各大城市及华南地区解放之初，大都存在境外货币流通问题。据统计，1949年全国的境外货币流通量，如以银元计算可超过17亿元，其中最多的是美钞，约12亿元，主要流通于大城市；港币约5.87亿元，主要流通于华南地区。[①] 为了维护国家货币主权，防止帝国主义金融势力控制我国市场和经济运行，保证独立自主地实施人民币制度，各地解放后都颁布了外汇管理办法，规定禁止一切外国货币在市场流通、买卖和计价结算，无论是中国人还是外国侨民，凡持有外币，都必须在规定的时间内按规定的牌价到中国人民银行或其指定机构兑换成人民币或外汇存

---

① 参见戴相龙：《中国人民银行五十年》，40～41页，北京，中国金融出版社，1998。

单。因公务或旅行入境者，其所持外币须在边境兑成人民币，离境时可兑回外币。人民银行为外汇管理机关，统一管理外汇。各地由于措施得力，外币收兑顺利，到1950年上半年全国基本制止了外币流通，保证了人民币市场统一。

4. 平抑物价，制止通货膨胀。各地解放之初，面对国民党政府遗留下的烂摊子以及庞大的军政开支，人民政府财政入不敷出，出现了严重的通货膨胀。据统计，1949年6月货币发行量为2 800亿元人民币，到同年11月就增加到16 000亿元，市场物价迅速上涨。再加上美蒋集团对中国沿海封锁禁运、轰炸上海，一些不法资本家乘机囤积居奇、投机倒把、哄抬物价，造成1949年4月、7月、11月和1950年2月在全国刮起四次物价大涨之风。对此，各地人民政府采取了必要的行政手段和有力的经济措施，大量调运物资，加强金融市场管理，取得了整顿市场、减缓物价上涨初战胜利。到了10月物价涨风再起时，在中财委统一部署下，各地人民政府及银行、贸易、财政部门实行"三个部门，六路出击"的一整套平抑物价措施，物价上涨之风再次被有力地压制下去。1950年初，货币实现了大量回笼，市场物价渐趋稳定。为巩固这一成果，根据中财委2月全国财经会议精神，政务院于1950年3月3日颁布《关于统一国家财政经济工作的决定》，中共中央也发出《关于保证统一国家财政经济工作的通知》，决定统一全国财政、贸易、金融工作，实现全国财政收支平衡、物资调拨平衡、现金收支平衡。随后政务院于同年4月7日发布

《关于实行国家机关现金管理的决定》,要求各公营企事业单位、国家机关及合作社在规定限额外的货币现金一律存入人民银行,单位之间结算实行转账结算。相应的,各级人民政府实行由人民银行代理的四级金库制度。一系列措施施行后,银行转账与现金收付的比例下降到9:1,市场流通中的现金大量缩减。到1950年10月,全国经济形势明显好转,通货膨胀停止,物价实现稳定,人民币信誉提高。对此,毛泽东曾高度评价它的意义"不下于淮海战役"。①

然而正当此时,抗美援朝自1950年10月8日开始,巩固国防成为财经工作的重要任务。由于军事采购增加,美国及其他国家政府对中国封锁禁运,投机倒把分子蠢蠢欲动,同时社会上"重物轻币"的心理抬头,市场供应趋紧,金融与物价又开始波动。对这次平抑物价政府及各部门已有了经验,中财委于1950年11月发出《冻结现金,稳定物价措施的指示》,人民银行随即调整了金融工作方针,采取紧缩信贷、加强现金管理等措施。在各方共同努力下,既保证了支持抗美援朝任务的完成,也使物价开始下降,金融形势好转。到1950年12月,全国批发物价指数比同年3月下降了14.6%。

5. 加强币制建设,保障人民币市场正常运行。面对新中国建立和巩固的统一货币体制,以及治理通货膨胀所取得的胜利,境内外敌对势力和不法分子又采取各种方法企

---

① 参见薄一波:《若干重大决策与事件的回顾》,上卷,89页,北京,中央党校出版社,1991。

图破坏人民币的正常流通,并从中牟取非法利益。为了维护国家独立自主的货币制度,稳定币值和市场金融,保障人民财产安全,人民政府颁布了一系列法规、条例,对各种危害和扰乱人民币正常流通的行为予以法律制裁。由于人民币在我国国内是无限法偿通货,而对外则是不可兑换货币,因此人民币出入国境关系到国家主权问题。1951年3月6日,政务院颁布了《中华人民共和国禁止国家货币出入国境办法》,规定人民币及由中央人民政府特许发行的地方货币为国家货币,法律禁止国家货币出入国境,凡携带、私运或邮件夹带国家货币出入境的一律没收,并依法处理。同年4月19日,政务院还公布了《妨碍国家货币治罪暂行条例》,规定凡以反革命为目的,假造、变造国家货币或贩运、行使假造、变造国家货币者,以刑事犯罪论处。这些法规条例的实施,有力地打击了制造、贩运假人民币的犯罪行为,维护了国家货币主权,保护了人民币的信誉,健全了国家货币制度,为保障人民币统一市场秩序提供了有利条件。

二、解放区货币的特点

解放区货币是中国革命根据地货币发展到最后历史阶段的货币品类,在它长达六年的发展过程中,与抗日根据地货币相比有以下特点。

1. 逐步取代国民党货币成为全国唯一的法定本位币。在人民解放军迅速向前推进,解放区土地相连并不断向新区扩展的形势下,解放区货币已形成了以为革命战争和人民利益服务为宗旨,切断了与一切金银、外币、国民党货币的直接联系,独立自主的货币体系。这一货币体系,随着军事、政治、经济形势的发展,最终统一为中国人民银行币(人民币),成为全国通用的唯一的无限法偿的货币。人民币的存续期至今(2008年)已长达60年,其生命力仍然十分旺盛,不仅在中国近现代货币史上少见,而且在国际市场上也有一定的影响。

2. 货币的种类和发行机构趋于统一,货币版别数量缩小。随着解放区的扩大,地区间经济往来日益频繁,为适应解放区经济建设的发展和商品物资交流的需要,地方性货币逐渐向区域本位币集中,从而货币发行机构和货币的种类都相应减少了。据统计,解放战争时期货币发行机构先后共有99个,比抗日战争时期减少15%。至于货币的种类,按货币名称计算,解放战争初期的1946年有45种,到1949年10月中华人民共和国成立时,华北、西北、华东老解放区就只有人民币一种了,而其他新解放区因战争的关系又出现了一些新的货币,当时共约有26种。新老解放区合并计算,比解放战争初期减少40%。到1951年,全国均统一于人民币一种货币了。至于货币的版别,由于货币印制条件的改善,交通条件的好转,印制机构逐步调整合并,落后的机器设备被淘汰,票券的设计和印制相对集中起来,逐步形成规模生产,从而货币的版别就相应减少了。据统计,在整个解放战争时期各解放区货币(不算人民币)共有527个版别,比抗日战争时期减少了约50%。最后到1953年11月发行伍萬圆券人民币时止，流通中集中统一的人民币（不算江西省临时流通券）只有62个版别了。

3. 在全国各民族大解放运动中一度出现具有民族特征的过渡性货币。我国的人民解放战争，实际上也是全国各少数民族获得大解放的运动。在解放战争进程中，当人民解放军尚未到达少数民族地区时，各民族进步人士已经起来进行了反对国民党政府反动统治和反对封建主义的斗争，有的地区还自发地开展了民族自治运动，成立了既不属于国民党政府管辖又不属于共产党领导的，自发地负责维护地方社会秩序的民族自治性组织或维持会组织。后来，这些组织经过民主协商和各方面工作，改组为共产党领导的人民政府的基层机构。这些民族自治性的行政组织，在改组前有的出于当时的形势需要，曾经建立了银行机构，印制发行了流通于当地的货币。这类货币，在性质上不同于国民党货币，也与共产党领导的根据地货币在某些方面有所区别，所以有的同志称其为"中性货币"。但是，这类货币在政治上、经济上确实具有一定的进步意义，并为后来的当地解放区货币所继承和全额回收，起到了必要的过渡性作用。因此，将它们作为一种特殊的货币形式归类于解放区货币也未尝不可。

例如，日本帝国主义投降后东蒙地区发行的"兴安总省政府暂行流通券"、"东蒙古人民自治政府暂行流通券"等钞票，可以说是这些过渡性货币的代表。1945年8月9日，苏联对日本宣战，随即出兵中国东北和内蒙古，日本被迫投降。在东蒙地区，日伪政权机构垮台，其负责人仓皇逃跑。其时，国民党政府和军队无力顾及这些地方，而我军主力也尚未赶到，当地民族人士为了维持社会秩序，相继自发地成立了一些独立的临时地方自治组织。当时鉴于东蒙的兴安、呼伦贝尔、纳文慕仁以及王爷庙（今乌兰浩特市）地区市场交易筹码短缺，即在苏联红军接收的伪满中央银行兴安支店、兴农金库兴安支库等财产的基础上成立了东蒙地方流通券印刷厂。该厂于1945年10月到1946年3月，先后印制发行了两期"兴安总省政府暂行流通券"，其中第一期发行总额400万元，一定程度上缓解了市场货币筹码不足问题。1946年1月，由东蒙进步人士和革命青年发起在葛根庙召开了东蒙人民代表大会，通过了《东蒙古人民自治政府施政纲领》和《东蒙古自治法》，同年2月"东蒙古人民自治政府"正式成立，但由于种种原因我党对其未予承认。同年3月，东蒙银行根据《东蒙古人民自治政府施政纲领》的规定成立。该行于1946年3月到7月，印制发行了"东蒙古人民自治政府暂行流通券"1 600万元。这些钞票的票面上除汉文外，还印有蒙文和蒙徽等图文。与此同时，在中共中央的关怀和指示下，内蒙古自治运动联合会于1945年11月成立，乌兰夫为主席。1946年4月3日，该会与"东蒙古人民自治政府"联合召开"内蒙古自治运动统一会议"，确定了在中共领导和帮助下"平等自治"、"区域自治"而不是"独立自治"的方针。同年5月，"东蒙古人民自治政府"宣布解散，由东北人民政府和内蒙古自治运动联合会双重领导的兴安省政府正式成立。同年7月,兴安省政府发出布告:"……前以东蒙古人民自治政府及兴安总政府名义发行的流通券,伴随政治机构的改革,今后改为以兴安省政府名义发行,其名称为'兴安省政府暂行流通券',与现行各种货币等值流通使用。"至此,东蒙地区过渡性货币正式纳入革命根据地货币体系。东蒙地区的过渡性货币,虽非中共领导的革命政权组织所发行和管理的货币,但在当时特殊的环境下,对缓解货币紧缺、资金周转不畅的局面,以及对金融市场的稳定起到了较好的作用,也为以后当地解放区货币的顺利发行和流通奠定了良好基础。这些货币,1948年6月以后,均由内蒙古人民银行用区域本位币新蒙币以1:2的比价兑换收回。

在新疆,1949年9月新疆和平解放后,人民政府暂准原新疆省银行银圆票合法流通至1951年10月。这种银圆票,虽与上述东蒙钞票的情况有较大不同,似也应属于过渡性货币。

4. 在维护人民群众的利益的前提下实现货币流通范围的扩大和货币的集中统一。解放区货币的集中统一和流通范围的扩大,绝不仅仅是地理上的扩大和集中,而是以维护人民群众利益和保护地区经济发展不受影响为前提的,而且这一方针贯穿于整个扩大与集中过程的始终。在老区,先是各地的地方性货币集中统一于当地的区域本位币,然后是相邻的解放区连成一片时两区的本位币实行固定比价、混合流通,同时确定只发行一种主要货币,其他货币停发或减发。最后，由人民币按固定比价陆续收兑各区货币，实现统一。但是，各区的物价和货币购买力是不同的，有的还差别较大，为了顾及不同地区群众利益和地区经济，在实行固定比价混合流通之前，要调整相互之间的货币贸易关系，通过投放物资、回笼货币等措施，调整地区物价，使之逐步达到基本符合固定比价的标准，再实行固定比价、混合流通。事实上，这一调整工作早在1947年6月就已开始，到1948年12月人民币正式发行时已有一年多的时间。在这不太长的时间内，几十种货币统一于一种货币，又照顾了各方的利益，并在战争仍激烈进行之中平稳而顺利地发行，是史无前例的，与国民党政府几次损害多数人民利益的币制改革相比，有天壤之别。在新解放区，以人民币统一货币流通市场的过程，也是在充分照顾到各方面利益、减少市场物价波动和社会震动的原则下有计划有步骤地进行的。集中统一的步骤大体有三种不同的模式。一是人民币正式发行后，当地的区域本位币和银行仍保持不变，待到全国形势稳定后，再以人民币统一货币市场，如较早解放的东北、内蒙古解放区。二是当地的区域性银行与人民银行合署办公，当地的区域本位币继续保留，与人民币固定比价混合流通，待条件成熟后再以人民币收兑区域本位币，如中原解放区、华中的苏北等解放区。三是战争中人民币随解放大军进入该地，禁用国民党货币等一切杂币，并限期收兑当地的区域本位币，由人民币统一占领当地市场，如华南解放区。

5. 货币印制材料和技术设备突飞猛进，钞券的品质大为提高。解放区货币，就币材来说，除华南个别地方曾短期发行过布质货币外，均为纸质钞票。钞票用纸不再是就地取材、因陋就简了，而改用质地较好的道林纸等和解放区造纸厂生产的印钞专用纸。如晋冀鲁豫解放区于1946年就建立了专门生产钞票用纸的太行造纸总厂。印钞油墨，也由专门的制墨厂生产。印刷机器设备也有较大改进，舍弃了过去的油印、石印，改为胶印、铅印、凹印。大部分印钞厂将过去的手工劳动改为电力机器操作，生产效率和产品质量不断提高。随着解放的城市越来越多，钞票的印制设备也不断更新，高级技术人员不断培养和引进，印制机构由分散逐渐集中，生产规模逐渐扩大，经营管理也走向规范的轨道，最终形成了覆盖全国范围的人民银行货币印制系统。

6. 货币斗争的格局出现了新的变化。在老解放区内，经历自卫战争收复的地区和新区，对国民党货币、各种土杂币和金银继续进行了你死我活的争夺阵地的斗争，保证了解放区货币完全占领解放区市场；同时，由于国民党的阴谋破坏，反假钞的斗争在老区也被提上了日程。在新解放区，由于解放区货币初次进入市场，群众基础还不强，市场立足还不稳，因而一方面通过各种措施，与国民党货币、各种杂钞争夺市场阵地；另一方面为保证解放区货币的信誉和币值稳定，实施了一些灵活政策。如采取与其他币种挂钩联系、固定比价兑换的短期过渡性措施，像中原地区中州币一度与银元相联系，浙东金库兑换券与实物、大米挂钩联系，华南地区裕民银行券、新陆银行券与港币相互兑换并行流通等，都成功地巩固了解放区货币在当地市场的地位。在东北、内蒙古地区，也曾允许苏联红军票短期与解放区货币并行流通，市场稳定后由解放区货币收兑，最终使其退出了流通。

7. 货币管理制度进一步完善，为统一全国货币发行奠定了基础。各解放区的货币印制、发行、流通等管理制度和规章办法，在抗日根据地的基础上进一步建立和健全起来。值得一提的是，在陕甘宁边区，党政部门、经济金融界和学术界从1940年到1947年曾陆续开展了有关货币金融理论与政策问题的大讨论，其内容涉及根据地本位币问题、外汇比价问题、货币发行准备金问题、货币发行控制问题以及货币政策目标问题等。[①] 通过长达七年的讨论，人们加深了对货币的本质及其流通规律的认识，积累了货币实际工作经验。受这一讨论的影响，以及党中央有关会议和指示的指导，各个解放区在实际工作中都注意了对市场的经济金融情况的调查研究，注重监测和掌握物价波动的动向，研究财政性发行与经济性发行的关系，掌握发行准备金状况，加强对货币发行的控制，从而较好地处理了战争的刚性需求与经济资源不足这一不可调和的矛盾。

---

① 参见李实：《陕甘宁革命根据地货币史》，154～175页，北京，中国金融出版社，2003。

表 2-4　解放战争时期解放区货币综合统计（1945~1951 年）

单位：种、家

解放区名称	货币种类名称	区域本位币①	地方性货币	面额种类	版别数	发行机构合计	金融机构	行政机构	经济组织
华北	10	4 (1)	6	9	42	9	2	6	1
西北	4	2	2	14	24	3	3	—	—
华东	8	4	4	19	116	6	4	1	1
东北	30	6 (3)	24	17	156	25	16	6	3
内蒙古	16	2	14	13	40	13	3	8	2
中原	18	4 (3)	14	14	46	18	5	12	1
华南	25	1	24	17	103	23	3	16	4
各解放区合计	111	23 (7)	89	89	527	97	36	49	12
全国（人民币）	2	1	1	12	65	2	2	—	—
总计	113	24 (7)	90	101	592	99	38	49	12

注：①区域本位币栏括号内数据为其中的地名券种数，人民币地按区域本位币一同统计。
资料来源：见本书附录。

三、关于解放区货币历史上限、下限问题的探讨

关于解放区货币的历史上限、下限问题，在中国革命根据地货币史研究中，是存在较多不同看法的问题。关于解放区货币的历史上限问题，有的同志曾提出应始于抗日战争结束的1945年8月，还是始于人民解放战争全面爆发的1946年6月的疑问。多数同志则认为，日本投降后，虽然出现过短暂的和平时期，但是革命根据地所处的斗争格局已发生了根本变化，其斗争对象已由日伪军队及其政权变为国民党反动派的军队和政权，并且在此期间革命根据地经常遭受国民党军的进攻和骚扰，敌我双方的政治斗争和军事冲突始终没有中断，因此在货币史学研究界对解放区货币的历史上限始于1945年8月并无太大异议。

对于解放区货币的历史应截至哪一年的问题，在革命根据地货币史研究中则有着各种不同的认识。有人认为，解放区货币的历史下限应定在人民币产生的前夕，即人民币产生之际也就是革命根据地货币史结束之时，因人民币是全国性的货币，不是哪个根据地或解放区的货币，因此人民币不属于解放区货币的范围。也有人认为，解放区货币历史下限应定在新中国成立前夕。1949年10月1日中华人民共和国成立，正式明确了人民币是全国唯一法定货

币，人民币性质已发生了变化，就不再是解放区货币了。还有人认为，虽然1949年人民币已是全国法定货币，但当时还有相当部分国土尚未解放或正在解放之中，一方面，这些刚解放或待解放地区还行使着众多当地的解放区地方币，而人民币也不可能立即进入这些地区；另一方面，在一些新解放区，如东北、中原、内蒙古等地，由于种种原因，当地的解放区货币不能立即退出市场，在一些地方人民币只能与地方性货币并行流通，这时人民币实际上还未成为完全的全国性货币，因此解放区货币的历史下限应是1951年，即华南、东北、中原、内蒙古、新疆等地货币都统一为人民币时，解放区货币的历史才算终结。更有同志认为，人民币虽然于1951年基本统一了全国市场，但它自身还存在着许多战争的痕迹和过去各解放区的特征，如面额构成差距太大、版别过多、票面内容繁杂、钞票质量参差不齐、防伪性能差等，因此主张解放区货币的历史下限应定在第二套人民币取代第一套人民币的1955年3月。

以上这些看法和主张都各有其一定的道理，但至今尚没有一致的定论。笔者经过研究认为，把解放区货币的历史下限定在1951年，相对比较合适。我们知道，人民币与其他各种革命根据地货币之间最重要的区别就是它具有全国性的集中统一货币的特征，实际上这也就是中共中央决定发行人民币的初衷。但是，人民解放战争是一步一步地进行的，人民币开始发行时战争还在激烈地进行中，全国相当部分地区尚未解放,而已经解放的地区流通中分散独立的各解放区货币也还有一个逐步调整统一的过程,因此人民币在其初始发行阶段是具有两方面特性的,即一方面它是法定的全国性货币,另一方面它又不是通行全国各个角落的货币,在币制上还存在区域性革命根据地货币的某些因素。随着战争形势的胜利发展,以及各解放区货币调整、统一工作的顺利进行,人民币的全国性因素逐步增加,区域性因素逐步减少。直到1951年10月,各个解放区货币均已退出流通,人民币的区域性因素消除,人民币才真正成为通行于全中国(西藏、台湾除外)的法定通货,成为完全统一的独立自主的全国性本位币,从而结束了解放区货币以至中国革命根据地货币的历史使命。至于当时人民币还存在面额大、档次多、版别复杂、形制比较粗放、防伪性能差等缺陷问题,那只是战争中遗留的历史痕迹问题,并不影响人民币作为全国性货币的根本特性,而1955年第二套人民币对以上问题的改进,实质只是全国性货币自身的调整和完善,其性质并未改变,何况人民币的这种调整和完善在以后的第三套、第四套、第五套人民币的变革中也还在不断地进行。

综上所述,本书的编写,在时间上到1951年10月为止,但同时也亦兼顾以上几种不同的意见和主张,对各个时间段的重要史实不轻易舍弃。

表 2-5　中国革命根据地货币综合统计

单位：种、家

根据地	货币名称	币材							面额	版别	发行机构			合计
		金	银	铜	锡	镍	纸	布	合计			行政性机构	金融机构	经济组织	
农民协会辖区	10	—	—	—	—	—	8	2	10	6	23	1	6	2	9
农村根据地	150	1	28	12	1	—	98	10	150	120	443	31	46	9	86
抗日根据地	252	—	—	1	—	3	247	1	252	117	1 063	85	59	54	198
解放区	111	—	—	—	—	—	110	1	111	89	527	49	36	12	97
各根据地合计	523	1	28	13	1	3	463	14	523	332	2 056	166	147	77	390
全国（人民币）	2	—	—	—	—	—	2	—	2	12	65	—	2	—	2
总计	525	1	28	13	1	3	465	14	525	344	2 121	166	149	77	392

注：①发行机构栏内，行政性机构包括党政军机关及其下属管理单位，金融机构包括银行、信用合作社等，经济组织包括工农商企事业单位，经济公社等。②根据《中华人民共和国货币图录》中第一套人民币统计，扣除1953年发行的5万元券的面额数、版别数。

资料来源：《中国钱币大辞典》、《中华人民共和国货币图案》及本丛书各卷。

第三章　中国革命根据地货币的币材与本位制度

货币制度，亦称币制，是指一国或政府当局对流通中的货币为了保持其币值稳定、保障货币流通秩序正常而对货币诸要素以及货币流通进行组织与调节等，以法令或法规形式制定的规则和规定。货币制度的内容主要包括货币币材、货币本位、主辅币关系、货币的发行及发行准备、货币流通的组织与调节、货币市场运行保障等制度规定。货币管理，则是各级政权机构以行政手段、经济手段、司法手段等对上述货币制度予以执行和实施。本章主要是就革命根据地货币制度与管理工作中的货币币材制度和货币本位制度问题进行阐述与探讨。

第一节　革命根据地货币的币材

制造货币的材质简称币材，是指货币作为一般等价物固定在某种商品上的价值表现载体，它在实际交换中通常称做币材，即作为货币用的或制造货币用的物质。中国历史上用做货币币材的有贝壳，珠玉，布帛，金、银、铜、铁等金属及纸张等，从而形成历史上的贝币、金属块状称量货币、银币、铜币、楮币（纸币）等不同种类的货币。

中国革命根据地货币的币材，自1926年以来，共经历了金、银、铜、锡、镴、纸、布七种币材的变化。但是，这七种币材的应用和表现形式又各有不同。有的只是在个别地方短时间出现过，有的则存在时间较长，有的甚至贯穿于根据地货币历史的始终。例如，金币产生于1928年的湘南根据地，存在时间约一两个月；锡币产生于1933年的川陕根据地；镴币产生于1945年的浙东抗日根据地，这些货币的存续期都很短。因此，总的来看，革命根据地货币中银币、铜币、纸币、布币四种币材存续期较长，是主要的货币币材；又由于镴币的材质比较特殊，现一并分述如下。

一、银币

中国革命根据地货币中的银币，主要存在于第一次大革命时期和土地革命时期。

第一次大革命时期农民协会辖区内流通的银币与附近地区流通的银币是相同的，农民协会没有自行铸造发行过银币。当时农民协会辖区行使的银币品种主要有两类：一类是全国通用的银元，如袁大头银元、墨西哥鹰洋、光绪元宝等；另一类是各地私造的土杂银元。

土地革命时期农村根据地的银币比较复杂,除上述两类外,一些根据地还铸造发行了自身的银元和银毫等。据现有资料显示,在全部14个农村根据地中,有井冈山、中央苏区、湘鄂西、湘鄂赣、湘赣、闽浙赣、鄂豫皖、川陕、陕甘陕北、左右江10个根据地铸造发行了这种银币。农村根据地自制银币,一般都是分量足、成色好、个头大。从已知的17种自制银元实物测量结果来看,每块银元的分量,最轻的为23.8克,最重的为28克;白银成色最低的为80%,最高的为92%。与1933年国民政府《银本位币铸造条例》规定的每元重量26.6971克,成色88%的标准相比较,可说是基本相当或更好一些,远比当时社会上流行的常洋、花洋、烂板等杂类银元品质高得多,因此受到当地军民和根据地内外商人的喜爱和欢迎。陕北民间有的银匠还把它拿来加工制成首饰,用做妇女结婚礼品。

农村根据地自制银币,从其形制和流通状况看,可分为苏维埃银币和仿制银元两类。

(一)苏维埃银币

苏维埃银币是币面带有工农革命和苏维埃的标志、图案、政治口号等的银币,人们简称其为"苏洋"、"苏币"、"红洋"等,是农村根据地内部市场流通的通货。从现在已知的实物看,苏维埃银币的形制主要有两种形式,即初级形式和完成形式。

初级形式的苏维埃银币一般出现于农村根据地初建时期,由于缺少必要的铸币设备、技术和熟练工人,无法制作出类似于全国通用银元的银币,从而因陋就简制作出各种形状的银币。由于它们都有固定的重量、成色和形状,还铸有特定的标志,具备了作为铸币的基本条件,因此可将其定为银铸币,而有别于称量货币的银两。这种银币,有的表现为方块状或银锭状,例如湘鄂西根据地的"维持块"、左右江根据地红七军铸造的三两重银锭。有的初级形式苏维埃银币表现为在通用银元上镌刻苏维埃标志。例如井冈山的"工"字银元,就是在仿制的墨西哥鹰洋上加凿一个"工"字,既是代表工农兵苏维埃的标志,又是防伪的标志。又如湘鄂西根据地曾在袁大头银元上加凿"苏维埃"戳记投入流通,主要是防止外流。

完成形式的苏维埃银币,从外表形状到成色、重量都完全比照全国通用银元,只是在币面上带有苏维埃标识。其直径一般为39毫米,呈圆形饼状,大多数根据地银元都属于这一类(见表3-1)。完成形式银币币面的苏维埃标识,主要由国号与年号、制作与发行机构、图案或人像、政治口号等几部分组成。

表3-1　　　　　　土地革命时期主要苏维埃银币概况

根据地	货币名称	成色(%)	直径(毫米)	重量(克)	版别	备注
中央苏区	中华苏维埃共和国一九三二年造壹圆	—	—	—	—	
中央苏区	中华苏维埃共和国贰角银毫	—	23	5.5	2	每5枚当1元

第三章 中国革命根据地货币的币材与本位制度

续表

根据地	货币名称	成色(%)	直径(毫米)	重量(克)	版别	备注
井冈山	"工"字银元	—	39	26.7	1	
湘鄂西	中国苏维埃共和国造壹圆	80	39	28	1	鄂北农民银行发行
湘鄂西	中国苏维埃共和国币壹圆	80	39	28	1	同上
湘鄂西	银质"维持块"①	—	—	22.53	1	同上
湘鄂西	中国苏维埃造壹圆	—	39	26.8	1	
湘鄂西	"苏维埃"戳记壹圆	—	38	26.7	1	
湘鄂赣	平江县苏维埃政府壹圆	92	39	27.17	1	
湘鄂赣	湖南省苏维埃政府壹圆	92~92.5	39	27.59	1	
闽浙赣	中国苏维埃造壹圆	—	38.8	26.8	1	
闽浙赣	粉碎敌人五次围攻决战临时军用币	—	38.7	26.6	1	
鄂豫皖	鄂豫皖省苏维埃银行壹圆	88	39.2	17.18	1	手工试制36枚
鄂豫皖	鄂豫皖省苏维埃政府工农银行壹圆	88	38~39.6	27.18~28	3	

续表

根据地	货币名称	成色（%）	直径（毫米）	重量（克）	版别	备注
川陕	中华苏维埃共和国川陕省造币厂壹圆	75~88	38~39	26~26.7	19	
陕甘陕北	中华苏维埃共和国五年制壹圆	88	38~39	23.8~26.7	3	
陕甘陕北	中华苏维埃共和国五年制壹圆	88	38	26.5	1	

注：①"维持块"重库平七钱二分，经换算为22.53克。
资料来源：本丛书有关各卷。

1. 国号与年号。币面上的国号与年号，是表明银币所从属的国家或政府当局的标志。苏维埃银币完全摒弃了"中华民国"的国号和民国纪年，而明确采用革命苏维埃政权的国号和纪年，表明共产党领导的工农革命反叛国民党政府的决心和已取得的胜利。从现有实物看，有半数左右的苏维埃银币直接署了苏维埃政权的国号，有的则署了省、特区、县苏维埃政府的名称。如中央苏区和陕北根据地的银币都署了"中华苏维埃共和国"的国号，湘鄂西署了"中国苏维埃共和国"，湘鄂赣署了"湖南省苏维埃政府"。关于年号，由于苏维埃临时中央政府曾有关于使用公元纪年的规定，所以绝大多数银币都用了公元纪年，只有陕北根据地署了苏维埃共和国纪年，因该币是1935年制作发行的，故署了"中华苏维埃共和国五年制"的纪年。

2. 制作与发行机构。苏维埃银币的制作与发行机构主要有两类。一类是银行机构，如中央苏区的苏维埃国家银行、湘鄂西的鄂北农民银行，币面上未署银行名称，是因为实际上造币厂由苏维埃政府领导，银行负责指导和发行。币面上直接署银行名的有：皖西北特区苏维埃银行、赤城县苏维埃银行等，银行兼有制作和发行职能。另一类是各政府所属的造币厂，这类银币以苏维埃政府名义制作发行，大都署政府名，是银币的大多数。

3. 图案或人像。大多数苏维埃银币上都有五角星、镰刀、锤子、地球和地图的图案，有人说这是苏维埃的标志，也有人说是共产国际的标志。少数银币上有革命导师马克思或列宁的头像，如湘鄂西、闽浙赣根据地的银币，表明马列主义真理对中国革命的指导意义。

4. 政治口号。部分苏维埃银币上写有工农革命的政治口号，如陕北的银币上有"全世界无产阶级及被压迫民族联合起来"，鄂豫皖的银币上有"全世界无产阶级联合起来啊"等口号，这些口号起了一定的宣传和鼓舞士气的作用。

5. 加铸标记或戳记。如前述的井冈山"工"字银元、湘鄂西的"苏维埃"戳记银元等。

苏维埃银币由于具有这些革命的特殊标识，持有人如果将其拿到根据地以外就会受到迫害，从而限制了它的外流，既可补充根据地内市场通货的数量，又控制了白银的流失。同时，它又是一种很好的宣传鼓动工具。苏维埃银币的出现标志着工农革命运动在当地已取得了一定的胜利，工农兵群众持有和使用它就觉得这是他们自己的货币，从而增强了主人公的自豪感和必胜信心。所以它被看做比任何财产都珍贵的物品。

（二）仿制银元

仿制银元是农村根据地苏维埃政权制造的全国通用银元的仿制品。从现有资料看，有5个根据地制造发行了仿制银元。这些根据地都是规模相对较大，经济比较发达，与白区的进出口贸易和经济往来比较频繁，制币技术和设备较好，银料来源比较充足的地区。仿制银元的品种，一般是全国通用的民国三年袁世凯头像银元（俗称袁大头、大头洋）和孙中山开国纪念币银元（俗称孙小头），有的根据地还遵循周边地区的流通习惯分别仿制了其他品种的银元。例如，中央苏区原来是仿制袁大头和孙小头银元的，后来苏区外反映墨西哥鹰洋（俗称日头雕）更受商人们欢迎，于是改为仿制墨西哥鹰洋；川陕根据地按照当地人们的喜好和习惯，大量仿制了川版"汉"字银元和铜元；湘赣则仿制了宣统三年大清银币；湘鄂赣仿制了光绪元宝银元等。仿制银元在形制、品质等方面与全国通用银元真品没有多大区别，毛泽东在视察井冈山造币厂时就曾特别叮嘱，制作的银元一定要分量足、成色好，不能低于真品。因此，在根据地市场上仿制品与真品是混合流通的，分不清彼此。但是，苏维埃政权更加重视仿制银元对外的交换作用，大多用其作为进出口贸易的媒介，在根据地内市场上鼓励人们多使用纸币和布币。

关于农村根据地生产上述两类银币的品种，应以苏维埃银币为主还是以仿制银元为主的问题，在各根据地党政领导和管理人员中曾有过不同的认识。一些人认为，在根据地白银资源有限的情况下，生产苏维埃银币，可以限制白银外流，补充根据地市场筹码的不足，有利于鼓舞士气和促进根据地经济的发展。另一种意见认为，农村根据地在经济上最缺乏的是军需品和日用品，要发挥有限的白银资源之最大效用，就要多生产仿制银元，到白区去换回紧缺物资。苏维埃政权掌握了足够物资，才可保持根据地内市场稳定。事实上，一些根据地初期出于朴素的阶级感情，大多积极制作发行苏维埃银币，到后来，凡有条件的地区都大量制作发行仿制银元。例如，在中央苏区，中央造币厂初期只制作了少量苏维埃银币和银毫、铜分币，后来主要制作发行仿制银元，每天能生产一万余元。

二、铜币

革命根据地货币流通中的铜币，与银币一样主要存在于第一次大革命时期和土地革命时期，抗日战争时期只有华中抗日根据地有一种加戳铜币。

第一次大革命时期农民协会没有铸造发行过自身的铜币，但辖区内流通使用铜币是肯定的，由于缺乏资料，无法确定当时流通中的铜币品种。从当时使用的纸质兑换券的面额单位来分析，估计可能有铜元和铜制钱两类，而以铜元为主。如湖北鄂城商民协会信用券上的文告就印有"现因铜元缺乏……"字样。

土地革命时期农村根据地市场上的铜币,主要是苏维埃政权自制的铜币。在14个根据地中,有中央苏区、湘鄂西、鄂豫皖、川陕、陕甘陕北5个根据地制作发行了自身的铜币。由于这些铜币与苏维埃银币一样,币面上都带有苏维埃标志,因此我们统称其为苏维埃铜币。据现有资料统计,上述5个根据地共制作发行了15种苏维埃铜币,其中湘鄂西有两种是在大清铜币和民国铜币上加盖了五角星、镰刀、锤子戳记。

表3-2　　　　　　　　土地革命时期苏维埃铜币概况

根据地	货币名称	面额	直径(毫米)	厚度(毫米)	重量(克)	版别
中央苏区	中华苏维埃共和国铜币	壹分	18	1	2	1
中央苏区	中华苏维埃共和国铜币	伍分	26~27	1.4~1.7	7.4~7.5	6
湘鄂西	湘鄂西省苏维埃政府铜币	壹分	35	4	15.1	1
湘鄂西	湘鄂西盖戳铜元(大清铜元、民国铜元)	当十文、当二十文、当五十文	—	—	—	—
鄂豫皖	皖西北苏维埃造铜币	五十文	38.4	1.7	13~16.6	3

续表

根据地	货币名称	面额	直径（毫米）	厚度（毫米）	重量（克）	版别
鄂豫皖	皖西北苏维埃造铜币	二十文	33	2	12.5	2
鄂豫皖	皖西北道区苏维埃政府造铜币	伍拾文	37	—	16.5	4
川陕	川陕省苏维埃政府造铜币	大200文	35~36	2~3	16.5~24	约30
川陕	川陕省苏维埃铜币	小200文	26~29	1.1~2	8.2~12	1
川陕	川陕省苏维埃造铜币	500文	32~36	2	9.4~16.4	9
陕甘陕北	中华苏维埃铜币	贰分	29~29.6	2.2	9	1

资料来源：本丛书有关各卷。

抗日战争时期，华中苏南抗日根据地宜溧县政府1945年曾发行过标有"宜溧流通"四字的面额伍分的铜币。该铜币在中华民国十文开国纪念币上加戳记制成，直径2.8厘米，重13.5克。

苏维埃铜币的币材，一般是红铜或黄铜，也有的是用废旧子弹壳或群众捐献的铜制器皿熔制的。铜币的面额共有两类8种，属于"分"类的有一分、二分、五分；属于"文"类的有十文、二十文、五十文、200文、500文。铜币的形状均为饼状，其中最小的直径18毫米，最大的直径38.4毫米。个体大小相差悬殊，与面额的大小有关，也与当地制作条件有关。如川陕根据地200文铜币,初期采用手工制作,每枚直径35~36毫米,版别达近30种,后来使用缴获的机器设备制出的铜币每枚26~29毫米,二者相差近10毫米。各根据地铜币的重量也很不一致,同为面额一分的铜币,中央苏区的每枚重2克,而湘鄂西的则重15.1克,相差7倍多。一般的,手工制作的比较粗糙,外观不够规整,如陕北二分铜币,竟类似椭圆形,而中央苏区和川陕用机器制造的品相比较精美。

苏维埃铜币上的花纹、图案等,类似于苏维埃银币,但比较简单。一般都有五角星、镰刀、锤子、地球图案和"全世界无产阶级联合起来"的口号等,比较粗简的则只有其中几项内容图纹。政治口号比较突出的,如湘鄂西铜币上有"赤色铜币"、"为苏维埃政权而斗争"的口号,而川陕的小200文铜币上则喊出了"赤化全川"这一铿锵有力的呼声。

苏维埃铜币的制作、发行者,多为各级苏维埃政权组织,其作用主要是满足根据地军民日常生活中小额交易和找零之需。

三、镴币

镴币为抗日战争时期浙东根据地一些区乡抗日政权发行的镴质金属辅币。镴是一种锡与铅的合金,熔点较低,可用以焊接金属或制作器皿如灯台等,《西厢记》中就有"银样镴枪头"的说法。浙东地区铸造镴币的历史由来已久，俗称"镴板"。抗日战争时期浙东余姚、慈溪等地商会币多有用镴铸造的，当地区、乡抗日政权也曾铸造发行过镴质辅币，如余姚浒山区临时辅币镴币等。铸造镴币的原因，一是它易于携带，使用方便，不易磨损；二是它制造成本较高，一般人不敢伪造；三是材料容易收集，当地又有造镴币的传统技术和人才，便于制作；四是当时浙东银行主币面额较大，急需发行小面额的辅币。现已知的浙东抗日根据地镴币有三种，即余姚浒山区署发行的"浒山区临时辅币"、余姚三管乡发行的"三管分一分镴币"和南山陆阜镇发行的"陆阜镇辅币"。

例如，浒山区临时辅币镴币，有壹角、贰角、伍角三种面额，青灰色，圆形，币面有边廓，镌有币名、面额、年份和"抗币"字样。从浙江省博物馆馆藏实物看，其铸造比较粗糙，个体重量差别较大，但直径大小基本一致（见表3-3）。

表3-3　　　　　　浒山区临时辅币镴币概况

面额	直径（厘米）	厚度（厘米）	重量（克）
壹角	24.5	0.1	(1) 4.6 (2) 5.2
贰角	2.8	0.1	(1) 7.5 (2) 8.4 (3) 9.7
伍角	3.2	0.15	(1) 6.3 (2) 9.4 (3) 11.2

资料来源：浙江钱币学会编：《华中革命根据地货币史》，第三分册，北京，中国金融出版社，2004。

四、纸币

纸币一词，作为经济范畴可有两种不同的含义：就其货币属性而言，纸币是指国家发行和强制流通的货币符号；就其币材而言，纸币是指用纸张制作的纸质钞票。本处是指的后者。纸质钞票是革命根据地货币流通中的主要币种，纸币的流通和使用贯穿于革命根据地货币历史的始终。

（一）农民协会纸币

纸质兑换券在农民协会货币中有8种，占80%，一般多采用当地产的土纸或毛边纸，石版印刷。票幅尺寸大小约长128~144毫米，宽70~87毫米，不等。票面印有币名、面额、图景、图案花纹以及公告、章程等。也有手写面额的，例如，浏阳金刚公有财产保管处有期证券就有两种印制形式：一种为定额票券，面额为壹角、贰角，横式印刷，面额直接印在票面上，毛笔手写编号；另一种为非定额票券，其面额、兑现期和编号均由毛笔手写，上盖花押印章。在这些钞票中印制比较精美的，要算是湖北黄冈县农民协会信用合作社流通券了，是由汉口道新印书局代印的。

（二）农村根据地纸币

在农村根据地中，除井冈山、左右江外，有12个根据地都发行了纸币，占总数的85.7%。农村根据地纸币的类型，主要有借用票券和自制纸币两类。借用票券，或称加盖钞票，是指在根据地创建之初，自身还不具备自行印制钞票的条件，而客观上又迫切需要发行根据地货币的情况下，临时借用业已停用的私商钞票，在票面上加盖戳记、印章,由苏维埃政权发行并在当地流通使用的票券。这类票券在根据地纸币中虽属于少数,但也非个别现象,如1928年海陆丰劳动银行银票、1930年江西工农银行暂借发行券、1934年闽东根据地一些区的代用票等都属于这一类,共有4种货币名称,8种面额版别。

农村根据地纸币中的大部分是根据地自行印制的钞票,简称自制纸币。中央苏区、湘南、湘鄂西、湘鄂赣、湘赣、闽浙赣、鄂豫皖、川陕、陕甘陕北、琼崖、闽东11个根据地都自行印制发行了纸币。赣西南苏区早期和闽东根据地由于斗争形势较复杂,既有自制纸币又有借用票券。农村根据地自制纸币约有98种货币名称,二百多种面额版别,这是由于在当时的战争环境和敌强我弱的态势下,纸币不得不分散印制、分散发行,货币的印制机构和发行机构都很多的缘故。

自制纸币的主要币材大部分采用当地生产的纸张,多数为一般的土纸,其中有名的有毛边纸(赣西南、闽北)、达贡纸(湘鄂赣)、长连纸(湘鄂西)、玉扣纸(闽西)、广扣纸(闽东)、白色光面纸(蛟洋)等。有些根据地还设立了造纸厂批量生产钞票专用纸,如中央苏区用雪花皮为原料制成的钞票专用纸,闽浙赣自行研制的"棉纸"等。有些根据地印钞用纸则是从战争中缴获或从白区购买的道林纸、牛皮纸、水印纸等。所以,不少根据地纸币虽为同一版别,但纸质多有不同。自制纸币的版式以横式为多数,而在湘鄂西、湘鄂赣、川陕、陕甘陕北、闽西等根据地也有少量竖式钞券。各式票券的券幅尺寸很不一致，但多印有政治口号、政府公告、银行规章等宣传文字或图画。1936年六七月间苏维埃国家银行西北分行发行的钞票上还印有当时拉丁化汉语拼音文字的标语。

根据地纸币的制作相当粗放，条件好一些的为石印或木版印刷，差些的则是手刻蜡版油印，甚至用毛笔手写。所以票券的品质比较粗陋，容易磨损或被假造。在根据地自制纸币中，也有个别的钞票是由苏维埃政府或银行委托当地私人印刷机构印制的，这类纸币的品质稍好一些。

（三）抗日根据地纸币和解放区纸币

抗日根据地货币和解放区货币，除个别根据地有布币、金属镴币和铜币外，均为纸质钞票。据现有资料统计，抗日战争时期根据地纸币，合计共有247种货币名称，1 063种面额版别；解放战争时期解放区纸币，包括人民币在内合计共有112种货币名称，527种面额版别。这两个时期的纸币，版式以横式居多，票面宣传性文字减少，多以图景、图案等表现工农兵生产生活以及根据地社会欣欣向荣的景象。券幅尺寸有逐渐缩小的趋势，一般为长120～140毫米、宽60～75毫米，但也有少数特大、特长的，如关东银行百元券、东北银行千元券等。这两个时期纸币数量和品种比土地革命时期明显增多，总的来看，是由于根据地土地面积不断扩大，人口增多，社会经济较从前发达所造成的。但具体分析起来，在不同时段不同根据地作为货币形态的纸币，其表现形式还是有所差别的。这两个历史时期的纸币形态大体有两类情况。一是制作粗放、票券品质较差、表现形式多类似于土地革命时期的钞票。这类纸币大多产生于根据地初建时期，或战争形势严峻、票券制作和发行条件十分艰难的时期，如抗日战争初期和中期各个根据地的货币，以及解放战争时期1946年以前的内蒙古、1947年以前的东北、1948年的中原、1949年的华南各根据地的货币。这类纸币不仅品质较差，而且由于发行分散、流通地域分割，它们的货币名称和版别也较多。二是制作比较精致、币材和票券品质比较优良的纸币，其中有些可媲美于国统区的纸币。这类纸币，主要产生于已有一定经济基础，战争已远离印钞机构所在地，票券生产处于社会环境相对稳定的根据地，加之接收和利用了国民党大中城市印钞机构，票券印制设备和技术不断提高，印钞材料逐渐专用化，印制机构逐渐向条件好的单位集中统一，钞券制作逐渐形成一定规模的批量生产。如抗日战争后期北方一些大根据地的纸币，以及解放战争时期老解放区纸币及中后期的新解放区纸币。特别是解放战争后期的纸币，它不仅明显优于土地革命时期的钞票，而且是在整个革命根据地货币史上形态最好、技术含量最高的票券。

五、布币

布币在中国是古老的币种之一，但革命根据地的布币与古代布币不同。古代的布帛，是具有使用价值和交换价值双重作用的棉麻织品，属于实物货币性质；春秋战国和王莽时代的布币，则是铜质铸币。革命根据地的布币，大多是以布片为币材制作的金属币兑换券，属于货币价值符号，散见于1926~1936年。抗日战争和解放战争时期个别地方出现的布币，则属于政府强制流通的货币符号了。据现有资料统计，革命根据地布币共约有14种名称，40种面额版别，具体情况大致如下。

第一次大革命时期，湖南衡山县柴山洲第一农民银行、第二农民银行制作银元票时，当时由于纸张缺乏，又没有必要的印刷设备，所以决定用布做钞票。这种银元票是在白竹布上用毛笔书写数字，盖上银行和负责人印章，裁切成长4寸、宽2寸的票券。该币发行流通于1926~1927年，是革命根据地最早的货币品种。

土地革命时期有一部分根据地发行过布币。据现有资料显示，湘鄂西、鄂豫皖、川陕、陕甘陕北4个根据地共发行过约10种布币。农村根据地布币的出现，主要是由于根据地经济落后，纸张缺乏，不得不以布代替纸印制钞票。如陕甘陕北的几种布币，就是在纸张用完无以为继的情况下才使用了布料。但也不能一概而论，如川陕根据地纸张并不缺乏，而是由于苏维埃政府建有纺织厂，并有供应原料棉花的种植基地，可织造出质地良好的印钞专用布，用它印出的钞票比纸币更方便、更耐磨，因此川陕的布币在数量上比纸币多（见表3-4）。

表3-4　　　土地革命时期农村根据地布币概况

根据地	货币名称	币材	印制技术	版式	年份
湘鄂西	鹤峰县苏维埃政府信用券	白竹布（油布）	毛笔写面额，手工盖印章	横式	1931
鄂豫皖	鄂豫皖苏维埃经济公社流通券	白布（油布）	木版印刷，毛笔编号	竖式	1932
川陕	川陕省苏维埃政府工农银行银币券、铜币券	白、蓝、绿、红粗布、细布	石印	竖式、横式	1933
陕甘陕北	陕甘边区银行油布票	粗白布（油布）	木版印刷	横式	1934
陕甘陕北	陕甘边区农民合作银行兑换券	白布（油布）	木版印刷	竖式	1934
陕甘陕北	陕甘省苏维埃银行银币券	白布	蜡纸刻印	横式	1935
陕甘陕北	陕甘晋省苏维埃银行银币券	漂白布、土布	木版印刷	横式	1935
陕甘陕北	中华苏维埃共和国国家银行西北分行银币券	漂白布、土布	石印	竖式、横式	1936
陕甘陕北	神府特区抗日人民革命委员会银行流通券	漂白布	木版黑、黄、绿三色套印	横式	1936

资料来源：本丛书有关各卷。

农村根据地布币在制作方法上有两类：一类是用棉布直接印制成钞票，所用的棉布有漂白布，土布，蓝、绿、红色的细布，阴丹士林布等；另一类是在布上印刷或手写图纹、文字等,再刷桐油,晾干后使用,称做油布币或油布票。从质地看,油布币虽显得粗陋,但耐磨不易损坏。湘鄂西的鹤峰县苏维埃政府信用券、鄂豫皖苏维埃经济公社流通券、陕甘陕北的边区银行油布票和农民合作银行兑换券都属于这类油布币。

布的底色一般为白色或布的本色,川陕的布币有白、蓝、绿、红四种颜色。布币在印制技术方面,除鹤峰县苏维埃政府信用券为手写外,大部分为木版印刷,神府特区的流通券还是黑、黄、绿三色套印的。川陕的银币券、铜币券和苏维埃国家银行西北分行银币券是石印的,印刷质量比木版的好一些。

抗日战争和解放战争时期也有个别的布币存在。如抗日战争时陕甘宁边区银行三边分行,在定边、靖边、安边地区发行了面额壹佰圆布质的边币,流通于1942年到1945年。解放战争后期,华南贵滇黔边区也有过一种布币。该边区云南人民讨蒋自卫队江越支队,在接受共产党整编前曾发行过江城县临时政府布质流通券,与银元等值流通,整编后又在该地流通了一段时间。该币为在白布上以木版印刷,面额有壹圆、伍圆两种,发行总额1.6万余元,流通于1949年6月到11月。

第二节 革命根据地货币的本位制度

货币本位制是货币制度的主要内容,它是指国家或政权组织以法律形式规定某种特殊商品或货币作为衡量本国或本地区社会价值的货币标准的制度。历史上不同的国家（地区）曾将黄金或白银这样的特殊商品作为衡量本国（地区）货币价值的标准，称做金本位制或银本位制。在中国，清朝曾实行银两与铜钱并行的银铜复本位制，在市场交易中大额的用银两，小额交易或零星买卖用铜质制钱。1910年清政府颁布《币制则例》，规定银元为国币，货币单位为圆。辛亥革命后，北洋政府1914年颁布《国币条例》，规定以银元为本位币，以铜元为辅币，但实际上银两的使用并未废止，市场上银两与银元并行流通。与此同时，一些银行和信用机构发行了可兑现的银两票、银元票、铜元票，通称为银行券或兑换券，它们分别作为代表银两、银元、铜元的价值符号参与流通。1933年，国民党政府发布"废两改元"的布告，宣布废止以银两计价流通，实行单一的银元本位制度，作为价值符号的银两票兑换券即随之消失。1935年国民党政府实行币制改革，推行法币政策，禁止银元流通。作为不可兑现纸币的法币代替银元在市场上强制流通，这实际上是一种有管理的纸币本位制度[1]，从根本上改变了银元本位货币制度的性质。自此以后，全国都通行了不兑现的纸币制度。

中国革命根据地货币脱胎于旧中国的货币金融大环境，它的货币制度也不得不受到全国客观环境的影响。因此，革命根据地货币的本位制度也同全国一样，自1926

---

[1] 参见杨培新：《旧中国的通货膨胀》，20页，北京，人民出版社，1985。

年以来经历了银元本位和纸币本位两种货币本位制度的变化。

一、银元本位制度

银元本位制是银本位制的一种特殊类型,是指以银元为法定货币作为衡量社会价值的货币标准,法律规定一切交易、计价、记账、债权债务清算等均以银元为单位,角币、分币或银毫、铜元为辅币,由政府规定它们与银元的比价。所以,在北洋政府和国民党政府的初期,法定银元又称国币,通行全国。在全国实行银元本位制的大环境下,中国革命根据地的农民协会货币和农村根据地货币也实行了银元本位制。

(一)农民协会货币的银元本位及其兑换券制度

第一次大革命时期分散于各地的农民协会,在经济上都是相对独立的,因此没有统一的货币制度。但是,各农民协会在发行货币之前都作出相关的决议、决定,或在银行章程、公告中对货币的发行、流通作出了制度规定。这些制度规定可归纳为以下几点主要内容。

1. 以银元为货币本位。农民协会的纸(布)质钞票都是银币或铜币的兑换券。钞票的票面上大都标明"银元"、"银洋"、"常洋"字样,并写明"随时兑现",准予记账、计价、流通使用。有的钞票面额为角、串,是为银辅币兑换券。如湖北鄂城商民协会信用券上的公告中写有:"壹角可兑铜元三十,拾张准换国币壹圆。"湖北黄冈县农民协会信用合作社流通券壹串文券，就规定每张壹串文即兑制钱1 000文，或兑当十铜元100枚。

2. 实行货币发行准备制度。为了保证十足兑现，各个货币发行机构在发行钞票前都建立了发行准备基金。如湖南衡山县柴山洲特别区第一农民银行设立了银行基金5 800元，而实际发行布币5 000元。浏东平民银行集股资金6万元，吸收无息存款6 000元，加上自有不动产15万元，共计21万余元，发行临时兑换券和信用券共12万元。黄冈县农民协会信用合作社发行流通券时，由农会拨出6万元作为发行基金。浏阳金刚公有财产保管处在全区各公法团体联席会议上作出决定，以其全部公有财产作担保发行元票和角票的有期证券。

3. 公布和实施有关货币流通管理的规定。一是规定统一以银元和农民协会兑换券为计价、记账单位，本地的农民协会兑换券只限于在当地流通使用。二是禁止其他各种票券、土杂币在市场上流通。如浏阳农民协会根据湖南全省第一次农民代表大会《金融问题决议案》的有关决定，宣布禁止市票在本区域内使用，并对浏阳东六区原有的公钱局、商钱局一律予以关闭。三是有的地区只准兑换券流通，限制银元使用，以避免银元外流。如浏东规定，外地客商来浏东购货，需将银元兑成兑换券，离开时再将兑换券换回银元。

4. 保证随时兑现。各个金融机构如银行、信用合作社等，为了维护钞票的信誉，都积极做好钞票兑现工作，方便群众随时随刻兑换。如衡山县柴山洲第一农民银行不仅自身随时兑换，还在湘潭王十万镇设立了兑换点。浏东平民银行除在县银行兑现外，还在各区设立了多个分理处随时兑现。

（二）农村根据地货币的银元本位及其兑换券制度

土地革命时期农村根据地货币与农民协会货币一样，各个根据地分别制定各自的货币制度，由于受根据地建立前货币金融环境的影响，仍实行以银元为本位币的制度。各个根据地为了保证银元本位制度的实施，大都制定了以下一些政策措施。

1. 明令实行银元本位制，规定苏维埃纸币为银元兑换券。各个根据地发行的货币，除少量银元、铜元外，大量的是纸币，所以，各根据地纸币票面上分别印有"凭票兑现"、"凭票伍张，兑洋壹圆"、"合成壹圆，驳兑现洋"等字样。如湘鄂西的沔阳县苏维埃政府在其发布的《信用券使用条例》中规定，"本券与现洋有同等价值，可随时到银行兑现"。[①] 1931年11月，中华苏维埃第一次全国代表大会通过的《关于经济政策的决议案》规定，对苏维埃国家银行及其分行发行的货币"应实行兑换货币"，保证兑现。《中华苏维埃共和国暂行财政条例》规定，各级财政机关的各种账簿、单据的记账单位，一律折合成银元计算，银元为会计核算的本位币。从此，以银元为本位币，苏维埃

---

① 参见刘崇明、祝迪润：《湘鄂西革命根据地货币史》，130页，北京，中国金融出版社，1996。

纸币为它的兑换货币的货币制度，在根据地内正式制度化、法律化。1932年苏维埃国家银行成立后，临时中央政府中央执行委员会发布了一系列命令、训令，规定苏维埃国家银行发行的纸币以通用的银元为本位，1元纸币等于1元银元。纸币可以随时兑换银元，允许光洋、大洋、杂洋等各种银元在根据地内流通。[①] 后来，川陕省工农银行创建时，川陕根据地的西北革命军事委员会于1933年3月发布的《经济政策（草案）》中就规定了，"'这个银行应实行兑换货币'，布币和纸币为银元和铜元的兑换券，并由省苏维埃政府规定了银元、铜元、纸币和布币的对价为'银元壹圆（苏洋）等于铜元三十吊（即合200文铜币150枚或相当于此数量的布币和纸币）'。"[②]

2. 设立充足的货币发行准备基金，以保证十足兑现。各个根据地在创建金融机构或决定印制发行钞票时，都首先设立了相当数量的货币发行准备基金，以保障纸币的币值和信用。从现有资料看，发行准备最高的是川陕省工农银行，其发行准备基金为纸币、布币发行总额的6倍；赣东北特区贫民银行的准备基金为纸币发行总额的5倍。苏维埃国家银行在发行准备基金高峰时期，准备基金占发行总额的59%，也超过了该行章程所规定的比率（见表3-5）。

[①] 参见罗华素、廖平之：《中央革命根据地货币史》，135、234页，北京，中国金融出版社，1998。

[②] 参见袁远福、巴家云：《川陕革命根据地货币史》，121页，北京，中国金融出版社，2003。

表 3-5　　　部分农村根据地纸币发行准备基金统计

金融机构	发行时间	发行准备基金	占发行总额的比例	纸币发行总额	准备基金构成
闽西蛟洋农民银行	1927 年	2 000 元	50%	4 000 元	—
闽西工农银行	1930 年	20 万元	30%	—	银元、物资等
赣西南东古平民银行	1929 年	7 000 元	—	—	—
江西工农银行	1930 年	5 万元	—	—	银元
苏维埃国家银行	1932 年	38.9 万余元	59.3%	65.6 万余元	银元、物资等
湘赣省工农银行	1932 年	6 万元	200%	—	—
赣东北省苏维埃银行	1932 年	18 万元	257%	7 万余元	银元、生金银
闽浙赣省工农银行	1933 年增补基金	38 万余元	38%	近 100 万元	银元、黄金
湘鄂赣省工农银行	1932 年	4 万余元	40%	10 万元	—
鄂东南工农银行	1932 年	10 万元	25%	40 万元	—
川陕省工农银行	1933 年	1 200 万元	600%	200 万元	黄金、银元、物资

资料来源：见本丛书有关各卷。

为了筹集和管理好发行准备基金，各根据地的苏维埃代表会议、苏维埃政府分别作出了相关的决议或政策规定，有的还在银行章程、纸币条例等文件中作出明确规定。如闽西工农银行成立时，闽西苏维埃政府对该行规定了资金运用的比例，其中第一条就是保持 30% 的现金库存不得动用，以保证纸币兑现。苏维埃国家银行《暂行章程》第十条规定，"发行纸币，至少须有十分之三之现金，或贵重金属，或外国货币为现金准备，其余应以易于变售之货物或短期汇票，或他种证券为保证准备。"① 赣东北特区方志敏主席在筹备特区贫民银行发行纸币工作时说，"在发行纸币工作上，要十分谨慎，要严格控制和加强管理，要有充分准备，没有准备不能发钞票。"② 中共川陕省第二次党员代表大会讨论的斗争纲领提出，"要集中大批食盐、布匹、油与现金，扩大银行的威信。"川陕省工农银行行长郑义斋撰文强调，"必须坚决执行现金集中，充实工农银行基金。"③ 在湘鄂赣根据地，就是因为湘鄂赣省区和鄂东南地区未能筹足准备基金，才使得苏维埃国家银行湘鄂赣省分行一直处于筹备之中，直至红军撤出根据地也未正式成立。

上述货币发行准备基金的额度，是指在某一时点上的静态存量，但是在实际运作过程中，由于受到战争的影响以及政策变化、社会经济环境等因素的作用，它是经常增减变化的。所以在农村根据地纸币运行过程中，其发行准备基金是一个动态概念。例如，在闽浙赣根据地，1931年5月赣东北特区贫民银行开始发钞时，筹集了发行准备基金20万元，在方志敏"准备充分，限量发行"原则的指导

---

① 参见罗华素、廖平之：《中央革命根据地货币史》，251页，北京，中国金融出版社，1998。
② 参见张书成、许炳南：《闽浙赣革命根据地货币史》，36页，北京，中国金融出版社，1996。
③ 参见袁远福、巴家云：《川陕革命根据地货币史》，127页，北京，中国金融出版社，2003。

下，只发行了纸币4万元，准备基金为纸币发行量的5倍。1931年底，赣东北特区贫民银行改称赣东北省苏维埃银行，至年底连同贫民银行钞票累计发行纸币6万余元，财政因支出大于收入而动用了基金，使发行基金仅剩3 000余元，准备基金为纸币发行额的5%。1932年财政状况好转，年底准备基金恢复到18万元，纸币累计发行7万余元，准备基金为纸币发行量的2.57倍。

农村根据地货币发行准备基金的资金来源主要有：(1) 战争的缴获。红军中有规定，一切缴获要归公。战争中缴获的银元、金银以及食盐、布匹等战略物资，都上缴充实银行基金。(2) 土地革命运动中对地主豪绅、军阀、官僚等的财产的没收和征发。(3) 政府的拨款和部队的捐助。(4) 群众对银行集股投资和无息存款。(5) 集中现金，即动员机关团体、公营单位将其掌握的银元等硬通货交银行换成纸币，使现金集中于银行。

3. 广泛设立货币兑换机构，取信于民。为了维护纸币的信誉、方便随时兑现，各苏维埃政府和银行等机构都及时公布办理纸币兑换的地点和机构。例如，江西省苏维埃政府1930年在发行江西工农银行暂借发行券时发布通令，宣传该钞票"可随时到本政府财政部兑换现洋"。1931年闽西苏维埃政府发布通告，要求"凡各政府，各合作社，对于工农银行纸币一律负责兑换，照大洋使用"。同年4月，闽西苏维埃政府经济委员会扩大会议重申，"各合作社及政府均须负责兑现及推销银行纸票工作。假如有不明了的人，不用银行纸票，应向他宣传，并即以现洋换他的纸票，不能强迫他使用纸票"。与此同时，闽西工农银行除龙岩的本行外，还在上杭的南阳、白砂及永定的湖雷设立兑换处，方便群众储蓄和兑换纸币。其他根据地也较普遍地设立了这类货币兑换机构。有的根据地还在圩场、集市上设立临时兑换点，逢集兑换，集散则收，群众甚感方便，纸币的使用迅速推开。

4. 受战争和党内错误路线影响，银元本位制出现动摇。农村根据地银元本位制的推行并不是一帆风顺的。多数根据地的纸币兑现在创建初期还是顺利的，但到了后期就出现了动摇。一些根据地由于敌人重兵包围、"清剿"，区域面积缩小，财政赤字扩大，纸币发行量增加，出现通货膨胀而不能兑现。一些根据地受党内"左"倾机会主义路线影响，军费增加，财政赤字扩大，纸币发行量猛增，货币发行准备基金来源减少以至枯竭，从而纸币发生挤兑甚至停兑。有的根据地则是上述两种情况同时存在，苏维埃政权只能靠将临时取得的有限物资投入市场来维持纸币信用。例如，在中央苏区，苏维埃国家银行1932年初始发行纸币时，准备基金比较充足，在临时中央政府明令下，纸币十足兑现。1933年上半年，受"左"倾机会主义种种政策的影响，财政赤字增加，发行准备基金相对紧张，市场上开始不时地出现挤兑现象。1933年下半年，苏维埃财政进一步恶化，主要靠扩大纸币发行来维持行政和军费的开支，纸币发行量迅猛增加（1933年8月的纸币发行量相当于1932年末市场货币量的3倍），苏维埃国家银行不得不实行有控制的兑现。1934年1月"二苏大"以后，某些"左"倾机会主义政策受到抵制，但情况并未根本好转，加之军事上的失利，苏区面积缩小。到1934年10月，纸币发行量达到800万元，比1933年8月又扩大了3倍，银行只得停兑。此时的苏维埃国家银行纸币实际上已成为不可兑现的信用货币，银元本位制只是一种名义而已。不过，笔者认为，此时的情况并不意味着苏维埃国家银行放弃了银元本位制。此后，苏维埃国家银行在随军长征途中曾四次在驻地发行过纸币，都是按银元计价的，每当离开发行地时银行都以银元和缴获的食盐、粮食、布匹等物资换回已发行的纸币，事实表明苏维埃国家银行是仍然坚持纸币兑现的许诺的。中央苏区被迫停兑的情况，在其他根据地大都类似存在。从现有资料看，只有闽浙赣和川陕两个根据地做到了始终维持纸币的十足兑现，直到红军撤出根据地为止。

二、纸币本位制度

纸币本位制又称自由本位制，是以国家或政府（地区当局）发行的纸币作为本位货币的一种货币制度。其主要特点是纸币不与金银挂钩，也不与金银兑换，纸币作为主币流通，具有无限法偿能力。纸币的发行是通过信贷投放出去的，所以属于信用货币性质。纸币的发行量由国家或政府（地区当局）根据社会经济发展需要来决定，政府

(地区当局)对货币必须实行严格的管理和控制,所以纸币本位制又叫做有管理的通货制度。① 1935年11月,国民党政府实行币制改革,推行不兑现的法币政策,禁止银元流通,建立法币与英镑、美元相联系,可以无限制地买卖外汇的汇兑本位制。但是,这并不能阻止国民党政府无限制地扩大货币发行。日益严重的通货膨胀、外汇黑市盛行,使得汇兑本位制形同虚设,所以它实质上是有管理的纸币制度。当时国民党政府财政部部长的秘书林维英在《中国之新货币制度》一书中就说,中国的"银本位已告放弃","已采纸币本位"。国民党中央银行业务局局长席德懋1937年致孔祥熙密函中也说,"我国通货已非银本位,而为管理本位","即有管理的不兑现纸币本位"。② 从此全中国大部分地区进入了纸币本位制时代。在这样的社会金融大环境下,抗日根据地货币和解放区货币,也都必然实行了纸币本位制度。不过,在不同的历史时期由于当时当地的实际需要,革命根据地的纸币本位制又有三种不同的表现形式。

(一)以法币等国民党货币和银元相联系的制度

这种货币制度在不同时期有几种不同情形。

一是在革命根据地内以国民党法币为主币,流通中一切计价、记账、结算、清偿等经济活动均以法币圆为单位的制度。例如,抗日战争初期的陕甘宁边区,在抗日民族

---

① 参见戴相龙、黄达:《中华金融词库》,55页,北京,中国金融出版社,1998。
② 林、席二人言论转引自杨培新:《旧中国的通货膨胀》,14、20页,北京,人民出版社,1985。

统一战线旗帜下，根据国共两党协议，边区内一律流通使用国民党法币，原苏维埃国家银行西北分行的货币退出流通。后因国民党政府只提供大额法币票券，市场找零困难，陕甘宁边区银行才于1938年6月发行小面额的延安光华代价券作为法币的辅币流通使用。1941年国民党反动派一再掀起反共高潮，停发八路军、新四军军饷，切断边区的法币来源和供应，对边区实行军事、经济封锁，边区政府不得不于1941年1月30日发布《关于停止法币行使的布告》，边区以法币为主币的制度从此结束，改以陕甘宁边区银行币为边区的本位币。

二是一些根据地在创建之初，由于根据地货币尚未发行，或虽已发行但在当地流通市场尚未建立巩固的地位，这时基于当地的流通习惯，在根据地仍沿用了各地原来的本位货币制度，其中多数与法币挂钩相联系，但也有与国民党地方币、日伪币、港币等挂钩相联系的制度。这种情况在抗日根据地早期和新解放区初建时期以及战事频繁、形势极不稳定的时期多有存在。如晋绥抗日根据地早期的晋西北地区，1937～1939年在共产党领导或影响下的各县政权发行的地方抗日货币，多与阎锡山的晋钞或法币挂钩。"晋西事变"后，1940年3月晋西北行署向各地抗日政府发出指示，要求"取消省钞，依附法币，所有田赋、税款征收和经营开支，一律以法币为计算标准"。从此确立了根据地货币与法币相联系的制度。1941年4月，晋西北行署宣布"禁止法币行使"，"以西农币为边区唯一合法货币"，西农币票面上的"国币"字样也取消了。自此，西农币成为晋绥边区的区域本位币。又如在华南解放区的潮汕地区，革命根据地初建，1949年2月裕民银行发行钞票时，为了保证裕民券的币值、抵制国民党货币恶性通货膨胀，决定裕民券以2:1的固定比价与港币挂钩，两币并行流通，直至1949年6月以区域本位币华南币收兑裕民券后停止。

三是与银元挂钩相联系的制度。解放战争时期，1948年中原解放区开始发行中州币时，为了稳定中州币币值、开拓和巩固中州币的阵地，中共中央中原局于同年1月25日曾作出实行中州币与银元固定比价挂钩的制度的决定。中州币名义上为法定区域本位币，但与银元并行流通，保证兑现。几个月后，中州币已逐渐具备了独自占领货币流通市场的条件，中原局即下达《关于货币问题的指示》，停止中州币兑现；1948年9月又作出《关于禁止白洋流通的决定》，促使银元退出流通，自此中州币即成为中原解放区的区域本位币。

（二）根据地区域本位币制度

当革命根据地发展扩大到一定规模（如成为边区、战略区、大的解放区），政治、军事、经济形势相对稳定之时，根据地原来分散发行和流通的货币就逐步向一种或几种主要货币集中统一，当地政权机构以法令、法规形式规定某一主要货币为本地区的本位货币，作为当地的统一价值标准，一切交易、完粮纳税、债权债务等的计价、记账、凭证、契约均以此币为单位，并以此币收兑当地其他地方性中小币种，统一当地市场货币流通。由于这种本位币制度只适用于本地区范围之内，不允许其他币种在当地流通，当地的本位币也不得流出本根据地之外，有别于全国通行的本位币，所以我们将它称做区域本位币。区域本位币制度是在革命根据地存在的历史条件下纸币本位制度的一种特殊形式，也是革命根据地货币区别于其他种类货币的一大特色。区域本位币除主币外，还发行各自的多种面额的辅币。

区域本位币制度，是根据地纸币本位制度发展的必经途径。当根据地打破了敌人分割包围的格局逐渐连成一片时，原来小块根据地分散发行和流通的货币的缺陷便暴露出来，诸如货币种类繁多、版别复杂、票面不易识别、价值标准和货币购买力不一、容易被作假等，给市场商品交换和地区间物资交流带来极大不便，给部队运动中作战也带来种种后勤供应问题，客观上需要改变原来分散发行的货币体制，要求建立起能适应连片根据地市场需要的集中统一的货币制度，这就是区域本位币制度。然而，战争仍在继续发展，根据地又进一步扩大，原来几个较小的连片根据地连成了一片大的根据地，原来较小的连片根据地的区域本位币又不能适应市场扩大的需要了，几个较小范围的区域本位币又需要集中统一为能适应大片根据地市场需要的大范围的区域本位币。这样循环往复，货币的集中统一就成为根据地纸币发展的客观趋势，也是客观的货币贸易运动规律的体现。抗日战争和解放战争时期的陕甘宁边币、陕甘宁商业流通券、西农币、晋察冀边币、冀南币、鲁西币、北海币、华中币、东北地方流通券、新蒙币、中州币、南方币等,都是在这种集中统一再集中统一的过程中成为适应当地需要的区域本位币。

以晋冀鲁豫边区冀南币为例。抗日战争初期,在晋冀鲁豫边区形成之前,晋东南、晋西南抗日根据地的一些专区、县份曾分散地发行了各自的抗日根据地货币,如上党银号票、赵城县地方兑换券等。这些货币多为辅币或小面额票币,与国民党法币、晋钞并行混合流通,没有明确的本位币规定。1939年10月,冀南银行在太行、太岳区成立,开始发行冀南币。该币发行前,早在1938年冀南行政公署制定的"八大施政方针"中就提出了"发行冀南本位币"的要求。冀南币发行后,1940年11月冀太联办颁布《保护与兑换法币办法》,规定"凡本区一切交易,一律以冀南票(冀钞)为本位币"。[①] 同年12月,冀太联办第一次专员县长会议进一步决定,在确定冀南币为一切商品和其他货币的计价标准的同时,排除和禁止其他所有货币在市场上流通使用;规定冀南币不与法币挂钩,不固定比价。[②] 随后,各专区、县份即以田赋、税收和贷款等办法用冀南币收回了各地方性抗日根据地货币,查禁了敌伪币、晋钞和土杂币。对于法币,禁止其在市场上流通,但允许

---

① 参见张转芳:《晋冀鲁豫边区货币史》,上册,94页,北京,中国金融出版社,1996。

② 参见赵宁夫:《中原革命根据地货币史》,190~191页,北京,中国金融出版社,2005。

私人持有或收藏。至此，冀南币作为晋冀鲁豫边区区域本位币的地位完全确立。1941年7月，鲁西根据地并入晋冀鲁豫边区的冀鲁豫区，已集中统一了当地地方性货币的鲁西根据地区域本位币鲁西币进入冀鲁豫区。同年9月，晋冀鲁豫边区决定，冀南币为太行、太岳、冀南三区的本位币，鲁西币为冀鲁豫区的本位币。1944年6月，冀鲁豫区与冀南区两领导机关合署办公，鲁西币与冀南币平原地名券在当地等价并行流通。1946年1月，鲁西银行并入冀南银行，以冀南币收回鲁西币，冀南币成为晋冀鲁豫全解放区的区域本位币。1948年5月，晋察冀与晋冀鲁豫两解放区合并为华北解放区，冀南币为华北解放区的区域本位币，晋察冀边币停止发行，以冀南币兑晋察冀边币1:10的固定比价并行流通。1948年12月人民币开始发行，同时以人民币收兑冀南币和晋察冀边币，从此冀南币完成了其区域本位币的历史使命。

（三）人民币本位制度

人民币本位制是中国革命根据地货币本位制度发展演变的最终形式，是新中国唯一的法定货币本位制。中华人民共和国法律规定，所有公私款项收付，一切交易计价、记账，各种债权债务契约，税负的缴纳等，均以人民币为本位币。为了保证人民币本位制度的实施，在中华人民共和国建国前后，中央人民政府要求各级政权机构坚决、彻底肃清国民党政府发行的各种货币及其地方杂币，禁止以金银计价流通和私相买卖，禁止外国货币在境内流通并作

第三章 中国革命根据地货币的币材与本位制度

为外汇统一由政府管理和经营,逐步收回各解放区发行的货币,从而建成独立、统一、自主的人民币货币流通市场。人民币本位制度,其实质是一种有管理的通货制度,其内容主要包括:(1)适应社会经济发展需要,规定合理的人民币面额档次及主辅币制度;(2)建立必要的以黄金、外汇及物资商品为构成的货币准备制度;(3)建立人民币对外不可兑换、禁止其出入国境的法律制度;(4)制定人民币发行程序及投放回笼制度;(5)制定对伪造、变造人民币及贩运、使用假人民币的处罚法律规定等。

人民币本位制度是在各个解放区区域本位币的基础上,随着人民解放战争胜利推进而在全国范围内逐步推行的。在这个渐进的过程中,人民政府不是单纯地依靠行政命令强制推行,而是从社会政治、经济发展需要出发,充分照顾到各个地方、各个方面人民群众的利益和单位的权益,采取经济的、行政的以及法律的多种政策措施,调节相互间的货币关系、市场物资交流和物价关系,以使币制调整统一的有利因素达到最大,而其不利影响降到最小。所以,人民币本位制度从它的产生直到在全国范围内全部实现,这个过渡期间竟长达三年之久。

现将人民币本位制度在全国范围内实现的过程简要介绍如下。

1948年12月人民币开始发行,当时华北、华东、西北解放区已逐渐连成一片,而全国大部分地区尚未解放。鉴于全国解放战争发展迅速的形势,华北人民政府根据中共中央的决定，于1948年12月颁发布告，规定人民币为"华北、华东、西北三区本位货币，统一流通。所有公私款项收付及一切交易，均以新币（人民币）为本位货币"。当时中央确定人民币的任务是统一所有各解放区的货币，同时作为新中国的本位币。[①] 人民币首先在华北解放区发行，以人民币1∶100的比价回收了华北解放区区域本位币——冀南币，并以人民币1∶1 000的比价回收了晋察冀边币。在山东解放区，1949年2月人民币在山东解放区开始发行，山东的区域本位币北海币作为人民币的辅币与人民币并行流通，并采取内部控制、只收不发的办法，按人民币1∶100的比价回收北海币，至同年底基本收兑完毕。在华中解放区，山东、华中合并为华东解放区后，1947年华中银行总行迁回苏北，在此期间华中地区实行北海币与华中币等值并行流通。1948年12月人民币发行后进入华中地区的数量很少，华中行政办事处于1949年1月规定仍以华中币和北海币为区域本位币，其对人民币的比价为100∶1。1949年4月渡江战役后勤工作会议规定，北海币和华中币作为人民币的辅币随军进入苏南、皖南、浙东等地，与人民币混合流通行使，而其他各地方货币不得过江；同时采取"只进不出，先小额后大额"的办法，以人民币1∶100的比价回收华中币和北海币。至1950年1月，收兑工作基本完成，华东地区全部实行人民币本位制度。

---

① 参见尚明：《当代中国的金融事业》，31页，北京，中国社会科学出版社，1989。

第三章　中国革命根据地货币的币材与本位制度　137

在西北解放区，虽然1948年12月西北财经委员会发布通令规定自1949年1月起实行人民币本位制度，但当时还有不少地方尚未解放。1949年4月15日中国人民银行西北区行成立。同年5月西安市解放，8月人民银行发出通令，以人民币1∶1 000的比价全面回收西北解放区区域本位币西农币，以及流通中的陕甘宁商业流通券、陕甘宁边币等，收兑工作至1949年底基本结束。随着人民解放军向大西北进军，兰州、西宁、绥远、银川于1949年八九月间相继解放，人民币随军进入西北各省，肃清了国民党货币和各种土杂币，成为西北各省唯一的合法本位币。新疆于1949年9月25日和平解放，人民政府曾一度宣布原新疆省银行银圆票暂准流通使用。1950年10月中国人民银行新疆分行成立，1951年10月1日起发行带有维吾尔文的人民币，以人民币按350∶1的比价收兑银圆票。收兑工作于1951年完成，人民币成为包括新疆地区在内的整个西北地区的本位币。

在中原解放区，1948年人民币在华北地区开始发行之时，中原正处于各路大军南下的前进阵地和后方，为了使人民币在中原地区顺利发行，1948年12月下旬，中国人民银行与中州农民银行召开了郑州会议，制定了《华北中原统一货币方案》，为人民币在中原的发行作了准备。条件成熟后，1949年3月2日中共中原局发出《关于发行中国人民银行钞票紧急指示》，对发行人民币作了具体部署。1949年3月10日，中国人民银行中原区行成立，同日开始发行人民币，并以人民币 1∶3 的比价收兑中州币。收兑工作于 1950 年初完成，人民币成为中原地区本位币。

在华南解放区，广州市于 1949 年 10 月 14 日解放，11 月 21 日中国人民银行华南区行在广州成立，随即开始发行人民币，同时以人民币 250∶1 的比价回收华南的区域本位币南方币，至 1950 年 6 月收兑完毕。但是，当时华南各地市场上流通的货币相当混乱，除国民党政府的金圆券、银元券外，还有大量的港币、美元等外币，以及银元、银毫等参与流通。随着解放战争的推进，华南各省陆续解放，当地人民政府采取了一系列政策措施整顿货币市场，从而于 1950 年 6 月底在整个华南地区建立了统一的人民币市场，巩固了人民币的本位币地位。

在内蒙古解放区和东北解放区，1948 年 6 月内蒙古人民银行成立，同时发行内蒙古人民银行币，简称新蒙币。1948 年以新蒙币收兑了自治区内各种地方币和旧蒙币，1949 年陆续收兑了境内的东北币、热河券、长城券以及遗留的苏联红军票，至 1949 年底新蒙币成为自治区内唯一的合法本位币。东北全境解放后，东北币肃清了国民党政府和伪满的货币，1949 年收兑了冀察热辽地区的热河券、长城券和历史遗留的苏联红军票，1950 年 6 月收兑了旅大地区的关东银行券，至此，东北币成为东北全境的区域本位币。其时，中央人民政府考虑到东北和内蒙古两个地区解放较早，物价相对稳定，并已开始恢复经济建设，而关内解放战争尚未结束，因此决定这两个解放区暂时保持原来的地方相对独立币制。到1951年，全国已经解放，国内金融物价也已稳定，工农业生产已得到一定的恢复和发展，因此中央人民政府政务院于1951年3月20日颁布《关于收回东北银行地方流通券及内蒙古人民银行地方流通券决定》，从1951年4月1日起以人民币1:9.5的比价收兑东北币和新蒙币。同年5月在内蒙古自治区发行了蒙古文版的人民币，其价值与普通人民币相等。至1951年底，东北币、新蒙币基本被收兑完毕，至此人民币本位制度除西藏、台湾外已在全国范围内确立，从此全面结束了近百年中国货币制度混乱的历史，实现了货币主权和货币制度的统一，开创了全国货币稳定、经济振兴的新时期。

第四章　中国革命根据地货币的发行与管理

中国革命根据地货币中银、铜等金属币相对较少，有关金属货币发行的现存资料更少，因此本节主要介绍革命根据地纸币的发行和管理情况。革命根据地货币的发行与管理工作主要包括：建立根据地货币统一市场、保持和扩大货币流通范围、疏通货币流通渠道、货币发行的数量管理、调整根据地之间的货币贸易关系以及货币发行与管理中的路线斗争等几个方面。

第一节　革命根据地的货币流通管理

一、建立根据地货币统一市场

各个根据地建立之初，市场上货币种类和流通状况都相当混乱。革命根据地货币产生后的首要任务就是努力扩大发行，排除和禁止地方军阀、官僚和私商的土杂币，外国货币和日伪货币，国民党政府和地方政府的货币，以革命根据地货币独占并统一根据地内的货币流通市场。从农民协会时期起，各个根据地在这方面都做了大量工作，从而使根据地货币得以占领当地的流通市场。1931年中华苏维埃全国代表大会（以下简称"一苏大"）总结了这方面的经验，在《关于经济政策的决议案》中提出，苏维埃政府的银行"要按照苏维埃政府规定的权限管理苏区金融市场，用自己的货币占领货币的流通市场"，"这个银行有发行货币之特权，苏区外来的货币，须一律兑换成苏维埃自己发行之货币"，"禁止私人银行和钱庄发行任何货币"。[①]此后，各个根据地均以此为组织货币发行的基本原则，并取得了成功。

但是，在革命战争的整个过程中，革命根据地的土地范围不是很固定的。有时，在敌人的强大攻势下，根据地土地面积会缩小或被分割，根据地货币的统一市场又沦为敌人货币的天下，根据地货币退出流通；有时，特别是在解放战争后期，在革命武装不断取得胜利的情况下，根据地土地面积得到恢复、扩大或连成一片，新解放区或老区扩大地区的流通市场又需要由根据地货币与土杂币、日伪币、国民党货币等进行争夺货币市场阵地的斗争。所以，建立根据地货币统一市场的工作贯穿于根据地货币历史的始终。

[①] 参见罗华素、廖平之：《中央革命根据地货币史》，244~245页，北京，中国金融出版社，1998。

二、保持和扩大货币流通范围

革命根据地货币的流通范围,从理论上说也即是各个根据地革命政权所控制的区域。但是,由于根据地大多数处于敌人的封锁包围之中,战事的胜负时有变化,根据地党政机关管辖权有时也会进行调整或改变,所以根据地货币流通范围在不同时间和空间是有所不同的。就根据地货币整体而言,它的流通范围二十几年来一直处于由小到大、由分散到成片扩大的发展过程之中,最后扩大到全中国的范围。就单个货币而言,每种根据地货币的流通范围是由其所处根据地的军事、政治、经济、地理环境来决定的。从地理上看,革命根据地大体可包含核心区(或称中心区、基本区)、边缘区(边境地区)、游击区、拉锯战地区等。根据地货币在以上不同区域的流通状况和管理工作也是不同的。

核心区是根据地革命政权牢固控制并且控制时间较长的区域,这是革命根据地货币(或区域本位币)的主要流通区域,也是根据地政权和银行实施货币政策和管理措施、组织货币投放和回笼的主要区域。

边缘区是根据地与敌占区(或友军区)相邻接壤的地区。边缘区也是革命政权所管辖的地区,是革命根据地货币的主要流通地区。但由于与敌占区(或友军区)之间在经济上存在着千丝万缕的联系,如商人的贩运、买卖,人民群众日常经济往来,以及社会传统习惯等,两区的货币势必随着经济活动而流动，从而敌占区（或友军区）货币如国民党法币、日伪货币等将渗入到边缘区，根据地货币也会流入敌占区（或友军区），这就给革命根据地货币管理工作提出了挑战。为了保持革命根据地货币的本位币地位，革命政权和银行就需要对敌币展开货币阵地斗争、比价斗争和反假币斗争，以保证革命根据地货币的正常流通。

游击区是革命政权尚未建立或不能长期有效控制，但群众基础较好，革命武装能经常在此活动的地区。拉锯战地区是敌我双方势均力敌、反复争夺，我军占领时由革命政权控制，敌军占领时由敌方控制的地区。在这两种地区，革命根据地货币随部队的进出而流入流出，是根据地货币短时间流通的地区。在游击区，如中央红军长征后留守闽西的闽西南军政委员会发行的"借钱票"。在拉锯战地区，如解放战争初期晋冀鲁豫边区豫北地区的冀南币。由于革命根据地货币币值比敌币稳定，信用较好，因而受到当地群众的欢迎，虽然流通时间较短，但在经济上适应了当地市场的需要，在政治上起到了宣传革命的作用。

革命根据地货币的流通范围，总是随着革命战争的进展，以核心区为基础，由边缘区和游击区向敌占区推进，最后扩大到全国范围。

三、疏通货币流通渠道

革命根据地货币的流通渠道，主要表现为根据地银行的货币投放渠道与货币回笼渠道两个方面。

(一) 货币投放渠道

1. 用于财政方面的投放。根据地财政用款是根据地货币的主要投放渠道，主要有军费拨款和行政费用开支两大部分。"一切为了革命战争的胜利，确保部队的供给"，是根据地货币政策和财政政策的基本出发点。部队每行军、驻扎或作战一地，所需现金都由相关财政部门统一安排，向根据地银行提取，或由部队供给部门直接向银行支取；部队的缴获和筹款则上缴财政。以川陕根据地为例，1932年11月红四方面军入川时有1.6万余人，1935年撤离时主力部队连同随军机关、医院人员，共19万余人。部队实行供给制，每人每日菜金200文，粮食1.5斤，仅以主力部队估算每月需13万余元，全年需165万余元。此外，购置弹药、修理枪械、服装等费用尚未计算在内。根据地党政机关的行政开支是维护根据地工作运转所必需的。川陕省苏维埃政府对节约行政开支有严格规定。根据地创建初期，除开会等办公费外，工薪规定，县苏维埃常委的工资为每人每月6元，区苏维埃常委每人5元。根据地发展时期，公用和人头经费不断增加，全根据地区以上干部达到6万余人，仅月工资一项即不下40万元。这两项就占了货币发行量的大部分。① 再如，在抗日战争和解放战争时期的晋察冀边区，据统计，年度军政费用和政府用款占当年货币发行的比重，1938～1947年平均每年为91.21%，最高的

---

① 根据《川陕革命根据地货币史》138～139页有关数据计算。

1941年竟达134.21%，把当年发行的货币全部用完还不够。① 由此可见，财政用款是根据地货币投放的主要渠道。

2. 用于经济建设的投放。根据地经济比较落后，工农业生产不够发达，在敌人的封锁包围下还时常受到各种自然灾害的困扰。根据地政府和银行拿出大量货币资金发展根据地经济，满足社会需求，以至抗灾救济，是突破敌人经济封锁、保障革命战争胜利的重要途径之一。如土地革命时期闽浙赣的赣东北省苏维埃银行，1932年上半年为支持政府发动的"耕种运动"，以贷款方式投放货币2万元帮助农民发展生产，约占当年货币发行的50%。1931年9月至1932年12月，该行又以80%左右的货币发行额用于恢复和发展生产。抗日战争和解放战争时期，在毛泽东"发展经济，保障供给"指示精神的指导下，各根据地都以银行放款、投资等方式扶助生产建设事业的发展。

3. 用于支持内外贸易资金需要的投放。根据地需要出口的产品主要是农产品和土特产品，而紧缺的是工业品和人民生活日用品，因此组织好对外贸易是活跃根据地商品市场、解决部队和人民群众日常需要所必需的。这样，根据地银行就需要筹集大量资金收购出口物资，收兑银元和敌币，促进外贸进出口，从而形成根据地货币发行的重要渠道。例如，在中央苏区，当时从国民党统治区输入的盐、布、煤油、药品等，每年需1 500万余元，出口的物资主要

---

① 参见河北省金融研究所：《晋察冀边区银行》，39页，北京，中国金融出版社，1988。

是油、米、烟叶等。后发现当地出产的钨矿砂是国民党的战略物资，且价值高、成本低。苏维埃国家银行即投资赣南铁山垅开办中华钨矿公司，行长毛泽民兼任公司总经理，1932～1934年的两年时间里生产了钨矿砂4 193吨，价值达218万余元，有力地支持了内外贸易的发展。[①] 又如，在陕甘宁边区，在1941～1943年陕甘宁边币的发行总额中，有20%为支持贸易的投资，金额达3.49亿元，仅次于财政用款的投放。

4. 用于收购金银和货币兑换的投放。土地改革中农民分得地主、豪绅的金银首饰及银元等，需要到银行兑换成根据地货币使用。中央苏区苏维埃国家银行开业的头几个月，主营业务就是收购金银和首饰。在抗日战争和解放战争时期，根据地政府明令禁用银元、禁止敌区货币流通，根据地银行就大力组织收购金银和银元、收兑敌区货币，既保护了群众利益，又可将这些货币拿到敌区去换回有用的物资，这就成了根据地货币投放的重要渠道之一。

（二）货币回笼渠道

1. 财政赋税回笼。赋税收入是根据地财政收入的主要来源之一。赋税的缴纳可以用实物，也可以用现金，很多根据地政府明确规定要以货币形式缴纳赋税，税款全部存入银行，从而成为根据地货币回笼的重要渠道。

2. 金融机构信用回笼。各根据地银行都从事代理财政金库业务，按照规定一切机关、团体、部队、公营企业、

[①] 参见舒龙：《毛泽民》，77页，北京，军事科学出版社，1996。

合作社等单位的资金都要存入银行,这成为货币回笼的重要来源之一。根据地银行也通过开展私人存款和储蓄业务回笼一部分货币,但由于当地经济比较落后,人们收入不多,因此存款业务不够发达。在抗日战争和解放战争后期,工商业存款有了较大的发展。此外,通过基层合作社吸收股金、集资筹款,也可以回笼一部分货币。

3. 政府公债回笼。根据地政府向社会发行公债,是补充战争经费、弥补财政赤字、回笼流通中过多货币的有效措施。据资料显示,在1932年到1949年3月三个革命历史时期发展过程中,有18个根据地先后发行了49种公债[1],对缓解战时通货膨胀、发展经济起到了重要作用。如1943年晋绥边区晋西北行署发行了"晋西北巩固农币公债券"30万元,回收了大量西农币,从而奠定了稳定西农币币值的基础。[2]

4. 内外贸易商品回笼。通过公营商店和合作社等商业机构销售粮食、盐及各种紧俏商品、进口物资,是根据地银行回笼货币的经常性重要渠道。"二苏大"《关于苏维埃经济建设的决议》强调,"为了免去苏维埃纸币跌价的危险,苏维埃政府必须更注意于对外对内贸易的发展……这

---

[1] 据统计,土地革命时期有6个根据地发行了15种公债;抗日战争时期有7个根据地发行了13种公债;解放战争时期有5个根据地发行了21种公债。参见中国人民银行金融研究所、财政部财政科学研究所编:《中国革命根据地货币》,下册,103页,北京,文物出版社,1982。

[2] 参见杨世源:《晋绥革命根据地货币史》,58页,北京,中国金融出版社,2001。

是增加市场吸收纸币的容纳量与保持纸币信用的重要办法"。① 又如晋冀鲁豫边区为了禁止粮食出口、回笼货币，1941年实行粮食专卖制度，规定卖粮要收冀南币，农民缴公粮折价收冀南币。太行区1942年还实行用日伪联银券购粮价格高、用冀南币购粮价格低的区别对待政策，甚至组织小商贩到敌占区交通沿线用日伪联银券高价收买冀南币，从而回收了大量冀南币。

第二节　货币发行的数量管理

各个根据地都很重视对货币发行政策的管理和对货币发行数量的适度控制，但由于处在战争时期，投放往往大于回笼，稍不注意就可能造成流通中货币过多，引起币值和物价的波动。"二苏大"《关于苏维埃经济建设的决议》指出，"苏维埃政府对于纸币的发行应该极为谨慎。纸币的发行如超过市场所需要的定额之外，必然会使纸币跌价，会使物价腾贵，使工农生活恶化起来，以致影响工农的联合"。② 这一决议精神就成为后来抗日战争和解放战争时期各根据地共同遵守的原则。综合各根据地情况，大体上有以下几种货币政策管理和数量控制的做法。

---

① 参见中国人民银行金融研究所、财政部财政科学研究所：《中国革命根据地货币》，下册，13页，北京，文物出版社，1982。
② 参见中国人民银行金融研究所、财政部财政科学研究所：《中国革命根据地货币》，下册，13页，北京，文物出版社，1982。

一、按发行准备基金比例掌握货币发行

在银元本位时期,衡量纸币兑换券发行数量是否正常,主要看纸币发行量与准备基金的比例是否适当,是否能保证纸币的兑现。如中央苏区苏维埃国家银行的章程规定,"发行纸币,至少须有十分之三之现金,或贵金属,或外国货币为现金准备,其余应以易于变售之货物或短期汇票,或他种证券为保证准备"。[①] 后来多数根据地如湘赣、湘鄂赣等,也都按照苏维埃国家银行这一比例掌握。少数根据地,如闽浙赣、川陕根据地,掌握的准备基金比例则高于30%的水平。当发现纸币发行量过多、准备基金不足、纸币兑现困难时,一些根据地的苏维埃政府和银行就采取措施回收纸币,减少投放,增加准备基金,保证纸币的兑现,从而稳定币值和物价。

在信用货币时期,虽然没有了兑现的压力,但发行准备基金仍是保证币值稳定的重要因素。抗日战争初期,毛泽东等中共中央领导人在给晋察冀边区聂荣臻等发出的关于货币政策的电报中指示,"边区的纸币应有准备,第一货物,特别是工业品;第二伪币;第三法币"。[②] 抗日战争和解放战争时期各个根据地的银行都持有自己的发行准备金,如晋察冀边区银行的发行准备金中,70%为外汇(法币和

---

① 参见罗华素、廖平之:《中央革命根据地货币史》,251页,北京,中国金融出版社,2003。
② 参见河北省金融研究所:《晋察冀边区银行》,44~45页,北京,中国金融出版社,1988。

日伪币），30%为物资商品。

二、按人均货币量掌握发行

有的根据地为了便于控制货币发行量，曾制定按本地人口比例发行货币的制度。如在湘鄂赣根据地，1931年湘鄂赣省工农兵苏维埃政府成立后，对省工农银行发行钞票规定，在筹足一定的发行准备基金的基础上，"以苏区人口多少为标准，限每人发行3元为度，发少了不能周转，发多了会造成通货膨胀"。[1]抗日战争时期，1938年晋东南上党银号开始发行货币时，也是按全专区人口每人3元的数量控制货币发行量的。1940年9月中共中央北方局代理书记彭德怀在北方局高级干部会议上作报告时提出，"一般的，在根据地内流通货币数目不得超过全人口每人三元"。[2]中共晋察冀分局书记彭真1941年在《关于晋察冀边区党的工作和具体政策报告》中，也以人均货币量来考察边区的货币流通状况，他说："目前边区的流通仍是很不平衡的。有的地区，边币发行额与人口之比为每人平均四五元，有的地区则每人平均在二十元左右"。[3]根据现有资料，晋察冀边区银行1938年到1947年人均货币量如表4-1所示。

---

[1] 参见丁国良、张运才：《湘鄂赣革命根据地货币史》，82页，北京，中国金融出版社，1993。

[2] 参见中国人民银行金融研究所、财政部财政科学研究所：《中国革命根据地货币》，下册，48页，北京，文物出版社，1982。

[3] 参见中国人民银行金融研究所、财政部财政科学研究所：《中国革命根据地货币》，下册，40页，北京，文物出版社，1982。

表 4-1　晋察冀边区银行人均货币量统计表（1938~1947 年）

年份	本年发行额（万元）	累计发行额（万元）	发行指数	边区人口（万人）	人均货币金额（元）	人均使用货币指数
1938	410	410	100	250	1.64	1.00
1939	1 626	2 036	496	530	3.84	2.40
1940	3 428	5 464	1 332	700	7.80	4.75
1941	3 464	8 928	2 177	700	12.75	7.77
1942	5 045	13 973	3 408	560	24.95	15.21
1943	9 530	23 503	5 732	400	58.76	35.82
1944	163 304	186 807	45 563	600	311.35	189.84
1945	620 396	807 203	196 878	1 500	538.14	328.13
1946	9 917 699	10 724 902	2 615 830	1 500	7 149.93	4 319.75
1947	29 785 032	40 509 934	9 880 472	1 500	36 973.80	22 544.51

资料来源：河北省金融研究所：《晋察冀边区银行》，41 页，北京，中国金融出版社，1998。

在中原解放区，1948 年 9 月，豫皖苏行政区财委副主任、经济学家骆耕漠曾提出一个按人口计算中州币发行需要量的公式：

实际控制人口总数 × 每人银元数 × 中州币兑银元比价 = 中州币发行量

其中，每人银元数是骆耕漠根据国民党统治区法币正常流通时期人均持币折合银元数估测出来的，当时中原地区人均持有银元数为 6 角；银元 6 角约合中州币 120~130元，为郑重起见，骆耕漠按人均 100 元中州币估算。估算结果是，中州币兑银元比价，当时为 200∶1。应该说，公式计算结果为经验数据，但以此公式来测算豫西、豫皖苏和桐柏的情况，都基本相合。后来，这一公式就成为中原各行政区估算货币发行需要量的重要参数。①

三、适度控制财政性货币发行

在战争环境下，财政性发行是根据地货币发行的主要方面，并且往往高于经济性发行。一方面，为了支持战争和维持根据地工作运转，财政性发行是必需的，而且具有一定的刚性；另一方面，财政性发行又不能过高，否则就会引起恶性通货膨胀，使物价上涨。这一认识得来不易，尤其是在经历了"二苏大"前后的路线斗争之后，在各地都引起了极大的重视。从而，适度掌握控制财政性发行，同时尽可能提高经济性发行比重，成为各根据地政府和银行的一项重要工作。例如，从晋冀鲁豫边区冀南银行的统计资料可以看出通过这一工作所引起的变化。冀南币是1939年开始发行的，财政性发行占货币发行总额的比重1940年为76.55%，1941年为65.48%，1942年为53.85%，1943年为33.70%，财政性发行呈逐年下降趋势。此后各年财政性发行都低于经济性发行，到1946年，财政性发行仅占货币发行总额的19%。1947年因支持解放军转入反攻、大军南下，财政性发行又呈回升趋势，达到68.46%。到1948年，由于华北地区已成为解放军的后方，工农业生产和贸易的投资增加，财政性发行的比重又回落到51.37%。

---

① 参见赵宁夫：《中原革命根据地货币史》，8~9页，北京，中国金融出版社，2005。

四、正确处理货币发行与物价的关系

各个根据地都很重视市场物价对货币发行的反应,抗日战争和解放战争时期一些较大的根据地银行都进行了经常性的物价调查统计,据以研究和调整货币发行与管理工作。例如,晋察冀边区银行的货币发行与物价统计如表4-2所示。

表4-2 晋察冀边区货币发行与物价统计表（1938~1947年）

年份	本年发行额（万元）	累计发行额（万元）	物价指数	每万元购买力	人均购买力指数
1938	410	410	1.00	10 000.00	100.00
1939	1 626	2 036	2.72	3 676.47	88.20
1940	3 428	5 464	10.92	915.75	43.50
1941	3 464	8 928	8.99	1 112.35	86.40
1942	5 045	13 973	14.69	680.74	103.50
1943	9 530	23 503	97.74	102.31	36.10
1944	163 304	186 807	344.83	29.00	55.04
1945	620 396	807 203	546.01	18.31	60.00
1946	9 917 699	10 724 902	7 032.47	1.42	62.00
1947	2 978 502	40 509 934	24 495.51	0.41	92.00

注：物价及货币购买力数据为阜平地区的数据。
资料来源：河北省金融研究所：《晋察冀边区银行》,41页,北京,中国金融出版社,1998。

又如,陕甘宁边币在1941年1月~1944年6月的三年半流通期间,共发行34.2亿元,发行量大幅增加与物价波动呈正相关关系,如表4-3所示。

表4-3 陕甘宁边币发行量与延安市物价指数统计表
（1941年1月~1944年6月）

发行时间	本期发行额（万元）	累计发行额（万元）	累计发行额比上期增长率（%）	延安市物价指数[①]	物价指数比上期增长率（%）
1941年1~6月	1 100.95	1 535.93	253.1	217.7	217.7
1941年7~12月	1 201.48	2 737.41	78.2	497.9	128.7
1942年1~6月	1 762.68	4 500.09	64.4	1 139.7	128.9
1942年7~12月	7 345.00	11 845.09	163.2	2 040.3	79.0
1943年1~6月	24 315.00	36 160.09	205.3	6 227.4	205.2
1943年7~12月	138 749.00	174 909.09	383.7	33 611.6	439.7
1944年1~6月	167 412.00	342 321.09	95.7	81 782.6	143.3

注：①延安市物价指数以1940年1~6月为100。

资料来源：李实：《陕甘宁革命根据地货币史》，85、93页，北京，中国金融出版社，2003。

从表4-3可以看出，1941年上半年、1943年上半年和下半年，货币发行额呈2~4倍的增长，物价则呈2~5倍的上涨，而其他各期相对平稳些。这一现象引起了陕甘宁边区银行、边区政府各部门以及延安经济界人士和专家们的重视，人们在各种不同场合发表了各种各样的观点和主张，有的意见甚至截然相反。最后也引起了中共中央政治局的注意，继而对边区财政经济问题进行了专门研究讨论。毛泽东在会议总结时指出，边区的问题基本上不是金融问题，而是经济与财政的矛盾，解决这个矛盾，只有通过发展生产。据此分析，会后陕甘宁边区政府对货币发行的掌握，既不是无限制地发行货币，放任物价上涨；也不是为了抑制物价而紧缩货币发行，而是使货币发行保持适度增长,在保证军需和经济发展的前提下控制物价大幅上涨。① 毛泽东"发展经济,保障供给"的名言,也就是在这一时期提出来的。陕甘宁边区关于货币发行与物价问题经验教训的大讨论及总结,为其他抗日根据地和后来各解放区的货币管理工作起了示范作用。

第三节 调整根据地之间的货币贸易关系

抗日战争后期和解放战争时期,在根据地连片发展的形势下,原来小块根据地独立自主的经济体系已不能适应实际发展的需要了,各个根据地如何通过调整相互间的货币贸易关系来达到货币的集中统一问题被提上了议事日程。实际上,根据地货币的发展历史,也就是通过适时调整货币贸易关系,由地方性货币集中统一到较小的区域本位币,再集中统一到大的区域本位币,最后统一于全国性本位币人民币的过程。在抗日战争时期和解放战争初期,根据地货币集中统一的范围较小,相互间的货币贸易关系还比较简单,货币的集中统一问题在根据地货币管理中还不很突出。但到了解放战争中后期,大的解放区迅速连成一片,货币、贸易、物资交流等经济活动往往涉及两省甚至数省的范围,解放区货币的集中统一更加迫切,从而恰当地调

---

① 参见李实:《陕甘宁革命根据地货币史》,84~89页,北京,中国金融出版社,2003。

整好各解放区间的货币贸易关系就成为根据地货币管理中一项极其重要的工作。

世界上一国或一个地区要实现货币的集中统一可有两种方法，一种是靠行政命令，以"一刀切"的办法，牺牲一部分人的利益来达到集中统一货币的目的；另一种是按照商品、货币经济规律，采取适当的调整办法，保护全部货币持有者的利益，自然和谐渐进地达到集中统一货币的目的。革命根据地政权，是人民当家做主的政权，不能像国民党政府实行法币改革那样，以牺牲多数群众利益的强制办法来统一币制。因此根据地货币的统一，必须以能照顾到每个地区、部门、经济单位以及人民群众个人的利益为原则，不能让有的人由于统一货币的原因而受损吃亏。这样，就需要采用后一种办法，渐进地由多种货币的体制过渡到统一货币的体制。多种货币体制的根本问题是，由于战争、经济状况以及社会环境等原因，各种不同货币在分隔独立的条件下形成了它们的内在价值和货币购买力水平的不一致，表现在商品市场上即为地区物价水平的不平衡。如果以"一刀切"的办法来统一货币，无论购买力高或低的货币持有人，总会有一部分人吃亏。因此，就需要在根据地各部门密切配合下，通过认真的市场调查研究，确定两地货币合理的兑换比价，并以此为标准，掌握市场商品流动与货币流通的趋势，以及市场物价波动走势，在物价过高的地区投入足量市场需要的商品促使物价逐渐下降，在物价过低的地区投放足量货币促使物价稳步上升，再加以其他市场调节措施,经过一段时间的调整,使两地货币比价与物价大体平衡,再实行两地货币固定比价并行流通。在此基础上以一种货币收兑另一种货币,从而达到货币的统一。解放战争后期北方五大解放区货币的统一,正是按照这种办法进行的。如果从1947年3月邯郸会议最初提出货币统一问题算起,到统一的人民币诞生为止,这个调整过渡时间竟长达一年半之久,但它为解放战争的胜利发展、解放区的经济恢复与建设提供了一个和谐的货币环境。

以华北、山东两大解放区的货币贸易关系调整为例。1947年邯郸会议上,根据两地市场状况调查,研究确定了两地区货币固定比价并行流通的目标,晋察冀边币与冀南币的兑换比价为10:1,晋察冀边币、冀南币与北海币的兑换比价为10:1:1。但是,当时山东境内战争还在激烈地进行,只能做些准备工作。战争形势明朗后,1948年5月13日,冀南银行总行、晋察冀边区银行总行与山东北海银行总行就货币贸易关系问题进行了会谈,签订了《关于华北与山东两区间货币工作的协定(草案)》,对货币统一的工作方针、兑换比价、资金供应、兑换组织工作,以及汇兑与清算等问题作出决定。同年7月23日,华北银行刚刚合并成立即与北海银行在山东泰安就具体工作安排通过协商签订了"泰安协议"。决定成立华北银行、北海银行联合办事处(以下简称"联办"),设在泰安,作为领导货币统一和兑换工作的最高执行机关;同时成立由华北银行总行、北海银行总行、华北贸易公司和山东工商总局代表组成的联合委员会，负责领导、决策和协调工作。对于货币混合流通地区，确定了北起万德，南至滕县，沿津浦铁路两侧左右各15里的城镇和乡村为混合流通地带，在沿铁路的中心市镇设货币兑换机构。货币的兑换基金，暂定为以冀南币计算每月10亿元，双方各出5亿元。对银行汇兑工作，规定在混合流通地带一律通过联办转汇至规定的汇兑银行，其他银行处所不得直接通汇。

协议执行工作均很顺利，但发现两区连接地带的实际货币比价（以几种主要物资价格加权混合计算）与既定的标准比价还不完全一致，如夏津、泊镇、沧县等地北海币兑冀南币的比价为1:0.78，德州、临清为1:0.77，市场上两区实际货币购买力相差20%有余。为了避免统一货币后引起物价波动，决定在相应地区采取提高或压低物价、投放或回笼货币的办法，促使双方货币比价逐渐达到一致。具体做法：一是在物价方面根据物流流向调整物价。如棉花是从冀中、冀南大量流向华东地区的，决定在规定日期前，冀中、冀南棉价按冀南币提高10%，渤海地区棉价按北海币压低10%；土布从冀南流向华东的量较大，就将冀南土布价格按冀南币提价10%，渤海地区土布价格按北海币压低10%，而对冀中为照顾当地纺织行业利益，其土布价格只按冀南币价格适当少提一些；对粮食价格，渤海地区按北海币压低10%，而在华北的泊镇一带适当按冀南币上提一些，以不使粮食东流为原则。二是在金融方面，将联办和银行分支机构现存的北海币在规定日期前一律冻结（群众到期存款和汇款不在此限），到规定日期后逐渐解冻；北海币活期贷款尽量收回，联办向市场敞开供应冀南币；华北地区的各银行机构也以贷款、透支等多种方式向市场投放冀南币。

通过一系列工作，两区物价和货币比价已接近于邯郸会议确定的标准。华北山东货币统一联席会议于1948年9月23日召开，会上华北人民政府和山东省政府共同决定从该年10月1日起冀南币、晋察冀边币、北海币在两区混合流通，冀南币与北海币的比价固定为1:1，晋察冀边币与北海币的比价固定为10:1。9月25日，两银行联办发出为完成货币统一工作准备调整华北、山东物价问题的通知，要求各地密切观测当地市场货币自然比价的变化，在自然比价接近1:1时张贴货币统一的布告。10月5日，山东省政府经中共中央批准发出布告，宣布从即日起两区货币相互自由流通，一律按规定的比价流通支付。至此，华北、山东两大解放区实现了三个区域本位币币种固定比价混合流通的统一市场。

第四节　货币发行与党内路线斗争

革命根据地货币的发行与管理，是根据地党和政府直接领导的一项重要工作，因此党内的路线斗争也必然反映到货币工作之中。这种路线斗争在货币工作中的反映及其影响，以土地革命后期表现最为突出、最为典型。

以中央苏区为例。苏维埃国家银行纸币从1932年7月开始发行，到1934年10月红军退出中央苏区止的两年零三个月期间，经历了随时自由兑换、有控制地兑换、完全停止兑现三个阶段，而完全停止兑现阶段长达纸币流通时间的一半以上，其时纸币发行量猛增，物价猛涨，币值一再下跌。为什么会出现这种现象呢？除了战争的破坏和敌人经济封锁的外在因素外，可以说中央苏区特别是共产党内部两条路线的斗争是重要原因。

1932年初苏维埃国家银行刚成立时，苏维埃临时中央政府为减少财政在银行的透支，制定了"把负担加在剥削阶级身上；努力搞经济建设和征收土地税"的财政政策。随后，财政人民委员部发布训令，采取了统一财政收支，建立委托银行集中管理的国库；制定和推行财政税收制度；组织部队和地方积极打土豪筹款；开展群众性的节省运动；建立合作社，加强内外贸易，增加市场商品供应等措施。这些措施的实行，促进了财政收入增加、支出减少。同年7月苏维埃国家银行纸币开始发行，并保证自由兑现。

但是，与此同时，1932年6月，党内"左"倾机会主义者提出了"使红军在江西及邻近省份实现革命首先胜利"的口号，中共苏区中央局还决定红军主力部队要集中行动，取消红军自筹军费的政策。这一决策完全改变了红军建军以来行之有效的传统，违背了红军"三大纪律八项注意"和《古田会议决议》精神，使临时中央政府财政收入的主要来源被切断，同时又将供给红军经费的负担加在财政和货币发行的肩上。在庞大的军费压力下，财政不得不采取紧急措施，于1932年7月和11月两次发行"革命战争短期公债"，共170万元；同时提高税率，以增加收入。但是，尽管如此也难以弥补巨大的开支，于是财政在银行的透支不断上升，银行则以扩大货币发行来应付，财政性发行愈演愈烈。到1932年底，纸币发行量达到65.6万余元，而其中财政透支就有56.4万元。为了保证兑现，银行不得不动用了发行准备基金。

进入1933年后，红军总政治部看到了政府财政困难的情况，于该年1月发布训令恢复主力红军筹款的任务，但在王明"左"倾机会主义领导下对此并未及时部署执行。这时银行掌握的银元现金已十分紧张，时常发生挤兑或临时停兑事件。市场上日用消费品价格昂贵，有的地区出现粮荒。临时中央政府即于同年2月成立国民经济委员部，统抓农业、手工业和对外贸易，动员掀起经济建设热潮，打算通过发展经济解决当时的困难问题。银行则与外贸、合作社等单位合作，大力组织商品供应市场，出口钨砂等物资换回银元。但是，生产和贸易有一定的周期性，难以解决即时性的问题。这样，纸币自由兑现的局面也只勉强维持到3月份。从4月份起，苏维埃政府放弃了自由兑现政策，开始实行现金管理，要求各级政府机关、群众团体、企事业单位将收到的银元一律通过银行兑成纸币，其一切开支必须使用纸币，不准自行动用银元现金。同月，财政人民委员部发布训令建立现金出口登记制度，限制银元外流，实行有控制的兑现。但是，财政透支继续增加，纸币发行继续攀升，到同年8月底，纸币发行量已高达200万元，苏维埃国家银行不得不对纸币全面停兑。停兑前后，中央苏区物价迅速上涨，几个月内谷价上升了3倍多。

1933年8月到1934年10月纸币停兑期间，苏维埃国家银行货币发行面临着以下四方面情况：

1. 1933年9月，国民党调遣百万大军发动对中央苏区的第五次"围剿"。中共临时中央在"左"倾机会主义控制下，错误估计形势，放弃过去几次反"围剿"战争中行之有效的积极防御方针，提出"御敌于国门之外"口号，以阵地战代替游击战、运动战，与敌人拼消耗。结果战事节节失利，中央苏区土地面积逐步丧失，以致本已过分膨胀的纸币拥挤在越来越小的流通区域，货币流通量大大超过货币容纳量，纸币币值更加低落。

2. 在内政方面，"左"倾机会主义为了应付失利的战争，在苏区发动了广泛的"扩红"运动①，动员大部分青壮年参了军，众多妇女和老人也参加担架队、运输队上了前线。同时，1933年6月起在农村开展了"左"的查田运动②，不仅引起相当多的农民外逃，而且把正当商人也当做土豪来打，还对私商实行高税率政策，使得苏区内私营商

---

① "扩红"运动是指为扩充红军部队而动员苏区群众参军参战的运动。1933年8月到1934年7月共扩招新兵11.2万人，苏区百分之七八十的青壮年都参了军。

② 1933年6月开始土改"查田"运动，划分阶级扩大化，侵犯了中农甚至贫农的利益，并波及城镇工商业，促使农、工、商人员和劳动力大量外流。

业、进出口贸易基本绝迹，结果造成了苏区劳动力极度缺乏，农业、手工业生产被削弱，市场工商业凋敝。此外，靠财政供给的脱产人员猛增，到1934年5月，红军和脱产的工作人员达到30余万人，而苏区人口却从450万人下降到300万人。经济下降，财政收入减少、支出增加，促使货币发行进一步扩大。

3. 党和政府内持正确观点的有识之士，针对某些极"左"政策也采取了一系列补救措施。如1933年8月纸币停兑后，临时中央政府即于8月9日召开第47次人民委员会议，加强了国民经济委员部的领导，随后在同月25日的训令中批评过去财政机关的工作"没有坚持正确的方针"。9月15日第49次人民委员会议又决定实行"新的财政计划"，要求苏维埃国家银行执行独立的货币政策，有计划地发行货币。临时中央政府还颁布了《发行经济建设公债条例》，于1934年2月完成300万元公债的认购。1933年11月以后，临时中央政府还以动员会、发训令等多种方式，提出"节省每一个铜板为着战争和革命事业"的口号，开展了群众性的节省运动，各级党政干部和前线士兵为了减少财政支出都自觉地过着极其艰苦的生活。[①] 临时中央政府还抓了农业、工业生产和内外贸易工作，尽可能增加市场商品供应。在持正确观点的领导干部的努力下，苏区广大

---

① 节省运动中存在许多可歌可泣的事例，一些脱产干部从家中自带口粮去办公，住机关的一日三餐改做一日两餐，节约下来的口粮支援前线。中央机关人员1934年4~7月共节省行政费用130万元。

工农兵群众和干部作出了极大牺牲,在一定程度上减轻了货币发行的压力。

4. 在正确与错误的两种思想、两条路线对垒中,"左"倾机会主义占据了上风。1934年1月中旬,中共临时中央在瑞金召开了六届五中全会,提出了四个极"左"主张,"把以王明为代表的'左'倾冒险主义发展到了顶点"。[①] 随后,1月22日至2月1日,中华苏维埃第二次全国代表大会(以下简称"二苏大")也在瑞金召开。会上毛泽东代表中央执行委员会和人民委员会作报告和结论,总结了两年多来苏维埃运动的经验和教训,批评了各种极"左"的做法,提出了正确的经济建设方针和政策,其中关于货币工作,强调了"货币发行必须适应市场需要"的原则。两个会议、两种观点和政策路线针锋相对,斗争中由于"左"倾机会主义把持了党中央的领导,"二苏大"的各个决议案都未能得到贯彻执行,持正确观点的毛泽东等人也被排挤出领导层。然而,"二苏大"的影响力还是有的,例如湘赣根据地的代表回去后即根据会议精神总结了过去的教训,采取了不少纠正措施,只是由于时间太短了,这些措施还未来得及发挥效用,就在国民党强大军事压力下退出了根据地。

苏维埃国家银行的货币管理工作,在上述四个方面因素的综合作用下,突出的表现就是急速地扩大纸币的发行。

[①] 参见中共中央党史研究室:《中国共产党历史》,上卷,379页,北京,人民出版社,1991。

为了满足发行的需要，印制钞票的中央印刷厂不得不日夜加班加点，甚至顾不上维持钞票的印制质量。印钞的原材料也出现了紧缺，因而不得不降低质量和技术条件要求。从现在我们看到的1933年底到1934年印制的苏维埃国家银行纸币实物来看，其特点是纸张薄、纸质差，票券正面图案油墨透过票背，从钞票背面能看到其正面的文字，背面图景混淆不清。结果到1934年10月红军退出中央苏区时，纸币发行总额已高达800万元，在一年零两个月时间内流通区域日益缩小的情况下，纸币发行猛增3倍，导致了物价飞速上涨，币值不断低落，市场上公然拒用或折价使用苏维埃国家银行纸币的现象时有发生。苏维埃国家银行纸币的上述经历，也对后来抗日战争和解放战争时期各根据地的货币管理决策起了一定的警示作用。

第五章　中国革命根据地的金银管理与外汇管理

为了保障根据地金融的稳定，维持革命根据地货币对当地货币流通市场的统一，各个根据地政府都对金银和外汇实行了严格管理的政策。在根据地处于被敌人封锁包围的环境下，根据地对金银和外汇的管理，实际上蕴含着经济金融领域复杂而激烈的对敌斗争，甚至有人说这种货币斗争是一场对敌人持久的没有硝烟的战争。

第一节　革命根据地的金银管理

根据地的金银管理主要包括金银收购和银元管理两项工作。金银收购的对象主要是生金、生银、金银首饰、金银器皿和银元等。各根据地政府都规定，对上述金银及金银制品可以私人保存，但不得作为货币或交换媒介使用和流通，不得私相买卖、携带出口。政府鼓励人们将其卖给根据地银行，各根据地银行则设有金银收买处、兑换所等收购网点。收购价格各地不一,且多无资料记载。据了解,土地革命时期闽浙赣省苏维埃银行闽北分行收兑银两的价格为:成色好的银两,每1两5钱兑根据地货币1元;成色较差的每2两兑根据地货币1元。而根据地货币1元与银元等值。银行收购来的金银,主要用于充实货币发行基金、制作银元、支持外贸进口等。

根据地对银元的管理工作,可分为允许流通和禁用两个阶段。

一、允许银元流通时期的管理

农民协会和土地革命时期革命根据地货币以银元为本位,银元是货币流通市场的主币,因此是自由流通的。但是这两个时期根据地区域狭小,又处于被分割包围之中,银元数量有限、来源闭塞,所以各个根据地都采取了限制银元外流、增补市场银元筹码的政策措施。根据地政府运用社会力量开展宣传工作,鼓励人们用银元现金兑换根据地纸币兑换券使用,还发动党员和机关团体带头兑换和使用兑换券。闽西工农银行、川陕省苏维埃银行还举办陈列金银珠宝的展览,宣传苏维埃纸币准备基金充足,并具有使用方便等优越性,起到了很好的效果。土地革命后期,一些根据地政府以法令形式实施了限制银元外流的现金管理办法。如中央苏区1933年4月颁布了《现金出口登记条例》,规定苏区外商人来贩卖货物后要带银元20元以上出境的,必须在相关政府部门登记,取得现金出口证后才许出境，无出口证的现金银元一律没收；用银元到苏区外购货的，必须在规定的期限内购货回来，入境时货价要与原登记现金数核校。有的根据地银行还实行对银元现金只兑进不兑出的办法。这些管制政策措施，实际上是限制银元的自由流通。

二、禁用银元时期的金银和银元管理

1935年11月，国民党政府实行币制改革，从此在全国禁止银元流通，并强制收兑银元。在这样的环境下，各革命根据地也都实行了禁用银元的政策，从抗日战争时期直到解放战争时期。革命根据地实施禁用银元政策是十分必要的，这是因为一方面可以避免银元外流，不被国民党强制收兑，造成损失；另一方面可以巩固根据地货币的本位币地位，抑制和打击金银及银元非法投机买卖，以统一根据地内货币流通市场、保障物价和金融稳定。所以，在抗日战争和解放战争时期对银元的管制是根据地货币管理工作的重要方面。但是，在这两个历史时期，由于战争形势的变化，政治、经济环境的变迁，根据地政府对金银和银元的管理，在抗日根据地和解放战争初期的老解放区，与解放战争后期的新解放区，特别是大中城市还有一些不同，现分别介绍如下。

（一）抗日根据地和老解放区的金银和银元管理

这一时期管理的特点是，对金银和银元在坚决执行禁用政策的原则下，采取禁用与暂缓禁用相结合以促进人民群众改变货币使用习惯的渐进做法，最后达到全面禁用的目的。

以晋察冀边区为例。1938年晋察冀边区银行成立，晋察冀边币在发行之初即定为不兑现的信用货币性质，明令禁止金银和白洋（即银元，下同）私相买卖和流通。1938年6月，为了制止银元外流，冀中行署发布了关于禁运白银出境的训令，严禁携带银元出境，如有带银元到境外购货的，则必须到银行兑换成法币。但是，在北岳地区的雁北、晋东北、察南等地，由于地处高寒山区，交通闭塞，经济落后，在小农自给经济下市场交换活动少，群众购买力低下，加之过去遭受封建剥削与纸币膨胀剥夺之苦，人民养成喜用白洋憎恶纸币的风气，一时难以改变，所以边区政府仍准许这些地区白洋继续流通。

1945年以后，边区形势好转，根据地连片发展，金融、贸易也有较大发展，晋察冀边区行政委员会为了进一步贯彻禁用白洋的政策，彻底实现边币一元化，于1945年4月发出《关于禁止使用白洋的指示》，在边区对使用白洋划分为禁用、暂准流通、混合流通三类地区，规定边区大部分地区为禁用白洋区，冀晋二、五专区和冀察十三专区的部分地区划为暂准白洋流通地区和边（币）白（洋）混合流通区，对不同地区采取不同的政策措施。这些措施有：（1）禁用区，允许个人保存白洋，但不准携带、买卖和流通使用白洋，如欲使用应向银行兑成边币。（2）暂准流通区，允许白洋自由买卖、流通使用，但规定了暂准流通的期限,同时不得拒用边币。(3)混合流通区,在允许白洋流通的同时,公营贸易企业、合作社等单位的交易以及各种赋税必须使用边币,边区银行在市场挂牌兑换白洋,通过兑换比价的调整,打击黑市交易,树立边币威信。(4)加强出入口贸易管理,鼓励白洋进口,不准出口。外出购货需带白洋出境的,必须由贸易行政部门开具白洋携带证,登记后方许出口,回来时须带回边区必需品货物进口查验登记。(5)发展边区生产,保证区内贸易部门有充足货源,稳定边币购买力,发挥边币优于白洋的特性。此后,1946年8月边区银行发布通告,进一步打击金银投机,禁止银元交易,并制定出严厉的罚则。1947年以后,边区逐步扩大,对晋察冀边币行使基础较差的新解放区,一度暂时采取"银边同流"办法(即明禁暗不禁),在"银边同流"中加强边币的流通比重和地位,逐渐削弱使用银元的习惯风气,待边币在行政力量及商贸单位支持下站稳脚跟后,再以收买银元的办法肃清之。

(二)解放战争后期新解放区的金银和银元管理

这一时期管理的特点是,对金银和银元坚决贯彻禁用的政策原则,采取禁用与通过比价斗争打击投机相结合的办法,促进人们手中的银元等迅速收兑,最终达到全面禁用的目的。

解放战争中后期,战事活动多处于外线,大片的国民党统治区变成了新解放区,大批的中小城市甚至大城市被解放。这些地区和城市解放之前,由于国民党货币的恶性通货膨胀，人们多购买银元、黄金或其他物资保值，而不法分子则乘机投机倒把，金银黑市交易盛行，金银价格的上涨带动了其他物价的波动，这种情况一直延续到解放初期。各地人民政府一方面明令取缔金银、银元黑市，禁止金银、银元计价流通；另一方面由银行或公营金店公开挂牌经营金银买卖，规定凡有银元、黄金要出售的，必须到银行、公营金店按牌价出售，不准携带出境。例如在哈尔滨市，1947年7月，针对黄金黑市猖獗的情况，政府公开抛售了黄金一万七八千两，促使黄金价格迅速下跌，引得人们争先恐后售出手中黄金，银行按牌价收兑，投机倒把者亏损累累。如此搞了两次，黄金黑市受到致命打击，从此金银投机活动明显减少。[①] 又如，天津市1949年1月15日解放，军管会于16日即发布布告，严禁一切外国货币和金银、银元计价流通和私相买卖。当时采取的是低价冻结政策，即由人民银行用适当的价格收兑金银和银元，以保证持有少量金银、银元的一般市民的利益，并对投机分子以严厉措施予以查禁。对市内几处重点的金钞黑市予以清剿，并进行经常性的检查。对查缉的案件，分别情况予以教育、强制兑换或惩办。这样，到1949年1月底银元就完全退出了货币市场，3月底实现金价与物价脱钩，从此结束了十多年来金价左右物价波动的状态。1949年上半年，天津市共查获银元案件423起，重大金钞（黄金、美钞）

---

① 参见赵锡安等：《东北银行史》，126页，北京，中国金融出版社，1993。

案 68 件，从而达到全面禁用的目的。①

在打击金银、银元投机的同时，各地人民政府还加强了对私营金店、银楼等从事金银买卖行业的管理。如东北全区解放后，东北行政管理委员会于1949年1月公布实施了《东北金银买卖业暂行管理办法》，规定"金银买卖业者必须每日将营业状况呈报政府指定的东北银行（或国家金店）备查"。②华北人民政府于1949年4月公布了《华北区金银管理暂行办法》，规定"金银饰品业除出售制成品外，不得私相买卖金银，不得收兑金银饰品，并应将所存材料、成品及每日成交情况呈报当地人民银行"。③

第二节 革命根据地的外汇管理

中国革命根据地的外汇管理，与现在我们通常所说的外汇管理有些不同。在革命根据地，所谓的外汇是指根据地以外实际流通的可以通过对外贸易从根据地以外地区交换回有用物资的非根据地货币或以这种货币表示的汇票等支付凭证。这在抗日战争时期主要是国民党法币、国民党地方政府钞票以及日伪货币等，在解放战争时期主要是国民党法币、金圆券、东北九省流通券等，以及美元、港币等外币。

---

① 参见王居庆、朱新天：《天津金融四十年》，86~87页，天津，天津人民出版社，1988。
② 参见赵锡安等：《东北银行史》，239~240页，北京，中国金融出版社，1993。
③ 参见《当代北京金融史料》编写组：《当代北京金融史料》，962页，1988。

第五章 中国革命根据地的金银管理与外汇管理

各个根据地在创建之初,都面临着旧社会遗留的多种旧中国货币并存、相互角逐、混乱流通的局面。为了彻底改变这种局面,以利于支持革命战争、稳定市场金融、促进根据地建设,各个根据地政府和银行在整顿和管理货币流通市场方面主要抓了两项工作:一是印制发行根据地货币,取缔各种杂币,建立统一的根据地货币市场;二是实行外汇管理和管制,利用根据地以内和以外的货币关系,以行政的、法律的、经济的手段,开展有利于根据地经济金融发展的外汇管理工作。对于前者,本书前面有关各章节已作了介绍,此处着重介绍外汇管理和管制方面的情况。

对外汇的管理和管制工作,在当时统称做"货币斗争"。在以往有关根据地货币史的研究中,对根据地货币斗争的范围定得比较宽泛,包括肃清地方杂币的斗争,与日伪货币、国民党货币的斗争,反假币斗争,以及对金银、银元的管理等。关于反假币斗争和对金银、银元的管理工作,我们分别在另外章节予以介绍,此处主要介绍肃清地方杂币,与日伪货币、国民党货币的斗争,以及解放战争后期对外国货币的管理。

革命根据地货币斗争工作,主要有阵地斗争和比价斗争两种方式。阵地斗争,就是通过不断地开辟、扩大根据地货币流通范围,排挤和驱逐国民党货币、日伪货币,肃清地方杂币,使根据地货币成为当地市场交易中的唯一媒介,建立统一的根据地货币市场。这种外汇管理工作,在当时是货币斗争的主要方式。比价斗争,是在根据地货币与外汇、外币的兑换中争夺有利的兑换比率和有意识地提高根据地货币币值来打击外币的外汇管理工作。虽然在军事上、政治上敌我之间始终进行着尖锐的不可调和的斗争，但在经济上敌我地区之间依然存在着千丝万缕的联系，由于人员和商品的流动，双方的货币不可避免地会流出流入，货币流动中必然存在相互兑换问题。比价斗争的实质，就是一方面通过双方货币兑换比价的灵活调整，打击敌方货币，提高根据地货币信誉，扩大根据地货币阵地，削弱和摆脱敌方货币贬值对根据地市场的影响；另一方面配合外贸工作，将收兑的敌方货币运用出去，从敌区以合理的价格购回根据地必需品，输出农产品，保持根据地进出口平衡，提高根据地货币的购买力。

由于各种外汇的性质有所不同，根据地政府和银行对它们在不同时期也采取了不同的政策和斗争手段，下面分别予以介绍。

一、对地方杂币的肃清

各个根据地初建立时，市面上流通的各种地方杂币种类相当庞杂，有国民党地方政府及其银行的货币，大中城市官营、私营的银行、银号、钱庄的钞票、庄票，中小城镇私营商号的市票、号票，地方官僚豪绅发行的各种土杂钞票，等等。这些货币价值不一，杂乱流通，有的还不能相互通用、兑换，有的在很短时间内就贬值成为废纸，百姓深受其害。这些货币实质上是旧社会遗留下的毒瘤，但它们中也有一部分仍在根据地以外流通行使，因此对这部分杂币也可视做外汇。

对于这些货币，各根据地政府都采取了坚决肃清的政策。如农民协会时期各辖区就都采取坚决措施予以取缔，禁止其流通。在土地革命时期，"一苏大"《关于经济政策的决议案》明确规定，禁止私人银行或钱庄发行任何货币，禁止一切土杂币流通。抗日战争时期，各抗日根据地也实施这样的政策，但在政策执行中又增加了斗争的复杂性。到了解放战争时期，由于社会环境的变迁，这些货币已大部分不存在了。

例如，在晋察冀边区，1938年晋察冀边区银行刚成立时，三省交界处的货币相当紊乱，有北平、天津各银行如花旗、麦加利、大中、保商等银行的钞票；河北省的河北省银行钞票、河北官钱局"小票"、城镇私商的"大票"；山西省的盐业、垦业、山西、铁路四银行的晋钞、山西土货券、五台县银号票、五台县支差公债票等；察哈尔省有察南银行钞票（以下简称察钞）等。这些钞票纷繁杂处，又互不通行使用。根据地政府对它们采取了坚决禁用的政策，但考虑到群众利益，对不同的货币又有不同的措施。如晋察冀边币尚未发行时，察哈尔部分地区因日伪已禁用察钞，即决定在察钞上盖戳流通使用。日伪当局见有机可乘，即宣布察钞继续使用，而盖戳者作废，企图破坏根据地金融。此时恰逢我边币开始发行，边区政府宣布坚决禁止察钞流通，以10万元边币收兑了察钞，从而一举在边区肃清了察钞。对于平津各银行钞票和河北各地土杂钞，日伪当局于1938年夏天宣布限期禁用，边区政府即于其限期之前先期禁用，由边区银行收兑后将这些杂币推到敌占区换取物资，从而在短期内肃清了这些杂币。对于山西各种杂币，当地百姓对其已深恶痛绝，边币开始发行时即对其予以坚决肃清。河北省银行钞票（简称省钞）有新、旧版之分，旧版钞为抗战前发行的，因百姓已使用习惯了，边区政府即决定暂准继续流通。新版钞为日寇侵占天津时获得原钞版而大肆印发的，百姓蔑称其为"大红袍"。此币出现后，边区即予以禁用，受到群众拥护。后来，日伪又决定禁用旧版钞，以扰乱根据地金融。边区政府即以先发制人的策略，采取"坡度贬值兑换"办法[①]肃清该钞票，既照顾了群众的利益，又将旧版钞驱入了敌占区，巩固了边币的货币阵地。

二、对日伪货币的取缔

抗日战争时期流通于根据地或与其相邻地区的日伪货币，主要有华北的伪中国联合准备银行货币（简称伪联银券），华中、华东的伪中央储备银行货币（简称伪中储券），上海伪华兴银行货币（简称伪华兴券），东北的伪满洲中央银行货币（简称伪满券），察绥、晋北的伪蒙疆自治

---

① "坡度贬值兑换"办法，是由边区一切公私单位密切配合，对旧版钞兑边币的比价有意识地贬值，从边缘区到核心区，在地理上离边区政府所在地越近的贬值越多，从而促使商人们积极带旧版钞到敌占区购货，而不愿将其带回边区，从而在不满四个月的时间内基本肃清旧版钞。

银行货币（简称伪蒙疆券），以及日本的军票等。日本帝国主义在侵华战争中，在经济方面采取了"以战养战"的方针，日伪政权以滥发各种纸币来掠夺中国人民的资财是其中的一项重要策略，因此这些货币没有任何准备保证可言，不仅使被日寇占领的沦陷区的人民深受其害，而且抗日根据地人民也成了他们的掠夺对象。由于抗日根据地与沦陷区相互接壤、犬牙交错，两区间人们日常生活往来和经济联系不可避免，日伪当局就利用这种联系，将他们的纸币推入根据地，一方面用来抢购根据地的粮食等重要物资，另一方面用来套购当时在根据地还受到保护的国民党法币，利用法币的国际汇兑关系换取外国货币，在国际市场收购战略物资，以支持他们的侵略战争。对于日伪货币，各个抗日根据地从一开始就明确地实施了坚决予以取缔和禁止流通的方针，采取了政治上打击、行政上禁用、经济上迂回驱逐等多种手段与之斗争。例如，在晋冀鲁豫边区，1938年日伪联银券刚一开始发行，边区就公布实施了《打击伪联合准备银行币的具体办法》，在政治上公开宣传和揭露其"以战养战"掠夺中国人民财产的阴谋，在行政管理上明确规定禁止其流通使用。但是，由于在接壤地带两地人民的经济联系不可能断绝，为了照顾当地百姓的利益，又采取了多种经济手段予以打击、驱逐。一是针对敌人对粮食的抢购，在粮食价格上实行管制，采取不同币种购粮区别定价的办法，即用日伪币购粮就价格高而且不断上涨，用冀南币购粮则价格低而且稳定，将日伪币逐出购粮领域。

二是实行统制贸易，对外贸以冀南币为本位币计价，在游击区、敌占区建立货币兑换所，把冀南币打入这些地区。由于冀南币价值高且稳定，商人们在市场上往往公开买卖货物而暗地以冀南币计价付款，有效地打击日伪币。三是在必要的地区建立以冀南币为主的混合流通市场，使人们觉察到交易中使用日伪币吃亏、使用冀南币合算，通过这些办法，流进来的日伪币很快又被驱逐出去了。

1945年抗日战争胜利后，日伪货币已失去其政治基础，本已是废纸，但作为胜利者的国民党政府却公然出面维持日伪币的流通。如在华北地区，他们一方面公开宣传伪联银券继续合法流通，还提高它的价值；另一方面又增发和把已收回的伪联银券再发行出来，并将其中大部分推到根据地抢购物资。晋察冀边区发现这一问题后立即发出布告限期禁用伪联银券，将群众手中的伪联银券集中起来到国民党统治区购买货物，既保护了群众利益，又肃清了伪联银券。

在东北，日伪货币有日本银行金票、朝鲜银行金票和伪满券等，以伪满券为主。抗战胜利后，刚刚解放的解放区人民群众手中还有大量伪满券，东北人民政权从维护群众切身利益出发，对伪满券采取行政上规定停用与经济上利用价格机制相结合的办法，将其逐次驱逐出根据地以外。具体做法是，在南满、通化、安东一带先行停用伪满券百元券，而十元以下小额券可继续流通；在北满先由解放区后方各省如合江、黑龙江、嫩江等地公布以七折或八折贬价行使，以后逐渐加大贬值折扣到五折；而哈尔滨仍规定伪满券与根据地货币等值行使，从而促使伪满券流向哈尔滨，哈尔滨市政府则组织商人将流入的伪满券拿到国民党统治区换购花纱布等日用必需品运回解放区。这一做法在当时称做"赶绵羊"斗争，因伪满券百元票背面图景是一群绵羊，人们俗称它为绵羊票。靠近国民党统治区的吉林、辽东、辽西等地，也采取逐次折价办法将伪满券挤向尚未解放的长春、沈阳。当这些办法产生明显效果后，东北行政委员会于1947年1月15日颁发布告，明令全区禁止各种券别的伪满券流通。至此，伪满券在东北解放区全部肃清。

三、对国民党货币的斗争

流通于根据地内外的国民党货币有法币、关金券、金圆券、东北九省流通券，以及南方的银元券等，以法币与根据地货币关系最为密切。在其十二年多的流通过程中，法币与革命根据地货币结下了不解之缘，经历了有联合更有斗争的曲折发展道路。

1935年到1937年全国抗日战争爆发之前，在当时仅存的陕甘陕北根据地，法币是作为敌币禁止流通的。1937年"七七事变"后，在抗日民族统一战线的旗帜下，法币在陕甘宁边区作为合法的本位币开始计价、流通。1937年到1939年，全国各个抗日根据地陆续建立。各根据地创建之初，根据地货币尚未发行或刚开始发行之际，在排除各种地方杂币、取缔日伪货币的同时，多以法币为主币，或根据地货币与法币挂钩以固定 1:1 的比价混合流通。当各根据地货币站稳脚跟、巩固了流通中的地位后，实行以根据地货币为本位币的制度，同时采取"维持法币"的政策[①]，对法币实行外汇管理或允许法币在根据地有条件地流通使用。1940 年以后，国民党不断制造事端并掀起反共高潮，与此同时，日本帝国主义利用法币的汇兑本位关系，处心积虑地运用各种手段从抗日根据地大肆收买法币，用以套取外汇在国际市场购买战争物资，因此，1940 年到 1941 年期间，各个根据地都实行了保护法币的政策，分别采取了各种限制性措施，如停止法币在根据地内流通，但允许私人持有保存，用以缴税或兑换成根据地货币使用，对外则严禁法币出境，堵塞法币流向沦陷区的各种渠道。1941 年 12 月，日本发动了太平洋战争，法币对它已失去套取外汇的作用，于是日伪当局就集中大量法币，以贬值 10%～20% 的价格向根据地倾销法币，企图以不值钱的法币从根据地抢购有用的物资。各个根据地则针锋相对地宣布不再保护法币，实行了在根据地内严格禁止法币流通使用的措施，在对外贸易上对法币采取比价斗争方式进行外汇管制，并创造条件用各种手段将法币排挤出境。抗日战争胜利后国民党发动了内战，各个根据地对法币仍采取了坚决禁用，积极排挤、打击的方针。但是随着解放战争的胜利进展，新解放区又带来了大量法币问题。新区人民政府和银行在

[①] 参见姜宏业：《中国地方银行史》，803 页，长沙，湖南出版社，1991。

明确宣布禁止法币流通的同时，为了照顾人民群众的利益又采取灵活策略以各种方式将法币驱除和排挤出去，如组织商人等携带法币到国民党统治区换回必需的物资。1947~1948年，法币出现恶性通货膨胀，各解放区为了避免受其剧烈贬值的损失，都停止了法币进出口登记和收兑工作，银行取消挂牌，要求法币只出不进，在外贸上实行兑货制（以货易货）而不使用法币，或采取"包封出口"①的办法，集中将法币排挤出境外。

值得一提的是，法币在陕甘宁边区的地位比在其他抗日根据地的地位更为特殊，其货币关系更为复杂。1935年10月，中央红军到达陕北，随即开始发行苏维埃国家银行西北分行币（简称西北分行币）。同年11月国民党法币开始发行，苏维埃临时中央政府西北办事处明令禁止法币在根据地内流通。1936年2月，在陕北的东北军不愿内战，要求抗日，与红军签订停战协议，开辟了双方商品交易市场。西北分行在交易市场设立票币兑换处，开展西北分行币与法币的兑换业务，受到双方军民的欢迎。"七七事变"后，1937年8月，根据国共两党协议，抗日民族统一战线成立，国民党政府答应以八路军、新四军军饷形式供应法币，陕甘宁边区政府则限期回收西北分行币，在边区范围内实行以法币为本位的货币制度，从此法币在边区合法流

---

① "包封出口"办法，是指根据地政府鼓励持有大宗法币的商人或居民个人，经工商局批准，把成批的法币封包、盖印，领取出口证明，由群众自行将其整体携至国统区换回物资。

通。但是，在执行中国民党无视协议的规定，经常不按时足额提供法币筹码，而且提供的多为大额票券，极少有辅币，造成边区辅币奇缺，市场交易找零困难，有的不得不用邮票、火柴等代替辅币，有时交易中甚至辅币价值高于主币价值。据此，陕甘宁边区银行以延安光华商店的名义发行了代价辅币券，仍以法币为主币，解决了市场交易困难，也打破了不准边区自行发行货币的限制。1940年以后，国民党反动派积极反共、消极抗日，多次掀起反共浪潮。1940年11月，国民党悍然停发八路军、新四军军饷，阻断了边区的法币来源，边区银行不得已开始增发面额柒角伍分的光华券以勉强应对。"皖南事变"后，国民党对陕甘宁边区实行军事和经济封锁。边区政府在经济极端困难的情况下，于1941年2月决定废除法币本位制，停止法币在边区流通，发行陕甘宁边币，并以该币为本位计价、流通。对法币出口实行管制，进行比价管理。但此时日伪大量吸收法币甚至动用货物大量套取边区法币，致使法币比价上升，影响边区物价波动。边区政府在中共中央指导下，大力组织运送食盐和土特产品等境外所需货物出口，以平衡进出口贸易，同时边区银行又广泛设立货币交换所，尽量将边区人民持有的法币兑成陕甘宁边币，扩大陕甘宁边币流通范围，使金融市场渐趋稳定。太平洋战争爆发后，1942年日伪变吸收法币为贬值抛售法币，促使流通中法币的膨胀进一步加剧。于是国民党政府发布战时管理出入口物品条例，不准国统区向陕甘宁边区出口边区所需物资，加紧经济封锁，并动员国统区军民用大量法币从边区进口他们所需的食盐等物资。两股法币逆流冲向边区，1942年7月边区的外汇又出现法币存量过多、需求量减少的迹象。于是边区政府及时采取调整汇率的策略，先边境地区后延安地区逐步提高陕甘宁边币比价、降低法币比价，促使法币流出境外或兑成陕甘宁边币，从而边区金融市场才又保持了基本稳定。1943年，边区一度实行边币与法币固定汇率制度，结果一时间法币黑市盛行，物价上涨。同年12月，边区外汇管理上对法币改为灵活掌握的浮动汇率制度，灵活调整比价，适时吞吐法币，加之在边区开展大生产运动，经济实力增强的大背景下，对外贸易实现了平衡，边区内金融市场也保持了基本稳定，一直维持到抗日战争胜利。

四、对苏联红军票的收兑

1945年8月8日苏联宣布对日本作战，8月9日出兵中国东北各省和内蒙古。为了保证苏联红军后勤供应，根据苏联政府与中国国民政府签订的《中苏友好同盟条约》中关于苏军在中国东北等地作战期间可发行货币购物，事后由国民政府负责收回的规定，发行了苏联红军司令部钞票，当地百姓俗称其为红军票。此事已由国民党政府东北行营经济委员会主任张嘉璈正式公告周知，并要求东北地区军民遵行。1946年5月，苏联红军开始撤离中国，而红军票继续在东北、内蒙古各地流通。苏联红军票前后共发行了97.25亿元，有中文版和朝鲜文版两种版别，面额有壹圆、伍圆、拾圆、壹佰圆4种。据1946年有关资料统计，此票流通于解放区的约有30亿元，其余的在国民党统治区流通使用。按条约规定，此票本应由国民党政府负责兑换收回，但他们违背承诺，突然于1946年8月1日发布命令，从8月10日起禁止苏联红军票百元券在市面上流通，要求持有者于10日到20日将该券缴存指定银行，缴存时只可兑换1/10的国民党中央银行东北九省流通券，其余作为不计息存款，另定兑换日期。这种做法实际上是不再兑换，并企图促使大量的苏联红军票涌向解放区。对于如此坑害百姓的行径，东北民众的抗议行动此起彼伏、连连不断。东北解放区东北行政委员会对此立即于8月2日采取对策措施，紧急命令各地暂时停用苏联红军票百元券，听候处理，10元以下票券继续流通使用。内蒙古兴安省政府也于8月12日发出相应的布告，予以执行。东北嫩江省政府还训令各县、区对该券组织村民登记、封存、汇兑上缴，鸣锣晓谕各户不再收受此券，以免因从国民党统治区涌入的此券而吃亏。旅大地区当时还有苏联驻军，为防止苏联红军票百元券和伪满券从国民党统治区流入，1947年5月，苏军方面决定在两种票券上加贴小票，由关东银行和苏联远东银行大连支行负责按年龄段对居民限量兑换。此后，未加贴小票的此两券禁止流通使用。1948年11月，关东银行发行关东券时，即将此加贴券收回。1949年东北地区全境解放，对市场流通中的货币进行整顿，东北行政委员会于该年8月公布了苏联红军票登记办法，限8月份一个月内登记完毕，旅大地区的贴票券不在此列。1949年12月7日，东北人民政府公布苏联红军票兑换办法，由东北银行负责按苏联红军票1元兑东北银行地方流通券30元的比例兑换。此票于12月10日到31日收兑完毕，群众反映很好。同期，内蒙古人民银行也发布了兑换红军票的办法，以苏联红军票1元兑内蒙古人民银行新蒙币30元的比价收兑苏联红军票，于1949年12月底收兑完毕。至此，拖延了四年多的苏联红军票问题得到圆满解决。

五、对外国货币的管理

早期革命根据地的流通市场，很少涉及外国货币或外汇票据。抗日战争时期国际友人的捐款或汇款，也大都在国民党统治区兑换成法币通过八路军西安办事处汇至延安。只是在解放战争后期，一些大城市还有解放前遗留下来的外国货币和在华南少数根据地混合流通的港币。现对这两方面情况，分别予以简要介绍。

（一）大城市初解放时对外国货币的管制

1949年流通于刚刚解放的大城市的外国货币主要是美元（当时称做"美钞"，或与黄金并称做"金钞"）和港币。美钞主要流通于上海、天津、北平、武汉等地，港币主要流通于广州以及华南各地。据估算，截至1949年全国解放前夕，在中国大陆流通的美钞约3亿美元，港币约5.8

亿港元。①

为了维护新中国独立自主的货币制度和正常的货币流通秩序，各地人民政府分别相应制定了外汇管理办法，采取了断然措施。一是坚决取缔外国银行在中国发行货币的特权，禁止一切外国货币在中国市场上流通和私相买卖。凡持有外国货币或外汇票据者，必须在规定的时间按规定的牌价到中国人民银行或其指定的机构兑换成人民币，或作为外币存款存入人民银行，提取时须按外汇管理办法处理。二是坚决取缔外国银行垄断中国的外汇经营权，规定一切外汇业务，包括国际贸易结算、国际汇兑、外汇买卖等，都须由中国人民银行或其指定机构办理，外商银行经过批准可以作为代理外汇银行。三是坚决取缔和打击外币黑市交易，对有关外币买卖等违法行为，采取没收或强制兑换办法予以严肃整顿。与此同时，各地还在社会上加强了禁用外币的宣传教育；中国人民银行修订了外币存款办法，准许外币存款户将其存款移做自备外汇或按侨汇优待牌价支取人民币，鼓励人民群众将持有的外币送存银行。通过以上措施，外币收兑工作进展顺利。例如，天津市到1949年底兑入美钞103.8万美元、港币99.75万港元，连同其他外币折合120万美元。② 上海兑入758万美元、149万港元，吸收各种外币、外汇存款共计1 242万美元、572

---

① 参见尚明：《当代中国的金融事业》，47页，北京，中国社会科学出版社，1989。

② 参见王居庆、朱新天：《天津金融四十年》，88页，天津，天津人民出版社，1988。

万港元、65万英镑。广州人民政府在大张旗鼓地开展禁用港币宣传的同时，于1949年10月还采取压低兑换比价的办法使大量港币回流香港，保证了禁用港币措施的推行。①

（二）华南部分根据地对港币的管理

解放战争后期，在1949年元旦前后，人民解放军在华南已建立了粤赣湘、闽粤赣、琼崖、粤桂边、粤中、桂滇黔6块根据地，其中闽粤赣和粤赣湘两根据地对港币采取了外汇管理措施。

在闽粤赣边区，裕民银行于1948年在潮汕大南山根据地成立，裕民银行流通券（简称裕民券）于1949年2月开始发行。当地政权机构潮揭丰行政委员会曾颁发布告和条例，规定本解放区各市镇工商贸易一律以裕民券为单位，"严禁外币在市面上流通，所有外币买卖须向裕民银行照价兑换"。但裕民券发行之初，物质条件极为困难而港币广泛流行，为了树立本币信誉和活跃经济，一度曾规定进出口商可以自由兑换港币，缴税和部队销售缴获物资时也可以接受港币，规定兑换比价为2元裕民券兑1港元。实际上是容许了港币与裕民券按固定比价混合流通，并自由兑换。② 这一做法效果很好，基本打消了群众的疑虑，既打破了国民党军的经济封锁，又使得裕民券的流通范围迅速扩大开来。后来，解放战争形势发

---

① 参见尚明：《当代中国的金融事业》，47页，北京，中国社会科学出版社，1989。

② 参见吴平：《华南革命根据地货币史》，60页，北京，中国金融出版社，1995。

展很快，潮汕的大北山区、大南山区和南阳山区已连成一片，并与相邻的兴梅、东江解放区连接起来。于是裕民银行在1949年6月发布新的贸易条例和结汇条例，收紧了外汇管理政策，规定进出口商用汇必须经银行审批；外汇票据须在有担保的条件下卖给银行，再由银行委托公营贸易公司从外地领款结账；侨汇由侨批商送银行兑成裕民券后再交给侨眷。1949年7月，华南解放区的南方人民银行成立，同时开始发行南方人民银行币（简称南方券），并统一为全华南解放区的区域本位币。同年8月，潮梅人民行政委员会发出布告，以南方券1:1的比价收回裕民券，禁止港币、其他外币及金银流通，裕民券与港币的关系也随之终止。

在粤赣湘边区，1949年2月，东江重镇河田解放。当时由于国民党金圆券急剧贬值而被群众拒用，当地虽有港币流入，但因面额太大也不适用，于是市场上以物易物盛行，私商发行的没有保证的"本号票"、"白票"等杂币也到处流行，货币流通相当混乱。针对以上情况，1949年3月河田镇政府经上级批准试发行油印的河田镇政府角票（简称河田券），规定可与港币固定比值兑换，比价为河田券2元兑港元1元，在陆丰县境内流通，受到群众欢迎。1949年5月，新陆银行在河田镇成立，在总结河田券试行经验的基础上发行了新陆银行流通券（简称新陆券），有主币、辅币共6种面额，禁止各种杂币和外币流通。对于港币，则实行在积极收兑的同时暂准有限制地流通政策，规定兑换比价为新陆券2元兑港元1元,要求税站收兑港币只进不出。1949年9月,新陆券由南方券陆续收回而停止流通,港币在当地市场也已清理完毕。

第六章 中国革命根据地反假货币的斗争

假币在根据地的出现,不仅是某些投机分子牟利犯罪的手段,而且是敌人破坏根据地经济惯常使用的手段。因此,自土地革命直至解放战争结束,革命根据地反假货币的斗争一直不断,各个根据地政权组织和银行都把反假货币斗争作为一项重要工作来抓。

第一节 革命根据地出现假币的概况

自土地革命时期开始,革命根据地的假币问题一直是困扰根据地经济的一大祸害。从现有零散的极不完整的资料来看,大约有22个大小根据地的货币和全国性第一套人民币出现过假币,其数量至少有137种以上,涉案金额高达87亿元以上。其中,土地革命时期有5个根据地,出现过7种以上假币;抗日战争时期有11个根据地,出现过51种以上假币;解放战争时期有6个根据地以及全国性的人民币,出现过85种假币(见表6-1)。

第六章 中国革命根据地反假货币的斗争

表6-1 革命根据地破获假币案情一览表[①]

时期	根据地	发案时间	作案人	币种或版别数	涉案金额	备注
土地革命时期	湘鄂西	1930年	小学教员	1		假根据地纸币
	湘鄂赣	1931年	私商	1		假根据地纸币
	鄂豫皖	1931~1932年	国民党当局	多种		假根据地纸币
	中央苏区	1933年	国民党当局	2		假根据地银毫
	川陕	1934年	私商	3		假根据地纸币、钞版
抗日战争时期	豫皖苏	1940年	职员、日伪当局	3	100余元	假根据地纸币
	苏中	1940年	日军参谋部	3	500余万元	假法币
	晋冀鲁豫	1940~1945年	日伪当局	30多种	6860余万元	假根据地纸币,破获印制机构十余处
	晋察冀	1941~1945年	日伪当局	多种	6860余万元	假根据地纸币
	陕甘宁	1942年	国民党	多种	6860余万元	假根据地纸币、钞版
	淮海	1942年、1944年	日伪当局、私商	2	500元以上	假根据地纸币、钞版
	盐阜	1942年、1944年、1945年	日伪当局、私商	9	500元以上	假根据地纸币、钞版
	豫鄂边	1942~1943年	日伪当局	2	500元以上	假根据地纸币、钞版、假法币
	皖江	1943年	私商	多种	500元以上	假根据地纸币
	淮南	1943年	日伪当局、私商	2种以上	500元以上	假根据地纸币
	淮北	1944~1945年	日伪当局	多种	500元以上	假根据地纸币

续表

时期	根据地	发案时间	作案人	币种或版别数	涉案金额	备注
解放战争时期	晋冀鲁豫	1945~1949年	国民党当局、私商	多种	70余亿元	假根据地纸币、钞版，破获印制机构
	晋察冀	1945~1949年	国民党当局、私商	40种以上	14余亿元	假根据地纸币、假法币、作废法币
	华中	1946~1948年	国民党当局、私商	6种	14余亿元	假根据地纸币
	晋绥	1947~1948年	国民党当局、私商	2种	14余亿元	假根据地纸币
	东北	1946~1947年	国民党当局、私商	10种	250余万元	假根据地纸币、钞版、假苏联红军票
	华南	1949年	国民党当局	7种	250余万元	假根据地纸币
	人民币	1948年~1955年	国民党当局、私商	20种	2.25亿元以上	假根据地纸币、钞版、假美元，破获印制机构

注：① 本表资料极不完整，相当多的案情缺乏数字资料，还有一些案件未曾收录，故仅供参考。

资料来源：根据《现钞货币运行概论》、《晋察冀边区银行》及中国革命根据地货币史丛书相关各卷资料整理。

以上的统计是极不完整的，大大低于实际发案情况。然而即便如此，也足以说明假币问题在当时的严重性。

根据地的假币问题，综合来看，大体有以下几个特点。

一、随着根据地的扩大,假币问题越来越严重

从革命根据地发展的四个时期看,根据地越发展扩大,对敌斗争越激烈,假币问题就越严重。从现在掌握的资料看,农民协会时期没有发现假币问题;土地革命时期,14个根据地中只有5个根据地出现假币问题,且多是个别人作案,造假的数量也较少。抗日战争时期,假币问题日益严重,团伙作案多了起来,甚至日伪当局和国民党当局公然作案,造假贩假不仅数量多而且币种版别也较复杂,甚至日寇从国外制作运进假币。解放战争时期,假币问题进一步加剧,国民党当局有组织、有计划地制造、贩运、推销假币成为假币问题的主要方面,假币的数量、金额巨大,流窜范围扩大,种类、版别更多样化,甚至包括了假外币。

二、假币的种类、版别繁多

从货币形态看,既有纸币也有硬币。中央苏区苏维埃国家银行的贰角银毫,就曾出现过铜质假硬币,但当时纸质假钞票还是假币中的多数。从货币种类看,几个较大的抗日根据地和解放区的货币都出现过假币,如晋察冀边币、冀南币、北海币、西农币、华中币、东北地方流通券、中州币、南方券等。有的币种不仅多个面额票券被造假,而且一种面额票券还有多种假版别,例如晋察冀边币耕牛版伍佰圆券竟出现了16种版别的假钞。造假币的范围,除了

假造根据地货币外，在晋察冀、华中等地还出现过日伪造的、国民党自己造的假法币，国民党当局还向根据地推出他们已明令作废的过时法币；在东北还出现过假造的苏联红军票；全国解放初期还出现过假的美元。

三、假币的来源复杂

从发案情况看，假币的主要来源有两个方面，一是投机犯罪分子造假，二是犯罪团伙造假贩假，后者比前者更为严重。少数不法分子出于个人私利投机，铤而走险制造假币投入流通使用，这些人多数是不法商贩，但也有个别利欲熏心的教员、职员等。但总的来看，团伙造假是根据地假币的主要来源。抗日战争时期，日伪当局及其特务机关公然设立制造假币的机构，成批地印制假币，组织人员运进根据地进行破坏，套购物资。如在晋冀鲁豫地区，1940年底日军在对根据地进行"年关扫荡"和经济封锁的同时，即开始向根据地抛放冀南币假票。1942~1943年，更变本加厉在根据地周围设立印制和推销假票的机构，仅太原、榆次、太谷等地由特务机关东兴公司印制的假票就有6 000多万元；在冀南区大名县以南的根据地内，流通中的假票一时竟占市场货币流通量的70%以上。到抗日战争结束时，在晋冀鲁豫地区，日伪制造和抛放的假票有30种，假票印制机构有十几处，分布在天津、太原、石家庄、安阳、徐州、开封、济南、新乡、集宁、武安、邢台、邯郸等地。①在华中地区还发现，日军参谋本部在日本本土专门设有研究假造中国货币的机构和人员，1940年，他们曾成批假造了中国农民银行壹圆、伍圆、拾圆券法币500余万元，从日本运到中国，由他们的特务机关打入沦陷区和抗日根据地市场，用以抢购物资和套购真法币。②解放战争时期，国民党政府国防部、"剿总"、地方党部及其特务机关取代了日伪制假贩假的地位，他们的制假机构更加普遍，制假贩假的手段更加复杂、多样化，并将假币猖狂地推向解放区。如在晋冀鲁豫，1947年安阳的一个军统特务印刷点，每天印制冀南币假票800多万元，当年一年就印了20多亿元；太行区发现，1947年六七月间，国民党决定由中央银行印刷厂负责印刷根据地货币假票，仅运往新乡的冀南币贰佰圆券、伍佰圆券假票就有50亿元。③在晋察冀，1945年4名国民党特务以商人名义携带北平印制的假晋察冀边币14亿元，在容城集上大量收买布匹、棉花等物资，一时引起市场物价剧烈上涨。④山东解放后，国民党特务机关发给他们隐藏在胶南的匪特2亿元假人民币做活动经费，用以扰乱

---

① 参见张转芳：《晋冀鲁豫边区货币史》，上册，109~110页，北京，中国金融出版社，1996。

② 参见江苏省钱币学会：《华中革命根据地货币史》，第一分册，53页，北京，中国金融出版社，2005。

③ 参见赵宁夫：《中原革命根据地货币史》，203页，北京，中国金融出版社，2005。

④ 参见河北省金融研究所：《晋察冀边区银行》，185页，北京，中国金融出版社，1988。

解放区金融秩序。① 此外，国民党还不知羞耻地自己假造自己的法币和抛售已作废的法币票券到根据地抢购物资。

四、假币作案的手段隐蔽而狡猾

敌人在根据地内和边沿地区推行假币的方法是多种多样的，如在边沿地区以假币高价收买物资，在游击区以低价利用投机商人将假币带进根据地，在经济闭塞地区以假币优惠价兑换真票，或真假票混合使用。贩运假币的方法更加隐蔽，如1946年国民党东北当局为了将其假造的东北银行地方流通券壹佰圆券成批运出，曾组织了若干偷运小组，每组五人，把假票藏在马车底层，捆在布匹、棉线和烧纸捆里偷运进解放区。②

第二节 革命根据地反假币的政策措施

由于假币对根据地的经济、政治以及社会秩序危害极大，各个根据地政府和银行对此都极为重视，对反假币斗争分别进行了一系列部署，制定了相应的政策措施。例如，在晋冀鲁豫边区，1940年发现假币后，冀南银行即向党政领导汇报，并对反假工作进行了研究部署。1942年假币猖獗，冀南银行于该年8月发出了《关于对付假票等工作的

---

① 参见陈宝山：《现钞货币运行概论》，第三版，328页，北京，中国金融出版社，1996。

② 参见周逢民、初本德：《东北革命根据地货币史》，108页，北京，中国金融出版社，2005。

指示》，同年9月边区政府又在《关于目前金融货币工作的几个问题给各专县工商局的指示》中，进一步提出对付假票的具体办法。1943年5月，边区政府在《关于反对假冀钞紧急指示》中，提出要加强反假票的宣传和群众组织工作，开展反对假票的群众运动，并作出对假票犯罪者进行制裁的具体规定。各个根据地开展反假币工作的政策措施，大致综合如下。

一、对假币犯罪进行严厉制裁

各根据地政府和银行，对制造、贩运、故意使用假币等犯罪行为都制定和实施了严厉的制裁办法，以通令、条例、告示、布告等形式向社会公布周知。对假币犯罪的惩治，在土地革命时期，均以反动论罪，处以极刑。在抗日战争时期，以汉奸罪、破坏抗日根据地金融论罪。在解放战争时期，以反革命罪、破坏解放区社会秩序罪论处，对制造假币者，没收其资财，并处以死刑；对故意大规模贩运、蒙混使用假币者，也处以极刑。在严厉制裁的同时，对不同情况予以区别对待，如对为了非法牟利而带进假币蒙混使用者，或有意带进假币但情节较轻者，则一般送县级政府严惩；对因不辨真伪而非故意使用假币者，没收假币并予以严肃教育；对公职干部明知故犯而使用假币者，以贪污罪论处。新中国建立初期，中央人民政府政务院于1951年4月颁布了《妨碍国家货币治罪暂行条例》，规定凡以反革命为目的，假造、变造国家货币者或贩运、行使假造、变造国家货币者，以刑事犯罪论处。

二、开展反假币宣传活动，动员群众力量反假

各个根据地政府和银行，通过多种形式的活动，在人民群众中开展反假币的宣传工作，发动群众的力量对假币犯罪进行围追堵截，将它的危害作用降到最低程度。如早在1933年中央苏区发现假的苏维埃贰角银毫时，苏维埃临时中央政府主席毛泽东就曾指示，"中央造币厂要出个布告，告诉群众识别伪造银毫的方法，以堵塞伪造银毫在根据地内的流通"[①]。以后，各个根据地在出现假币问题后，都大张旗鼓地开展反假币宣传活动，银行和有关单位组成宣传队，抬上贴有真假票样的宣传板，或将票样贴在商店的橱窗上，公布假钞票的特征和识别方法，深入到市镇大街小巷、工厂、农村，提高群众识别真假票券的能力，组织群众共同参加反假币斗争，这样广大群众既保证了他们自身免受假币的损害，又可为全局反假出力。

三、鼓励群众检举揭发，对有功者予以奖励

各个根据地政府和银行在向广大干部和群众进行反假币宣传的过程中，具体说明假币造成的危害，为了保证根据地金融市场和社会秩序的正常、维护群众的个人利益，

---

① 参见谢里仁：《在中央造币厂》，载《回忆中央苏区》，36页。

号召和鼓励人们揭发检举假币问题,并对检举揭发、查获假票犯罪有功者予以奖励。如1946年华中银行发布启事规定:发现和查获假票主犯及其造假工具者,给奖华中币10 000元;向政府报告假票主犯姓名、住址,因而捕获并搜得证据者,给奖华中币5 000元;因贪图小利或受人利用,代为行使假票者,向政府自首,因而捕获假票罪犯者,既往不咎,并给奖华中币2 000元。[①]东北行政委员会也于1947年颁布《检举假票出力人员奖励办法》,规定根据检举查出假票并查获使用人的,按票面额的10%给予奖励;特别出力人员(如捕获密运大宗假票,或破获行使假票,或破获行使假票线索等),另给特别奖金5万至10万元。[②]

四、组织专业机构和人员严密查缉,围追堵截

每当一种假票出现后,各个根据地政府和银行立即组织人员进行研究分析,找出该假票的特征及其与真币的区别,制定出一套识别该假票的方法,发给各单位鉴别。同时,对各机关、商店、工厂、集市管理等单位及与现金接触较多的人员进行培训,组织起一支能有效识别假票的队伍。有的根据地如晋察冀边区、晋冀鲁豫边区等,还在假票泛滥的"重灾区"设立"假票辨认所"、"假票识别小

---

① 参见江苏省钱币学会:《华中革命根据地货币史》,第一分册,24页,北京,中国金融出版社,2005。
② 参见周逢民、初本德:《东北革命根据地货币史》,209页,北京,中国金融出版社,2005。

组"、兑换处、边币对照所等专门机构,方便群众对可疑票券及时辨认,并对发现的假票追根究底,使假票犯罪难以隐藏。银行与公安部门密切配合,在货栈、重点店铺设秘密联络员,发现可疑情况及时报告。

第三节 革命根据地货币的防伪措施

革命根据地一般处于经济落后地区,根据地货币的制作极为简陋,制出的钞票质量比较粗糙,早期根据地钞票有的还是用毛笔手写或用蜡版油印而成,有的钞票甚至有字无图,因此极易被假造。虽然后来随着根据地的发展与建设,印刷设备有所改善,纸张、材料供应有所好转,但与国民党货币、日伪货币相比仍然相形见绌。因此,根据地银行和货币印制机构,都很重视在自身现有的条件下加强钞票的防伪性能,自力更生用"落后的方法"[①]防止假票的产生,做好钞票的防伪工作。现将各根据地货币的防伪措施,大体归纳如下。

一、票面防伪

1. 在票面上提醒使用者防假。早期的根据地纸币,如湖北鄂城商民协会信用券上即印有"如有私刻伪造,送县

[①] 1942年中共华中局曾提出在现有条件下用"落后的方法"防伪的思路,如自造土纸印钞,票面多加手工标记,不定期调整墨色、版式,少发壹圆以上面额票券,分区发行、互不流通等。

究办"的字样,湘鄂西特区银币券印有"过细验明,谨防假票"的字样,闽浙赣、赣东北、闽北的苏维埃银行钞票上均印有"如有伪造,从严惩办"的字样。抗日战争时期,浙东慈溪庄桥区署的抗币上也印有"冒印本临时券者,以军法处理"的字样,表明货币发行者对假票犯罪的告诫和对人民群众认真负责的态度。

2. 在钞票上加盖骑缝章。如湘鄂西的石首县农业银行信用券、鄂西农民银行信用券上都加盖了骑缝章、手工编号和密押,沔阳的信用券因系油印,则在票券与存根间盖了骑缝章和手工编号。闽西工农银行和赣东北、闽浙赣、闽北苏维埃银行的钞票上也都盖有篆体字的骑缝章。

3. 票面图案花纹和文字中添加暗记。这在根据地货币防伪中比较普遍,如湘鄂西的纸币,川陕的布币、纸币,华中的淮南币、淮北币、大江币、盐阜币,晋绥的西农币,晋冀鲁豫的冀南币,华南的南方券等,都实施了暗记防伪的方法,像冀南币、南方券的每张票券上都有暗记6处之多。

4. 多种颜色套印。使用多种颜色套印,可增加造假的难度,易于识别真伪。如湘赣、鄂豫皖的钞票使用了三色套印,赣东北、闽浙赣的钞票以及华中的淮南币均为四色套印,川陕的钞票为五色套印。有的根据地货币还将票券的正反面都作了套印处理。

5. 票面设计艺术化。票面设计使用了变体美术字和艺术性较强的图景、人像等花纹图案。如川陕壹圆纸币上的马克思、列宁头像等图像以及花纹和文字，是由当时任红四方面军总政治部秘书长的廖承志绘画设计的，形神兼备。华中的淮南币、盐阜币、大江币的票券画面分别是由著名木刻艺术家米纳、吕风沙（在淮南根据地），鲁莽、沈柔坚（在盐阜抗日根据地），吴耘（在皖江抗日根据地）取材于他们的版画而设计，并亲自执刀刻制的，而著名的"中国的保尔·柯察金"吴运铎还亲自为吴耘等制作了改进的刀具，每张票券版面都成为一幅生动的艺术作品，使造假者很难以假乱真。

6. 加盖专门的印章。许多根据地钞票都加盖了钞票专用印章和负责人私章，有的还使用了政府或银行的公章。印章的文字多采用难以模仿的隶、篆书体。川陕根据地贰串、叁串布币上，每张竟印有正方形、椭圆形、大小长方形四颗印章。

7. 不定期更换票面颜色和版式。

二、币材防伪

根据地钞票主要使用了纸质和布质两类币材，一些根据地在这方面采取了某些防伪措施。一是从根据地外购买或获得较高质量的印钞用纸。很多根据地不惜成本使用硬通货从敌区购买质量较高、当地不易制造的纸张用来印钞，如道林纸、水纹纸等。有时也通过关系购买或在战争中缴获一些质量上好的纸张，如华中的大江银行从四明银行购进的进口印钞纸，闽浙赣1930年在景德镇缴获的一批性能良好的水印纸，东北银行从苏联进口的水纹纸等。二是自行研发、就地取材制造印钞专用纸，如赣东北的棉纸、陕甘宁的马蓝草纸、晋绥的双层麻纸、盐阜的桑根皮纸、皖江的楮树皮纸，以及解放战争时期晋察冀的长城造纸厂、晋冀鲁豫的太行造纸厂、华中的华中造纸厂等多方研制开发的更为优良的印钞专用纸张。三是自行织造的印钞专用布，如川陕布币用的印钞布。

三、管理防伪

一些根据地在货币发行与流通管理方面采取某些特殊政策措施，在票券防伪上也起到了很好的作用。

1. 分区发行，互不通用。很多根据地实行地名券制度，在票券上印有某地的地名，定点发行、定点流通，这既便于货币当局掌握货币发行数量和流向，及时进行调剂管理，同时也有利于防假反假。如果某一地名券的某版别出现假票，就可对此券及时收回或宣布作废，不致影响全局，像晋察冀、晋冀鲁豫、山东、东北、华中的一些根据地都采取了这种做法。目前发现，华中的大江币票面上多盖有双个或单个铅字，据研究分析，盖双字的可定为地名券，而盖单个铅字的票券有 20 多种，也可能是起定点发行、定点流通作用的，而是否为了防伪，还需进一步研究。[①]

---

① 参见安徽省钱币学会：《华中革命根据地货币史》，第二分册，193~194 页，北京，中国金融出版社，2000。

2. 技术性改版。当发现某一种票券有假币后，便及时改变票面设计，提高其技术含量，向市场迅速推出同面额新版票券，以替换并收回旧版券，防止其蔓延。如东北嫩江省银行发现石版印制的伍拾圆券有假币后，立即采取了各种反假措施，同时用胶版改印新的伍拾圆券迅速投入市场，并收回了旧券。①

3. 停止流通，限期收回。如华中淮海银行1942年在一次转移中与敌人遭遇，战斗中散失了一部分编号冠字"W"的淮海币。为了防止被敌人利用，区行署即宣布编号冠字"W"券停止流通使用。②在华南解放区，1949年裕民银行券、粤赣湘边人民流通券曾出现多种面额的假币，当地政府当机立断，立即宣布这些面额的票券停止流通使用，限短期内鉴别收回，对交通不便地区限期封存以备点验。③

---

① 参见周逢民、初本德：《东北革命根据地货币史》，108～109页，北京，中国金融出版社，2005。

② 参见江苏省钱币学会：《华中革命根据地货币史》，第一分册，62页，北京，中国金融出版社，2005。

③ 参见吴平：《华南革命根据地货币史》，61页，北京，中国金融出版社，1995。

第七章 中国革命根据地货币的印制与铸造

货币的印制与铸造是货币发行与流通的物质基础和先决条件,因此根据地货币的印制与铸造在革命根据地货币工作中具有重要地位。由于有关中国革命根据地货币印制与铸造的一些内容在前几章已有所介绍,所以本章主要阐述革命根据地货币印制与铸造的机构、人员队伍及生产装备的基本情况。

第一节 革命根据地货币的印制与铸造机构

革命根据地货币印制与铸造机构,是指革命根据地政权组织或其所属银行等金融机构领导和组织的专门生产铸造、印制革命根据地各种金属币、纸币、布币的工厂、局所等单位和组织机构。广义的货币印制与铸造机构,除制作货币的生产机构外,还包括它的管理机构和货币材料的制造、采购机构等，此处重点介绍货币的生产机构及其管理机构。在许多革命根据地货币产生的初期，是没有独立地从属于根据地政权领导的货币印制与铸造机构的，它们或者由货币发行单位直接印制与铸造，或者委托私人厂家代为制作，或者将旧银号、商铺的票券加盖戳记来代用。后来随着根据地的成长壮大及金融事业的发展，独立的货币印制与铸造机构陆续建立起来，并且不仅不断增多扩大，而且逐渐实现了货币生产制造的专业分工、货币印制与铸造技术的开发和进步，形成规模生产，在根据地金融体系内成为一个独特的印制与铸造专业系统，有力地发挥着支援革命战争、支持根据地经济建设和改善人民生活的重要作用。最后，各革命根据地货币印制与铸造机构集中统一为全国性的中国人民银行领导的人民币印制机构体系。据不完全统计，1926年到1951年期间，根据地货币印制与铸造机构大约共有191家，其中铸造金属币的机构有18家，存在于以银元为本位的土地革命时期；印制纸币、布币的机构有173家，散见于各个革命历史时期。此外还有一些造纸、织布、油墨等印制货币材料的辅助性专业生产机构，其中较大的有11家。革命根据地货币制作机构分布情况如表7-1所示。

表 7-1　　　　革命根据地货币制作机构统计表

时　期	印钞机构（个）	造币机构（个）	辅助性机构（个）	机构合计（个）	职工人数（人）
第一次大革命	1	—	—	1	7
土地革命	30	18	4	52	1 298
抗日战争	57	—	2	59	3 868
解放战争	85	—	5	90	11 673
总　计	173	18	11	202	16 846

注：因资料散失很多，本表是根据现有材料统计的，极不完整，仅供参考。

一、农民协会货币及农村根据地货币的制作机构

（一）农民协会货币的印制机构

第一次大革命时期农民协会的货币主要是纸币和布币，其钞币的印制生产大都是因陋就简、白手起家的。从现在掌握的资料看，这一时期已知的农民协会货币有10种，而由农民协会领导的专门印制钞票的生产机构只有1家，即湖南浏东平民银行石印局。该局有石印机3台，据说是从别处借来的。有印刷工人六七人，产品为浏东平民银行临时兑换券和信用券。其他则或由货币发行单位自行制作或委托私营厂家代为印制，如湖南衡山县柴山洲第一农民银行、第二农民银行发行的布币，就是由该行员工自己制作的；浏阳金刚公有财产保管处有期证券是委托湖南浏阳振兴石印局代印的，黄冈县农民协会信用合作社流通券是委

托湖北汉口道新印书馆代印的，醴陵工农银行纸币是委托文元堂代印的，浏南文市生产合作社常洋券是委托富绮石印社代印的，等等。这种委托代印是当时印制农民协会货币的主要方式，但不属于本书范围。

由于当时政治、军事形势的突变，农民协会货币印制工作存在的时间很短。不过它为以后的革命根据地货币制作开了一个好头，创造了经验。

(二) 农村根据地货币的印制与铸造机构

土地革命时期的货币有纸币和布币，也有金、银、铜、锡质的金属币，由于它们使用的材料及制作工艺等都有很大的差别，因此货币印制与铸造机构可分为纸布币印钞机构和金属币造币机构两类。从现在掌握的资料看，这一时期货币印制与铸造机构大约有52家，其中印钞机构30家，造币机构18家，辅助性机构4家（见表7-1）。从这些机构的发展演变看，大体可分为早期（1928～1929年）、中期（1929～1932年）和晚期（1933～1937年）三个历史阶段。

1. 农村根据地早期货币印制与铸造机构，只有造币机构和印钞机构各一家，即井冈山上井造币厂和湘南耒阳县苏维埃石印局。这一时期农村根据地的货币制作机构同农民协会时期一样，是基于革命斗争的迫切需要而分散地白手起家的，但由于有了农民协会时的经验，货币印制与铸造机构大多由根据地政权直接领导组建。

在井冈山根据地，湘赣边界工农兵苏维埃政府为了粉碎敌人的经济封锁、解决根据地内现金缺乏问题，于1928年6月委派边界四县经济委员兼防务主任王佐将军领导组建了上井造币厂，铸造"工"字银元。该厂技术人员是从社会上招聘的几名旧银匠，使用了比较原始的简单工具如石锥等，手工制成银元，由于银元的成色好、形制逼真，受到群众欢迎。厂内职工人数最多时达到三十余人，1929年1月该厂关闭。上井造币厂应是土地革命时期农村根据地最早的金属币铸币厂。在湘南根据地，耒阳县工农兵苏维埃政府经济处于1928年2月建立了耒阳县苏维埃石印局，印制耒阳工农兵苏维埃政府劳动券、耒阳第十三区工农兵苏维埃政府劳动券等纸币，这可以说是农村根据地最早的纸币印制机构。

另据史料载，在海陆丰根据地，海陆丰劳动银行的银票是在私营南丰织造厂的银票上加盖戳记而发行的。也有资料说，海陆丰根据地政权当时已组建了劳动银行钞票的印制机构，后因形势突变，来不及印制发行正式的纸币就夭折了。

2. 从1929年8月到1932年，为农村根据地货币印制与铸造机构的中期发展阶段。这一时期，湘、赣、闽、鄂、豫、皖、浙等省边界地区革命根据地苏维埃政权陆续建立，同时根据地的金融机构和货币印制与铸造机构也纷纷成立起来，并且由分散到集中，呈蓬勃发展的趋势。据现有资料显示，这一时期有6个农村根据地设立了39家货币印制与铸造机构，其中印钞机构24家、造币机构15家。各个根据地都既有印钞机构又有造币机构,体现了当时纸布币的兑换券性质。农村根据地中期货币印制与铸造机构概况统计如表7-2所示。

表7-2　农村根据地中期货币印制与铸造机构统计表　单位:个

货币制作机构	中央苏区	湘鄂西	湘鄂赣	闽浙赣	鄂豫皖	湘赣	合　计
印钞机构	5	4	8	4	2	1	24
造币机构	2	3	7	1	1	1	15
合　计	7	7	15	5	3	2	39

注:湘鄂西有两个制币厂为印铸合一的机构,本表予以拆分统计。
资料来源:根据本丛书各卷和《中国革命根据地印钞造币简史》资料综合整理。

从现有资料看,6个根据地货币印制与铸造机构的建立和发展演变大体如下。

在中央苏区形成以前,赣西南根据地于1929年8月在东固街设立了东固印刷厂,后改称东固银行石印局,印制东古平民银行铜元票和东古银行铜元票。1930年江西省工农银行印刷所成立,但因战争关系未能正式生产即行转移,后在东固山扩大改组为江西省印刷厂,印制江西工农银行钞票至1931年12月。与此同时,1930年春江西省苏维埃政府造币厂成立,生产"袁大头"等仿制银元,至1931年11月止。在闽西根据地,1930年至1932年也曾设立了闽西工农银行印刷所和湖雷进化印社这两家印钞机构,印制闽西工农银行钞票及相关的信用合作社纸币。中央苏区形成后,1931年11月以江西省印刷厂为基础扩大组成中央印刷厂,印制苏维埃国家银行钞票。1932年春,江西省苏维埃政府造币厂迁至瑞金,改称中央造币厂,铸造苏维埃国家银行发行的银币和铜币。闽西工农银行印刷所等相应停印了钞票，至此实现了中央苏区内货币制作的集中统一。

在湘鄂西和湘鄂赣根据地，1928年到1930年期间，各县、乡、区基层苏维埃政权纷纷建立机构印制铸造并发行各自的货币，如湘鄂赣边苏区仅县以上的货币制作机构就有12家，其中县级印钞机构6家、铸币机构5家、省级铸币机构1家。后湘鄂西和湘鄂赣两根据地分别实行币制统一，禁止各县滥发纸币，集中统一货币制作机构。洪湖苏区于1930年4月成立了鄂西农民银行制币厂，各县印钞机构相继并入该厂。1931年12月该厂改称湘鄂西苏维埃政府赤色造币厂，又称中华造币厂，至1932年12月红军撤出苏区而结束工作。湘鄂赣边苏区于1931年成立湘鄂赣省石印局，各县印钞机构先后并入该局。1932年12月该局因遭敌人破坏而停办。此外，湘鄂西所属鄂西北苏区于1931年7~11月曾办有鄂北农民银行印钞厂，湘鄂赣所属鄂东南苏区于1930~1933年曾办有鄂东南工农兵印币厂，分别印制了当地流通的钞票。关于金属币铸造机构，湘鄂赣根据地于1931年9月成立了湘鄂赣省造币厂，在全省统一制作货币的指示下，各县造币机构先后并入该厂，制造"袁大头"等仿制银元。1934年初，因原料断绝而停办。湘鄂西所属鄂西北苏区也曾于1931年7~11月设立鄂北农民银行造币厂，铸造苏维埃银币。

在闽浙赣根据地，赣东北苏区印钞厂的规模和名称，是随着根据地的扩大和苏区名称的改变而改变的。1930年

10月印钞厂成立时称赣东北特区印制局；赣东北特区改为省后，该局于1931年11月改称赣东北省苏维埃印制局；赣东北省扩大为闽浙赣省后，1932年12月该局再改称为闽浙赣省苏维埃印制局，分别印制相应的特区、省苏维埃银行的钞票。期间，闽北苏区根据中央决定于1930年11月并入赣东北省，闽北分区石印厂于1931年8月成立，印制流通于当地的钞票。1933年初，闽北分区造币厂成立，铸造苏维埃银币和墨西哥鹰洋仿制银元。至1935年1月，以上三家机构因红军撤出根据地而停止工作。

在鄂豫皖根据地，鄂豫皖特区印钞机构的名称则是随机构驻地的改变而改变的。1930年6月特区印钞机构初成立时，因设在湖北黄安县七里坪杨家畈而称做杨家畈石印科；1931年5月迁河南新集的扒棚时即改称扒棚石印科，印制鄂豫皖特区（省）苏维埃银行钞票。后皖西北特（道）区苏维埃银行成立，于1931年5月同时建立了该行的皖西北石印局和皖西北苏维埃造币厂，前者印制该行鄂豫皖省苏维埃银行的钞票，后者铸造苏维埃银币和铜币。以上货币印制与铸造机构，于1932年10月红军撤出根据地时停止了工作。

在湘赣根据地，湘赣省赤色石印局于1931年10月成立，又称湘赣印钞厂，印制湘赣省工农银行钞票。1932年10月，为有利于开展对外贸易，成立了湘赣省工农银行造币厂，又称湘赣省造币厂，生产大清银币等仿制银元。1934年七八月间，两厂因红军撤出根据地而停止工作。

3. 从1933年到1937年，为农村根据地货币印制与铸造机构的晚期低潮阶段。这一时期，货币印制与铸造机构数量明显减少，虽然也有新建的机构，但大部分都先后停办了。据不完全资料统计，这一时期在6个农村根据地中共有16家货币印制与铸造机构，其中印钞机构10家，铸币机构6家（见表7-3）。

表7-3　农村根据地晚期货币印制与铸造机构统计表　单位：个

货币制作机构	中央苏区	湘鄂赣	闽浙赣	湘赣	川陕	陕甘陕北	合计
印钞机构	1	1	2	1	1	4	10
铸币机构	1	1	1	1	1	1	6
总计	2	2	3	2	2	5	16

资料来源：据本丛书各卷及《中国革命根据地印钞造币简史》资料综合整理。

在农村根据地晚期，由于敌人的疯狂"围剿"，以及党内"左"倾机会主义的干扰，大部分原来的货币印制与铸造机构处于十分艰难的境地，在维持了一段时间后，先后随着红军从根据地撤出而停产。如中央苏区的中央印刷厂、中央造币厂，湘赣根据地的湘赣省赤色石印局、湘赣省造币厂，闽浙赣省苏维埃印制局等，都先后于1934年7月至10月间停办；而湘鄂赣根据地的湘鄂赣省石印局则早在1932年12月即已结束，湘鄂赣省造币厂于1934年1月结束工作。

这一时期新建的货币印制与铸造机构，有川陕和陕甘陕北两根据地的7家机构。1932年12月，从鄂豫皖根据地撤出的红四方面军开辟了川陕根据地，川陕省石印局和川陕省造币厂分别于1933年8月和11月成立，生产川陕省工农银行的纸币、布币和银币、铜币、锡币。川陕的印制与铸造机构虽然存在时间不太长，但搞得有声有色，还附设了4家生产印钞材料的油墨厂、织布厂等。1935年4月，终因红军撤出根据地致使各厂结束工作。

在陕甘陕北根据地，1934年5月到1935年11月，曾建有陕甘边区财政委员会制币厂，印制流通于当地的油布票和纸质钞票。1935年6～11月，陕北省苏维埃财政印刷所，制作了陕北省和陕甘晋省苏维埃银行的纸币和布币。其间，陕北省财政部还组织人员手工制作苏维埃银币，但生产规模不大。1935年10月，中央红军长征到达陕北，11月，陕北省苏维埃财政印刷所改组为中央财政部印刷所，印制苏维埃国家银行西北分行钞票。1937年10月，因抗日统一战线关系，该印刷所并入延安中央印刷厂。此外，陕北神府特区出于地区经济需要，曾于1936年春至1937年4月建立了一家银行印刷所，生产流通于当地的钞票。由此看来，土地革命时期只有陕甘陕北的中央财政部印刷所一脉相传直至抗日战争爆发以后。

二、抗日根据地货币的印制机构

抗日战争时期的革命根据地货币印制机构，大多是抗日军民在战争中经过白手起家、艰苦奋斗而创建的，并且是从无到有、由小到大分散地发展起来的，只是较前两个革命时期更加成熟有效，规模也大得多。

这一时期根据地货币主要是纸币，金属币和布币仅是个别地方的短暂现象，因此抗日根据地的货币印制机构主要是纸币的印钞机构。据现有资料统计，在7个大的抗日根据地共有印钞机构57家，较大的印钞辅助性机构2家，合计59家。抗日根据地印钞机构的发展道路是十分艰难曲折的。总的来说，在抗日战争初期各机构也是相互分散独立的，后随着根据地的发展而逐渐集中扩大；到了抗日战争中期，由于日寇的扫荡破坏和国民党反动派的捣乱，一些根据地的印钞机构又出现适当分散、各自为战的趋势；抗日战争后期大反攻前后，各地印钞机构又得到较大的发展并适度集中，但各个根据地情况又有所不同。

表7-4 抗日根据地印钞机构统计表 单位：个

抗日根据地	陕甘宁	晋绥	晋察冀	晋冀鲁豫	山东	华中	华南	合计
印钞机构	2	1	13	16	9	15	1	57
印钞辅助性机构	—	—	—	—	1	1	—	2
合计	2	1	13	16	10	16	1	59

注：印钞辅助性机构为山东制版厂、苏北造纸厂。
资料来源：根据本丛书各卷及《中国革命根据地印钞造币简史》有关资料综合整理。

1. 陕甘宁边区和晋绥边区的印钞机构。1937年陕甘宁边区建立初期，原来的陕北省苏维埃财政印刷所并入延安中央印刷厂，停印苏维埃国家银行西北分行纸币。1938年夏，中央印刷厂增设石印部，印制延安光华商店代价券。1940年10月，石印部改组为光华印刷厂，印制光华商店代价券、陕甘宁边区银行币、陕甘宁边区商业流通券等，直至抗日战争胜利。

在晋西北抗日根据地，洪涛印刷厂于1940年在山西兴县成立，先后由晋绥边区政府财政处和西北农民银行领导，印制西北农民银行钞票。该厂曾因日寇"扫荡"于1942年2月转移到陕北神木县，后规模不断扩大，直至抗日战争胜利。

2. 晋察冀边区印钞机构。1937年12月，在爱国人士冯国俊等人的协助下，人民自卫军军需处印刷所在河北安国县成立，试制了晋察冀边区银行币样张。1938年1月，该所改组为晋察冀边区银行印刷部，开始正式印制晋察冀边区银行币。同年11月，晋察冀边区银行印刷部改组为晋察冀边区行政委员会财政处印刷局，在体制上与银行分开，相对独立。1938年9月到1943年期间，由于日寇的断续进攻"扫荡"，该印刷局从山西五台往来于冀中、冀西各地，边转移边生产，并逐步扩建机构、扩充人员，机构最多时除总局外还有4个印刷厂，职工600余人。抗日战争胜利前夕，又建立了冀中行署印钞厂。前后晋察冀边区共有大小印钞机构13家，统由边区印刷局管理。

3. 晋冀鲁豫边区印钞机构。晋冀鲁豫边区是由晋冀豫和冀鲁豫两个抗日根据地于1941年9月合并而成的。在此前后，晋冀豫根据地印钞机构为冀南币及其相关地方币的印制系统，冀鲁豫根据地印钞机构为鲁西币及其相关地方币的印制系统，两个印制系统前后各有8家印钞机构，它们之间既相互独立又有一定的联系。有的印钞机构的辖属关系还因形势的变化而改变，如冀南农民合作社印刷所

1940年属于冀南币印制系统，1941年9月改组为隶属鲁西币印制系统的鲁西北第三印刷所，改印鲁西币。以上16家印钞机构，迫于战争形势的变化，在不断转移生产的过程中，时而合并集中，时而分散相对独立。有的转移到敌人力量较薄弱的山区，有的在平原地带挖地洞隐蔽在地下坚持生产，有的为缩小目标将生产单位化整为零，实行"一机一村，一机一室"，以最小人员组合坚持生产，历尽了种种艰难困苦。1943年以后战争形势好转，各厂人员和设备陆续扩充，生产规模扩大，组织机构也逐渐合并集中。至1945年12月，两个印制系统合并为冀南银行第一印刷厂和第二印刷厂，统归冀南银行发行处领导。

4. 山东抗日根据地印钞机构。在山东抗日根据地，最早的印钞机构是1939年秋在掖县成立的北海银行印钞厂，代号"天兴福"，印制最初的北海币，后改组为胶东印钞二厂。1940年到1942年，在胶东、鲁中南、渤海地区又相继建立了7家印钞厂和1个制版厂，分别印制带有地名的北海币。这些工厂在敌人多次"扫荡"的恶劣环境下生产十分艰苦，有的与敌人周旋不断转移，有的在山洞或地窖内坚持生产。1943年以后战争形势逐渐好转，有的厂合并集中，有的厂扩充设备，生产规模扩大。1945年8月抗日战争胜利后，各厂分别合并改组为胶东印钞厂、鲁中印钞厂和渤海印钞厂3家，由北海银行总行统一领导，印制统一的北海币。

5. 华中和华南抗日根据地印钞机构。华中抗日根据地处于日伪后方心脏地区，为日寇、国民党军和我军激烈争夺之地。1941年"皖南事变"后，当地形成了苏北、苏中、苏南、淮南、淮北、皖江、豫鄂和浙东8个抗日根据地战略区，各战略区都印制发行了各自的货币，据统计共有印钞机构15家，印钞辅助性机构1家。各专区、县以下印钞机构的资料已大部分散失。一方面，由于各根据地地处战略要冲，遭受敌人进攻"扫荡"更加频繁，处境更加艰难险恶，以致有的印钞机构仅存在几个月的时间，有的不得不转移到汪洋大海中的木船上生产。另一方面，有的印钞机构由于地利之便和敌区地下工作者的支持，如苏中的江淮印钞厂、皖江的大江印钞厂，从上海等地秘密购置了较先进的凹印、胶印、照相制版以及发电机、电动机等设备器材，为扩大生产和提高钞票质量提供了条件。1945年8月抗日战争胜利前后，各机构分别合并改组为华中印钞厂和华中印钞二厂、三厂。各战略区印钞机构具体情况见表7-5。

表7-5　　华中抗日根据地各战略区印钞机构统计表　　单位：个

战略区	苏中	苏北	苏南	淮南	淮北	皖江	豫鄂	浙东	合计
印钞机构	2	2	2	2	2	1	3	1	15
印钞辅助性机构	—	1	—	—	—	—	—	—	1
总计	2	3	2	2	2	1	3	1	16

注：苏北印钞辅助性机构为苏北造纸厂。皖江的大江印钞厂包含印钞和造纸两个部分。
资料来源：根据《华中革命根据地货币史》第一卷、第二卷、第三卷资料整理。

在华南抗日根据地，据已知资料，琼崖东北区抗日政府曾设有一家印钞机构，但规模较小，于1942年仅存在几个月时间就停止了工作。

三、解放区货币的印制机构

解放战争时期,革命根据地货币制作机构的数量和规模都得到迅速发展扩大,并逐渐走向先进技术生产,最终形成全国性的统一的货币制作体系。这一时期根据地货币形态仍然是纸币,因此解放区货币印制机构均为钞票的印制机构。据现有资料统计,在全国七大解放区中,先后共有印钞机构85家,印钞辅助性机构5家,合计90家。这些印钞机构从其历史发展演变情况来看,大体可分为老解放区印钞机构和新解放区印钞机构两种类型,前者约有45家印钞机构,5家印钞辅助性机构;后者约有印钞机构40家。参见表7-6。

表7-6　　　　解放区印钞机构统计　　　　单位:个

解放区	西北	华北	华东	东北	内蒙古	中原	华南	合计
印钞机构	3	20	22	17	3	11	9	85
印钞辅助性机构	—	2	3	—	—	—	—	5
总　计	3	22	25	17	3	11	9	90

注:印钞辅助性机构指华北的长城造纸厂、太行造纸厂及华东的华中造纸厂、华中铁工厂、上海人民制墨厂。

资料来源:根据本丛书各卷及《中国革命根据地印钞造币简史》有关资料综合整理。

老解放区的印钞机构,包括西北解放区的陕甘宁、晋绥边区,华北解放区的晋察冀、晋冀鲁豫边区,华东解放区的山东、华中根据地的各印钞机构。这些机构继承了原抗日战争时期的各个印钞厂家,在抗战胜利初期短暂的和平环境下,都进行了相对集中和扩大发展。有的机构如晋察冀边区印刷局等,在接收日伪印钞设备的基础上技术装备水平都明显提高了一步。1946年到1947年秋,由于国民党军的进攻,一些机构被迫边转移边生产,如陕甘宁的光华印刷厂撤出延安,转移到山西,华中各厂转移到山东,但在人员和设备上都有了新的发展。有些机构则实行了合并集中,如在晋冀鲁豫,太行地区各厂合并改组为冀南银行第一印刷厂,鲁西地区各厂合并改组为冀南银行第二印刷厂,太岳地区各厂合并改组为冀南银行第三印刷厂;华中印钞厂总管理处并入北海银行印钞厂总管理处,由北海银行发行局统一领导山东、华中各厂。1948年在各解放区不断扩大并连成一片的情况下,老解放区各印钞厂实行了全国性大集中、大改组。西北的光华印刷厂迁回延安,洪涛印刷厂进一步扩大,随后改印通行全国的人民币。晋察冀边区印刷局改组为华北银行第一印刷局,随后又改称中国人民银行第一印刷局;晋冀鲁豫的冀南银行各厂合并改组为华北银行第二印刷局;随后又改称中国人民银行第二印刷局;北海银行发行局接管了济南官僚资本的印刷设备后不久,改组为中国人民银行第三印刷局。三个印刷局统归中国人民银行总行印制局领导。进入1949年,中国人民银行第一印刷局迁入北平,接管了国民党中央印制厂北平厂,改组为中国人民印刷厂;中国人民银行第二印刷局迁入天津，与天津人民印刷厂合并，该局建制撤销；中国人民银行第三印刷局派员组成南下工作队，赴上海接收了国民党中央印制厂上海各厂，分别改组为上海人民印刷厂一厂、二厂，六联印刷分厂等厂，第三印刷局各厂人员分别参加天津、上海人民印刷厂的工作，该局建制撤销。西安解放后，光华印刷厂和洪涛印刷厂已完成历史使命，先后于1949年5月撤销建制。

新解放区印钞机构的发展，又有两种不同情况。一类是机构建立较早，但统一于全国较晚，如东北、内蒙古解放区的印钞机构。另一类是随战争形势的胜利发展，由分散建立到统一于全国的印钞机构，如中原、华南解放区的印钞机构。

在东北和内蒙古，1945年8月日本投降后，沈阳中共地下党组织根据东北军区后勤部指示，接收了日本人在沈阳的印刷设备，在新民县建立了印钞厂，对外称东北人民自治军后勤司令部直属供给处，印制东北银行的法币和地方流通券。在内蒙古东部地区，在苏联红军的支持下，当地民族人士接收伪满中央银行兴安支店等金融机构的资产、设备，成立了东蒙地方流通券印刷厂，又称王爷庙印刷厂，印制兴安总省政府暂行流通券等钞票。1946年由于国民党军的进攻，两地形势恶化。东北人民自治军后勤司令部直属供给处接收了伪满中央银行奉天造币厂的设备后边转移边生产，途经通化、辑安到达佳木斯，接收了长春伪满帝国印刷厂的设备和人员，先期转移到佳木斯的东北银行工业处，又称佳木斯印刷厂，设备比较先进，生产规模不断扩大。与此同时，东北地区由于战争的分割，在北满、东满、西满、南满以及冀察热辽各根据地分别建立了9家地方性印钞厂。内蒙古的王爷庙印刷厂也边转移边生产，途经海拉尔，到达扎兰屯，原在扎兰屯的纳文慕仁印钞厂并入该厂，生产规模有所扩大。1947年到1948年，战争形势好转，东北各根据地逐渐连成一片，各地方性印钞机构相继并入佳木斯东北银行工业处；内蒙古的王爷庙印刷厂也于1947年初迁回王爷庙。1948年11月沈阳解放，东北银行接收国民党的沈阳造币厂，组建为沈阳东北银行工业处，1949年佳木斯东北银行工业处并入该处，成为当时国内规模最大的印钞造币机构之一。

在中原地区，1947年下半年刘邓、陈粟、陈谢三路大军挺进中原，先后建立了豫皖苏等6个行政区，但都没有设立印钞机构，初期流通使用的中州币是由华北老解放区各印钞厂代印的。1948年5月到8月，豫西、豫皖苏、桐柏、陕南、江汉等行政区分别组建了印钞厂，印制拾圆以下小面额的中州币。皖西地区还因实际需要奉命印制了两种地方性流通券。1948年10月，中州农民银行总行迁至郑州，同年12月豫西的中州农民银行第一印钞厂与开封的中州农民银行第二印钞厂合并组成中州农民银行总行印刷局，对外称郑州中原益民公司。1949年1月，该局进一步扩大，成立了直属胶印厂。同年3月，全局奉命停印中州币，改印人民币。武汉解放后该局迁至武汉，改组为中国人民银行中南区行印刷厂，下设总厂和分厂，于1950年1月正式投入生产。同年3月奉命停产，撤销建制。

在华南地区，1946年国民党发动内战后，华南各地即展开了游击战武装斗争。到1948年底，已建立了闽粤赣、琼崖、粤赣湘、桂滇黔、粤中、粤桂边、桂湘边等7个根据地，各根据地分别建立了印钞机构共9家。较大的印钞机构有：闽粤赣边区的裕民银行印刷厂，于1948年12月成立，印制裕民银行券；粤赣湘边区的河婆镇印刷厂，于1949年春成立，印制新陆银行券。1949年4月，在中共中央华南分局的领导下，南方人民银行印钞厂在陆丰县成立，印制统一的华南区域本位币南方券，其他印钞机构相继停产或并入该厂。1949年10月广州解放，华南统一行使全国性的人民币，该厂奉命停产撤销建制。

新中国成立前夕，中国人民银行于1949年9月召开全国印制发行会议，决定统一全国货币的印制与发行工作。1950年中国人民银行印制管理局成立，负责统一人民币的印制事宜，中国的货币印制与铸造工业从此走上了集中统一的道路。1951年4月，沈阳东北银行工业处改组为中国人民银行东北区行造币厂，最终实现了中国人民银行领导下的全国货币印制与铸造机构的统一。

新中国建立初期，由于经济的发展、货币流通的扩大，货币印制与铸造工业迅速发展，生产曾达到相当的规模，当时共有14个工厂，职工17 000余人。1950年全国财经工作统一，实行现金管理，市场物价渐趋稳定，货币需要量减少,从而钞票印制企业相应调整。根据国家安排,先后合并、下放7个工厂,5 700余名职工转入其他行业。与此同时,第二套人民币的设计、印制工作逐步被提上日程。

第二节　革命根据地货币印制与铸造的人员队伍

一、革命根据地货币印制与铸造的人员队伍不断发展壮大

(一)革命根据地货币印制与铸造职工人数成倍增加

从事根据地货币印制与铸造工作的人员队伍与货币制作机构一样,也是随着根据地的发展而逐步从小到大、从少到多的,人员的政治素质和业务素质随时间的推移而不断提高。仅从人员数量看,据已知的资料显示,在二十四年多的时间里,这支队伍大约共有16 800余人。第一次大革命时期,农民协会货币的专门印钞人员,只有浏东平民银行石印局的六七名工人。土地革命时期,在井冈山、中央苏区、湘赣、湘鄂西、湘鄂赣、闽浙赣、鄂豫皖、川陕、陕甘陕北九个农村根据地,从事货币印制与铸造工作的职工共有1 300余人,其中制造金属币的530余人,印制钞票的600余人,生产印钞材料的170余人,货币印制与铸造

人员队伍初步建立起来。① 抗日战争时期，在陕甘宁、晋绥、晋察冀、晋冀鲁豫、山东、华中、华南7块大的抗日根据地，从事钞票印制工作的职工共约有3 900人。其中，印钞职工3 700余人，从事造纸、制版等印钞辅助性工作的职工120余人，职工人数和生产规模都已成几倍地扩大。② 解放战争时期，1945年8月至全国解放前，在西北、华北、华东、东北、中原五大解放区，从事钞票印制工作的职工共有近11 700人。其中，印钞职工9 900余人，从事造纸、机修、制墨等印钞辅助性工作的职工1 700余人，已形成了一支较高素质的货币印制人员队伍。③ 但是，以上数字是极不完整的，很多情况缺失记载，有些资料在战争中散失，因此大大低于实际人数。据笔者综合各方有关资料估计，从1926年12月到1951年10月的二十四年多时间内，从事根据地货币印制与铸造工作的人员总数不应少于两万人。

事实上，各个根据地货币印制与铸造人员的增减变动还是比较大的，除少数领导干部和工作骨干的正常调动外，主要是受战争形势的影响。抗日战争时期，当战争形势有利时，根据地相对稳定发展，货币印制机构就会扩大招收

---

① 据有职工人数记载的资料统计，井冈山30余人，中央苏区370余人，湘赣100余人，湘鄂西42人，湘鄂赣245人，闽浙赣70余人，鄂豫皖70余人，川陕340余人，陕甘陕北31人，合计1 298人以上。

② 据有职工人数记载的资料统计，七大抗日根据地中，陕甘宁110余人，晋绥100余人，晋察冀670余人，晋冀鲁豫665人，山东670余人，华中1 650余人，华南3人，合计3 868人以上。

③ 据有职工人数记载的资料统计，五大解放区中，西北860余人，华北7 324人，华东1 083人，东北1 960余人，中原446人，合计11 673人以上。

人员，加强生产力量。当战争形势紧张时，货币印制机构就不得不缩减人员编制，保留人员随部队转移。如晋察冀边区印刷局在1941年到1942年敌人"大扫荡"中，改为部队番号，以营为单位分散活动，边打游击边生产。实行精兵简政，全局600余人，一次就精简了近百人。1943年9月，形势进一步恶化，它奉命停止生产，坚壁清野，组织300余人到外线山西雁北打游击。当年12月反"扫荡"胜利结束后，他们才回到河北平山恢复生产，人员陆续扩大到500余人。解放战争中，虽然初期形势动荡，但以后各地工作环境就逐渐安定下来，各根据地货币印制职工迅速增加，5年间职工总数扩大了两倍。

(二) 革命根据地货币印制与铸造职工的主要来源

革命根据地货币印制与铸造职工的来源是比较广泛的，主要有五个方面。一是从部队或党政机关调配。由于货币制作工作政治性较强，保密要求较高，所以从部队或党政机关调来的干部和工人占相当比重。他们政治素质较好，大多作为领导干部或管理工作骨干。二是从兄弟印刷单位并入或调入。由于印钞工作需要有一定的专业技术和知识，因此相当多的印钞机构从根据地报社、印刷厂等兄弟单位接收工作人员以扩充力量。如延安光华印刷厂，就是在中央印刷厂石印部的基础上，从边区教育厅文化工业社、八路军印刷厂等单位调来人员和机器组建的。三是从城镇及私营印刷铸造厂家招聘。如井冈山"工"字银元，就是从社会上招聘银匠建厂铸造的。晋察冀边区人民自卫军军需处印刷所，是在河北安国县内义文斋、玉麟阁等七八家印刷厂招收二十来名技术工人而组建的，并印出了边区银行最早的钞票样张。华中的江淮印钞厂，是1940年到1941年在苏北行政委员会领导下，通过秘密办法从上海等地招聘香港中华书局和苏北裕兴公司印钞厂六七十名技术工人而组建的。四是从缴获或接收的敌方印钞造币机构招收或留用。如川陕根据地1933年接收了军阀刘存厚的造币厂等工厂的设备，并招聘了其中一批技术人员和工人，从而使其印钞造币工作进入高速度、高质量发展阶段。解放战争时期，东北银行及东北一些地方性印钞机构接收了伪满和国民党的印钞造币设备和人员，包括一些朝鲜、日本等外籍的技术人员，扩大了生产规模。北平、天津、上海等地军管会接收了当地国民党政府所属印钞设备和人员，扩充了中国人民银行印钞力量，为人民币统一全国货币市场奠定了物质和技术基础。五是从社会上招募要求抗日救国、向往革命的青年。抗日战争时期他们主要来自驻地附近的农村，或是通过本单位人员回乡探亲访友招募来的农民；解放战争时期他们主要是来自中小城镇向往人民革命的工人和知识青年。这些人员初来时虽然业务技术水平不太高，但工作热情高、干劲足，经过多年的工作熏陶和实践锻炼，后来有不少人已成为工作骨干。

从事根据地货币印制与铸造的人员虽然来自四面八方，但从社会成分看，实际上是由共产党员、老红军和部队战士、爱国知识青年和技术人员、一般工农劳动者以及诚心参加革命的留用人员构成的一个大家庭。他们虽然曾经有着各种不同的经历和思想认识，但在党组织的领导下，经过二十多年战火与艰苦劳动的锻炼，已成为一支具有一定政治觉悟、精诚团结、干劲十足、掌握了较先进技术的货币生产与管理的队伍。

二、革命根据地货币印制与铸造职工的政治文化生活

（一）在党的关怀和教育下，思想政治素质不断提高

各个货币印制与铸造机构都是在相关部队或根据地党组织的直接领导和关怀下工作的，党组织对货币制作职工的思想政治工作极为重视，配备了相应干部，做了大量工作，从而使职工的政治思想素质都有很大的提高。例如，冀南银行就是根据中共中央北方局的指示筹建的，初建时就实行了部队建制，进行军事管理。从八路军总后勤部和一二九师政治部调来数十名老红军干部和爱国青年知识分子，全行组建了从政委到教导员、指导员、支部书记一套组织体系，以党员模范带头作用开展思想政治工作。同时，通过民主选举建立工会组织，协同党支部团结教育广大工人群众，认真解决工人切身问题，尊重和发挥专业技术人员积极性，组织劳动竞赛，以先进带后进，大家同心同德克服困难、努力生产。日常生活中经常进行形势教育、世界观教育，通过讲大课、促膝谈心，增强抗日必胜信心，保持革命乐观主义。晋察冀边区印刷局党组织，还针对某

些新来的小印刷局工人、小作坊掌柜等存在的小农意识、帮派思想，以及搞"家礼"、拜香堂等活动，由领导干部和党员有意识地和他们拉家常，谈思想，讲工人阶级使命，上政治课，搞各种有教育意义的文艺活动。通过一系列思想教育，这些青年很快接受了革命思想，涌现出了一大批团结肯干的积极分子，有些人还加入了共产党。

（二）在残酷的战争中，经受了生死与疾苦的考验

各个根据地货币印制与铸造机构大都设于地势偏僻荒凉、经济贫困落后地区，还时常受到敌人袭击和土匪骚扰，职工们经常处于边战斗边转移边生产的状态，经受着艰苦、劳累、疾病的磨炼。例如，抗日战争时期，鲁西银行各印刷所地处平原，由于敌人频繁"扫荡"，职工都是农民装束，配有武器，平时生产，敌人来了就打游击。几个印刷所随着形势的变化，时而合并集中，扩大生产规模，时而分散独立，坚持必要的生产。后来为对付敌人的"铁壁合围大扫荡"，就把生产单位缩小，化整为零，实行"一机一村，一机一室，技术、运输、保卫人员最小组合"，在自挖的地洞内各自为战。地洞深约4米，上架原木，覆盖杂土使其与地面齐平，加以伪装。每洞只有4个通气孔，氧气稀薄，呼吸困难，油灯闪烁。出洞时几乎都面无血色，额头发青，鼻子、牙齿和唾液都是黑的。即使如此，还时常遭到敌人袭击，有的同志因此而牺牲。"扫荡"过后，敌人又进行封锁、搜捕，粮秣供应困难，忍饥挨饿是常有的事。第二印刷所后来转移到黄河泛滥的沙区，敌人骚扰虽稍少

些,但经济生活十分困难,又逢天灾,同志们只得开荒种地生产自救。大家戏称:"我们是能工能农能打仗的战斗队。"

又如,1941年华中江淮印刷厂建厂的设备、人员刚刚筹备就绪即将开工生产时,敌人就来"扫荡",印刷厂只得坚壁转移。1942年不得不把机器搬上木船,在海上生产。但海上船小风浪大,颠簸摇晃中多数人晕船呕吐。然而更大的困难是缺水,吃用的淡水要从岸上十多里外运来。吃不上新鲜蔬菜,在海滩拾些贝蛤烧汤就算开了荤。就这样坚持了四五个月,形势好转后才上岸批量生产。但为时不久日寇又来"扫荡",该厂再次下海生产,敌情好转时再上岸大批生产。就这样,时下海时上岸,坚持了将近一年。

在如此恶劣的环境下,二十多年中为根据地货币的印制与铸造、运输、保管、发行和管理等工作献出宝贵生命的干部和职工,难以计数。他们有的在战斗中牺牲,有的甚至被活埋、烧死,也有的因劳累过度或疾病而失去了生命。例如,制作和发行第一张根据地钞票的湖南衡山县柴山洲第一农民银行副经理夏兆福,工作人员贺尔康、彭克南,就是被国民党清乡队残酷杀害的。苏维埃国家银行参加红军长征,14人中就有6人在途中牺牲。抗日战争和解放战争中牺牲的人数更多。据不完全统计,冀南银行因战斗牺牲的包括行长高捷成在内有43人,因劳累过度和疾病而死亡的,包括行长赖勤在内有44人。晋察冀边区印刷局因战争和疾病而牺牲的有27人。

艰难困苦和死亡虽然凶恶，但并未吓倒根据地货币工作者，反而将他们锻炼得更加坚强，队伍更加发展壮大，更加积极热情地投入到生产和工作之中，直到最后胜利。

（三）学习成风，苦干加巧干，劳动竞赛中争英雄

由于新来的员工大部分文化水平较低，不懂印钞业务，所以各印钞机构普遍开展了培训讲课、师傅带徒弟、互帮互教互学等多种文化、业务技术教育活动，并且成为多年的风气。例如，晋察冀边区印刷局创建时就明确提出，"把印刷局既要办成一个大工厂，又要办成一个大学校"，"既生产钞票，又要出人才"，号召员工们"知识分子工人化"、"职工队伍知识化"。对各分局都配备了政治教员和文化教员，在开展政治学习的同时，针对不同对象开展不同层次的文化学习和业务技术培训。还举办《工人战旗》报和工人墙报，鼓励大家写文章交流思想和学习心得，这种教育活动一直坚持到解放战争时期。各印钞造币机构对专业技术人才也都极为重视，千方百计通过商调、招聘、接收留用、政治动员等多种方式，网罗了成批的技术人员、技术工人，以及具有特殊技能的技师、雕刻制版艺术家等，形成了一支有特色的印钞造币技术队伍。业务技术人员在政治上受到重视，在生活上得到较好的待遇和照顾，在客观条件十分困难的情况下，他们的特长得到了发挥。不少技术人员与工人相结合，动脑筋想办法，工具、设备坏了自己修，没有印钞纸张材料自己造，因地制宜、就地取材，努力把生产搞上去。抗日战争后期和解放战争时期，一些

印钞机构生产条件逐渐好转，同时生产任务也迅速加重，从而各厂普遍开展以增加产品产量、提高产品质量为目标的劳动竞赛运动。例如，陕甘宁光华印刷厂开展了"学习赵占魁"运动，产量翻了一番。晋绥洪涛印刷厂开展了"学习张秋风"运动，涌现出以马景昌为代表的五十多名劳动英雄模范。山东鲁中印钞厂、渤海印钞厂在"学习赵占魁"运动中，生产效率和质量都明显提高。一位豫鄂边区负责同志到该边区建设银行第一印钞厂看到劳动竞赛的火热场面时，感动地写道，"圆盘机当当响，印钞工人日夜忙，赶印钞票送前方，活跃市场真兴旺，人民生活得保障……"竞赛运动初期的生产活动，大都是以增加劳动时间和强度为特点，如加班加点、吃睡在工房等。后来则着重动脑筋出点子，搞发明创造，改进生产机具和动力设备，调整劳动组合，合理安排生产力量，充分挖掘生产潜力。如晋察冀边区印刷局1947年在"加紧生产，支援前线"口号下，开展立功运动。人人订了立功计划，针对本身岗位任务提出先进的定额目标。很多人超额30%完成任务，干完自己的工作又帮别人干，后来有的家属也参加了竞赛。为了解决设备的不足，不仅修复了已作废的老旧胶印机，还于1949年用半年时间自行设计、制造、装配出了两台崭新的半裁胶印机，这在当时的条件下是难以想象的。又如东北佳木斯印刷厂1946年到1949年连续开展劳动竞赛，不仅产量、质量大为提高，而且创造性地试验成功平版凹印新技术，改造了原来的调墨机、号码机、磨刀机等机具，涌现出一批又一批劳动模范，仅1948年10月就评出立大功、小功的劳动模范245名，其中还有几名日本人。

（四）发扬革命乐观主义精神，业余生活丰富多彩

印钞造币职工虽然日常生活十分清苦，工作劳动强度大，但业余生活都很活跃。工会组织大家经常开展唱歌、演戏、打球等文体活动。一些印钞厂还谱写了本厂的厂歌，激励大家热爱工作、努力生产。如江淮印钞厂厂歌写道："我们是经济战线上坚强战士，工厂是我们的战场，机器是我们的刀枪。"晋察冀边区印刷局局歌唱道："纸片在飞，机器在轰鸣……美丽的钞票在流通，为了边区作斗争。"唱出了印钞工人们的心声。光华印刷厂每周二、周四、周六组织文娱体育活动，周末搞文娱晚会。他们还组织了秧歌队，经常与老百姓和中央首长联欢。在晋察冀边区的西北战地服务团和冀中抗敌剧社等专业艺术团体常到边区印刷局演出、慰问，在他们的辅导下边区印刷局成立了火光剧社，以及各分局的舞蹈队、合唱队、秧歌队、乐队、口琴队等，职工们自编自导自演话剧和各种歌舞节目，业余生活丰富多彩。日本投降后该局进驻张家口时，还编导话剧和歌舞节目赴前线慰问演出。其他如江淮印刷厂、华中印钞厂总管理处、佳木斯印钞厂等也都在经常性职工业余文体活动基础上组织对外演出或球类比赛。印钞造币职工们丰富多彩的业余生活，培育了大家的革命乐观主义精神，从而不怕任何艰难险阻，勇往直前地为根据地金融事业作出贡献。

第三节　革命根据地货币印制与铸造的生产装备

革命根据地货币的生产活动，包括货币形制的设计，票版的制作，币材的供应，厂址厂房的建设，生产活动的组织，以及机器设备、生产工艺、动力等多个环节，其中以生产活动中使用的设备、工艺、动力等技术装备情况最能代表货币生产能力和产品质量水平，因此本文着重介绍这方面的情况。

革命根据地货币在各个历史时期的生产，都是在极其艰难、残酷的战争环境下进行的。不仅生产的驻地、车间经常被迫转移，缺乏安定的操作条件，而且印制与铸造货币的各种生产工具、机器设备，更是在敌人疯狂进攻、严密封锁以及顽军、土匪经常骚扰的情况下，通过军民浴血奋战缴获或由党的地下工作者从敌区冒死秘密购买偷运而装备起来的。因此，根据地货币的生产技术装备，长期处于简陋、笨重、低效的落后状态。到抗日战争后期，一些大的根据地货币印制机构所处环境才逐渐好转，在"独立自主、自力更生"的口号下和全员劳动竞赛运动中，货币的制作掀起了技术革新和创造发明热潮，自行研制或改进了各种胶印机、凹印机、雕刻制版、照相制版、钞纸打浆机等在当时还是较为先进的技术设备，革新了生产工艺流程。有的印钞厂还开始使用了电气动力设备，体现了货币生产制作技术水平的进步，减轻了工人劳动强度，提高了生产效率和产品质量，为支持战争和根据地建设作出了贡献。但是，抗日战争胜利后不久，国民党军发动内战，疯狂向解放区进攻，老解放区货币印制机构又处于战争的动荡之中，一些生产技术装备受到损失。随着解放战争的胜利发展，老解放区货币印制机构的生产和技术装备得到恢复并逐渐扩大发展，新解放区的货币印制机构也从小到大、从落后到先进地发展壮大起来。以后，随着沈阳、天津、北平、上海等大城市相继解放，国民党政府的印钞造币设备回到了人民的手中，在人民政府和银行的精心组织安排下，根据地货币的生产才稳定地走上了现代化、机械化的道路。然而就每一块根据地或单个货币印制与铸造机构而言，它们的货币生产装备的发展和进步都经历了一段艰辛、曲折、不平凡的历程。现分别对金属币和纸布币的生产装备简要介绍如下。

一、金属币的铸造装备

革命根据地铸造金属币主要是在土地革命时期，由于当时通行银元本位制度，所以各个农村根据地几乎都曾铸造银币或铜辅币以应市场之需要。但是，由于技术和设备的缺乏，各地金属币的生产大都是以人力手工使用简陋机具制造的。工作十分艰辛，劳动强度很大，而且质量和产量都不高。如湘鄂西的鄂北农民银行造币厂，开始时请来12名银匠，由于技术和设备不过关，只得铸成方块状的

"维持块"，暂作为银币临时流通使用。后请来一位雕刻模具的技师制成钢质模版，又与机械修配厂协作冲压，才造成银元。

湘鄂赣根据地的平江、浏阳等五个县苏维埃政权建立后，于1931年分别设立了铸造银币的造币厂。他们分别组织当地的银匠集思广益，边研究边试制，经过用铁锅熔银、木质石膏模具翻砂浇铸、"千斤石"冲压等工序，制造出了苏维埃银元，但质量不高，产量不大，一天仅产出20枚左右。后来，经省委研究决定，将浏阳、万载两县的造币厂合并为湘鄂赣省造币厂，加强了技术力量，改进了机具，合理安排了工艺和工序，人员也扩大到80余人。这样，产品质量才有所提高，产量逐渐上升到日产1 200枚左右。

纵观土地革命时期，只有中央苏区和川陕根据地在缴获了敌方的造币厂后，才有了铸造银币、铜币的机械设备。例如，川陕根据地1933年缴获了军阀刘存厚的造币厂，川陕省造币厂才装备上了英国、德国、日本等国制造金属币的大圆车、辗片机、冲压机、制模机、印花机、滚边机等机器。只是机器的动力还是人工，劳动强度很大，比如辗片、压印等工序每天只能工作4个小时。

土地革命时期最后的金属币铸造，是1935年陕甘陕北根据地的陕甘晋苏维埃银行对银币、铜币的铸造，此后革命根据地成批的金属币铸造即告终止。解放战争后期，东北银行在沈阳接收了国民党铸造金属币的设备后，于1949年5月曾一度再版铸造了民国三年袁世凯头像银元，但数量较少，为时较短。

二、纸币的印制装备

纸币包括布币的印制，是革命根据地货币最普遍的生产方式。就生产工具和技术装备而言，纸币生产的发展大体上有以下几种情形。

1. 手工工具印钞。手工工具印钞大多出现在根据地初创时期，特别是经济比较落后的县、区、乡基层机构，由于形势急需货币，又迫于印钞器械缺乏，只能白手起家，因陋就简，使用手工工具印制钞票。最原始的是用毛笔书写。如1926年湖南衡山县柴山洲第一农民银行的钞票，1937年留守在原中央苏区打游击的闽西南军政委员会发行的"借钱票"等。比这进步一些的是手刻蜡版油印，在各个历史时期都有存在。如土地革命时期赣西南、湘鄂西一些县的钞票，抗日战争时期浙东的钞票和解放战争时期华南一些区、镇发行的钞票。再进步一些的是手工雕刻木版印刷。一般是选用质地坚硬的木材为版料，手工雕刻阳版，用油墨在纸或布上印刷。这种制作方法便于就地取材，在产品质量和生产效率上都比前两者高，土地革命和抗日战争时期使用得较多。有的根据地如华中的盐阜、淮南等，还请来艺术家和画家设计、雕刻票版，使钞票增添了艺术性和防伪性能。陕北的神府特区1936年还使用木版黑、绿、黄三色套印方法印制钞票。

2. 人力石印、铅印机器印钞。手摇或脚踏石印机、圆盘机、平版机，是根据地有了一定发展后最普遍的印钞装备。在根据地最早使用石印机印制钞票的是1927年湖南浏东平民银行石印局，但石印机是从别处借用的。土地革命时期，相当多的印钞机构使用了石印设备，有的机构还有了铅印机。如中央苏区的中央印钞厂，1933年已置备了12台石印机、4台圆盘机、6台对开平版机和1台照相机。川陕省石印局通过缴获、征发和购置，1934年已拥有石印机、胶印机、平版机、五马力的柴油机等十余台机器，但实际应用的仍是人力石印和铅印机器，不过已成功实现了红、黄、蓝、绿、黑五色套印技术。抗日战争时期和解放战争前期，手工石印机、铅印机和裁切机仍然是根据地印钞机构的主要设备，在机器的数量和效率上都大为提高。有的根据地，如山东抗日根据地，1944年在胶东建立了山东制版厂，专门从事照相制作票版业务；晋察冀边区印刷局，1939年通过配备石印机、铅印机、裁切机、号码机等设备已建成从制版到产成品一条生产流水线。

3. 电气化、机械化印钞。革命根据地印钞以柴油机、发电机、电动机为动力的胶印、铅印、凹印机器设备和照相制版技术在抗日战争时期即开始出现。如华中的江淮印钞厂，早在1941年就从上海秘密购来手扳凹印机、圆盘机、切纸机、照相机等印钞设备，1942年又从上海秘密制成运来凹印雕刻铜版票版，印制江淮银行钞票，这是根据地最早的铜版凹印技术装备了。1943年下半年，该厂配备了直流发电机，开发了自制凹印铜版技术和电镀设备，生

第七章 中国革命根据地货币的印制与铸造

产规模不断扩大,直至抗日战争胜利前夕。1943年华中的大江银行印钞厂,也从上海购来胶印机、柴油机、电动机等设备,于1944年5月正式投产,钞票质量和生产效率都大为提高。

解放战争初期,虽然受到内战的干扰和破坏,但老解放区一些较大的印钞机构生产技术装备都有了很大进步。如晋察冀边区印刷局、冀南银行第三印刷厂、胶东印钞厂、华中印钞厂、东北银行工业处、北海银行印钞一厂和三厂等印钞机构都配置了胶印、照相制版设备和裁切机、磨版机等多种机器,有的还配置了凹印设备和柴油机、电动机等动力设备。晋察冀边区印刷局在群众性生产竞赛运动中,还自行研制开发了两台胶印机。

到1948年三大战役之前,华北、东北、华东、中原几大解放区的大部分印钞厂都有了胶印设备,部分印钞厂增添了凹印设备和电力动力设备。如东北银行工业处,除石印、铅印、裁切、照相制版等30余台机器外,仅各种规格的胶印机就有22台,是当时解放区印钞机构机械化程度较高的厂家之一。

1949年上半年,沈阳、天津、北平、上海等大城市相继解放,各大解放区印钞机构在接收国民党政府印钞造币设备器材的基础上,进行了集中整合改组。改组后新建的北京中国人民印刷厂,天津人民印刷厂,上海人民印刷厂一厂、二厂,沈阳造币厂等,都已具有了较先进的电气化、机械化印钞设备和器材。如沈阳造币厂印钞部分,已有各种规格的胶印机42台、铅印机39台、裁切机13台、制版设备30台，专建的胶印工房2 500平方米，另有铅印、制版、照相等工作车间及制墨厂等，成为东北地区设备齐全、数量多、性能先进的大型厂家之一。

第八章　中国革命根据地货币的历史经验

　　中国革命根据地货币,是在中国特定的社会政治经济条件下发生的历史现象,它在中国乃至世界的货币史上都具有特殊的重要地位。中国革命根据地货币,为什么能够在经济十分贫穷落后、物流闭塞的农村最早产生出来呢?为什么能够在国家内忧外患、天灾人祸频仍,饱受外国侵略者铁蹄蹂躏的恶劣环境下得以生存并发展壮大起来呢?为什么能够在旧中国几十种货币纷繁复杂的混乱流通中,一枝独秀地成为中国唯一合法货币从而统一全国货币流通市场,并几十年不间断地繁衍下来呢?其实,它的答案就蕴藏在中国革命根据地货币点点滴滴的历史之中。回顾革命根据地货币二十多年曲折的发展历程,从正反两方面提炼总结出一些带有规律性的东西,对于进一步探索和建设中国特色社会主义金融事业是有益的。对此,笔者有以下一些体会。

一、实事求是地灵活运用马克思主义原理,是革命根据地货币产生的理论基础

马克思主义认为,无产阶级对于资产阶级的革命斗争,必须掌握大的银行和它所发行的货币,才能保证斗争的胜利。马克思在1871年《法兰西内战》一书中总结了巴黎公社革命斗争的经验教训,20年后恩格斯在1891年为这本书写的导言中以十分惋惜的笔调写道:"最令人难解的,自然是公社把法兰西银行视为神圣,而在其大门以外毕恭毕敬地伫立不前。这也是一个严重的政治错误。银行掌握在公社手中,这会比扣留一万个人质更有价值。"[①]恩格斯明确指出,公社未能没收银行,掌握货币控制权这一事关革命成败的行为是严重的政治错误。其实,马克思、恩格斯两位革命导师早在1848年《共产党宣言》中就已指出,无产阶级革命胜利后必须"通过拥有国家资本和独享垄断权的国家银行,把信贷集中在国家手里"[②]。列宁在《布尔什维克能保持国家政权吗?》一文中也说,"没有大银行,社会主义是不能实现的"[③]。由此可见金融作为经济的核心,作为无可替代的锐利的武器,在无产阶级革命斗争中的重要地位。

---

① 参见马克思、恩格斯:《马克思恩格斯选集》第2版,第三卷,10页,北京,人民出版社,1995。
② 参见马克思、恩格斯:《马克思恩格斯选集》第2版,第一卷,293页,北京,人民出版社,1995。
③ 参见《列宁选集》,第三卷,311页,北京,人民出版社,1960。

但是，以上这些理论都是在成熟的资本主义社会进行无产阶级革命的大背景下提出并得到印证的，而在像中国这样的半殖民地半封建社会，在经济落后闭塞的农村，是否也适用？马克思主义革命导师们没有提到，当时的国际共产主义运动也没有先例。中国共产党的先贤们，从中国革命的实际出发，以他们掌握的马克思主义理念和实际行动对此作出了回答。他们认为，旧中国的工农群众和无产者经受着更加严厉的剥削和压迫，虽然当时中国农村没有大的银行可没收，但没收和征发统治阶级占有的土地、高利贷等剥削手段实际上就切断了他们的经济命脉，革命的工农政权可以建立自己的银行，发行自己的货币，自主地掌握金融这一犀利武器向敌人展开斗争。在实践中，革命根据地建银行、发货币，既解决了工农武装斗争的军需问题，又解决了根据地内部民生问题，还支撑了革命政权的建设与发展，配合政治斗争和军事斗争，在经济战线对敌人展开针锋相对的货币斗争并不断取得了胜利。所有这一切，充分证明了马克思主义关于货币与银行是革命斗争必不可少的，可以给敌人以致命打击的有力武器的理论，在经济相对落后的发展中国家也是可行的，而关键是要实事求是地掌握好它的精髓。

二、与人民群众的血肉联系，是革命根据地货币强大生命力之所在

革命根据地货币的宗旨是为人民群众的利益服务，根

据地的货币政策以及各种管理制度、措施，也都是以革命战争的需要和人民的利益为出发点的。早在第一次大革命时期，农民协会就是为解决工农群众因受乡绅富豪盘剥刁难而存在的生产、生活困难，为缓解金融市场因富商抽走资金筹码而萧条停滞才印制发行货币的。如湖南金刚公有财产保管处在它的钞票上就明确印出，"因外感现金之缺乏，内负民众之需求，不得已由本处暂出两种元票、角票有期证券"。农民协会钞票一经发出，就受到群众的广泛欢迎。如醴陵地方银行发钞后，有人兴奋地在银行大门贴起"八口无饥矣"、"乡人皆好之"的对联。土地革命时期，在以银元为本位的货币制度下，根据地银行实行十足兑现的政策，银行都建立了充足的发行准备金，并采取多种措施广设兑换点，方便群众兑现，保护群众利益。抗日战争和解放战争时期，在不兑现的信用货币制度下，根据地银行本着"一切为群众利益着想"的原则，实行灵活掌控货币发行的政策，一方面扩大货币发行，为市场注入资金，支持革命战争和发展生产，另一方面认真控制货币发行总量，建立以市场所需商品物资为主的货币发行准备金，力求使市场货币流通量与货币需要量基本保持平衡，以使币值和物价相对稳定。虽然在战争环境下通货膨胀是不可避免的，但革命根据地货币的通货膨胀率远比同一时期日伪货币和国民党货币的通货膨胀率低得多，人民群众得到了实惠。

与此同时，革命根据地货币也时刻离不开人民群众的支持、帮助和保护。相当多的根据地银行和货币制作机构，是由当地人民集体入股或冒着生命危险提供各种帮助而建成或扩充发展起来的。银行和印钞机构每到一个驻地，广大群众就主动腾出最好的房屋，积极站岗放哨，传送情报，帮助运送钞票和物资。敌人来时，帮助转移，坚壁机器、物资。危急时，掩护工作人员，看护伤员，老者认"儿女"、妇女认"丈夫"以欺骗敌人，不是亲人胜似亲人。银行印好的钞票没有存储的库房，就装在麻袋里存放在百姓家中或山洞里，除少数银行保卫人员外主要由群众护卫，从未发生遗失或偷盗问题。1941年11月，冀南岩头村村长王士杰，掩护银行埋藏材料、物资后遭遇了日寇，他坚贞不屈，决不吐露埋藏地点而被活活烧死。1943年初，冀南银行总行所在地黎城小寨村农民霍星斗，在一次反"扫荡"中顶着敌人刺刀守口如瓶，坚决不泄露银行坚壁机器、账款、物资的地点，结果全家老少九口被敌人以惨绝人寰的方法烧死、刺死，最小的还不满一岁。

就是这样，由于有了广大人民群众的支持和爱护，根据地货币的印制、发行和管理工作，虽经历艰险磨难，却仍能不断发展壮大起来。

三、党的正确领导，是革命根据地货币发展壮大的根本保证

革命根据地货币的印制、发行、管理等工作，无时无刻不是在党组织的关怀和领导下进行的。党通过日常的组

织领导和思想政治领导，使货币工作队伍纪律严明，不怕艰难困苦，成为始终保持旺盛战斗力的群体。党通过路线、方针、政策的领导，使根据地货币在艰苦复杂的斗争中常立于不败之地，并取得良好成绩。多年来的事实证明，当党的路线、方针、政策正确时，根据地货币工作就进展顺利，在对敌货币斗争中就会不断取得胜利，从而有力地支持革命战争，博得根据地军民的拥护和爱戴。当党在路线、方针、政策上出现了偏差时，根据地货币工作就会受到挫折。

土地革命时期，各农村根据地初建时，工农银行都发行了以银元为本位的兑换券，设置了较充足的发行准备金，钞票币值比较稳定。后来，一些根据地党内路线斗争中"左"倾机会主义占据了领导地位，推行极"左"的政治、经济政策，在经济上切断了财政收入来源，盲目扩大货币发行，淘空了货币发行准备金，使兑换券成为不兑现的纸币，以致物价狂涨，社会秩序不稳定。虽然当时坚持正确路线主张的同志们据理力争，对极"左"的政治、经济路线政策提出严正批评，红军政治部、政府财经部门和银行采取了各种抢救措施，但也未能从根本上扭转局面，加之在军事上反"围剿"失利，结果不得不撤出根据地实行长征。抗日战争开始后，1937年12月，晋察冀边区开始试印晋察冀边币，次年正式发行，这是敌后抗日根据地最早的钞票之一。此时，经过长征的同志们对过去苏区货币政策上的惨痛教训记忆犹新。1938年8月，毛泽东等党中央领导联名对晋察冀边区货币工作发出指示信,对在对敌斗争中如何稳定币值、控制货币发行量、建立发行准备金、结合对外贸易开展货币阵地斗争和比价斗争,以及货币政策与财政政策相结合等问题提出了具体要求,告诫大家只有比较稳定的货币才能同日寇作持久的斗争。[①] 这一指示,实际是对土地革命时期两条路线斗争关于货币政策和货币工作经验教训的马克思主义总结。各个根据地经历过土地革命的领导干部也都感同身受,因此在抗日战争和解放战争时期,各个根据地货币工作者都能自觉地以这一指示精神作为基本指导方针并坚决执行,虽然历尽了千难万险和各种曲折,最终还是取得了胜利。

四、各部门有机配合,适度掌控货币发行量,是革命根据地货币保持币值相对稳定的关键

在战争环境下,货币和物价的相对稳定决定着军事斗争、政治斗争和经济斗争的胜利。但具体到根据地货币工作上,一方面要适应财政支持战争的需要,扩大货币发行,向市场投入较多的货币;另一方面又必须有效地控制货币发行,不能使市场货币流通量过多地超过市场需要量,以保持币值稳定和社会秩序安定。这两方面的需求,对货币发行工作来说是相互矛盾的,但对根据地的全局来说又都

---

① 参见殷毅:《中国革命根据地印钞造币简史》,405页,北京,中国金融出版社,1996。

是必需的，不能偏废。各个根据地经多年的实践认识到，只有审时度势，动员各方面力量，灵活适度地掌控货币发行量，才能做到既可保证战时财政的需要，又能保持币值相对稳定。

土地革命时期，在稳定纸币币值问题上有经验也有教训。有的根据地如闽浙赣根据地，一方面坚持货币按经济需要发行，另一方面开源节流，扩大财政收入，严格控制货币的财政性发行，从而使当地的纸币在四年多时间内，既支持了部队和财政的需要，又保持了币值稳定，纸币与银元一直等价流通，市场物价基本稳定。与此同时，也有些根据地如中央苏区、湘赣根据地等，在"左"倾机会主义影响下，为了支持庞大的财政开支而盲目扩大纸币发行，结果出现严重通货膨胀，币值低落，市场不稳。

在抗日战争和解放战争时期，各个根据地在党中央的正确领导下，认真汲取过去的经验教训，在保证军事必要开支的前提下，各个部门相互配合，对货币发行量的掌控采取了一系列措施。一是支持生产，发展贸易，在财政上开源节流。在客观条件允许的情况下，通过贷款、投资和其他宽松的政策来扩大工农业生产，发展对外贸易，增强根据地经济实力，同时通过发行公债、加强税收等方式努力扩大财政收入来源，节约行政性支出。二是建立以市场所需物资和外汇为主的货币发行准备金，在流通货币过多时投入市场。三是金融部门建立货币数量控制制度。如晋察冀边区建立了对边区人口、货币发行及货币购买力的统计制度，实行按人均货币量来考察市场货币流通量是否过多。中原解放区设计了按人均中州币与银元比价估算货币量的公式，以此公式计算市场货币需要量，并与实际货币发行量进行对比分析，发现问题及时采取措施。四是实行对货币投放与回笼渠道的监控统计，重点关注财政性发行数字的变化，并根据财政性发行与经济性发行比例的变化来掌控货币发行量。五是各地金融部门普遍进行经常性的市场物价调查，根据市场情况的变化，及时投放物资或通过外贸购入商品供应市场，回笼多余货币。通过以上一系列工作，虽然战争中货币超经济发行不可避免，然而各根据地的货币发行始终处于可调控范围之内，革命根据地市场物价比之于抗日战争中沦陷区的物价、解放战争中国民党统治区的物价都远为平稳。

五、开展以我为主的货币斗争，是革命根据地货币统一流通市场的主要策略

在旧中国多种货币混杂流通的环境下，根据地货币要能够立足于其中并得到发展，只有独立自主地对非根据地货币进行坚决的货币斗争，才能以本币统一根据地内货币流通市场，更好地为革命战争和人民群众利益服务。多年的经验证明，根据地货币斗争包括将一切非根据地货币排除出根据地之外的阵地斗争和对敌方货币展开的适时适度的货币兑换比价斗争两个方面，二者相辅相成，在不同的条件下发挥各自的作用。正是由于各个根据地坚持这两方

面的货币斗争策略并不断取得胜利,才最终使得人民币作为唯一合法的本位币统一了全国流通市场。

关于货币阵地斗争,早在1926年农民协会发行货币时就已存在,只是它的范围较小,为时较短。土地革命时期,1931年中华苏维埃全国代表大会总结了这方面的经验,并通过决议规定苏维埃银行"须用自己的货币占领货币流通市场","对苏区外来的货币须一律兑换成苏维埃自己发行的货币"。这一决议案以后即成为各根据地货币工作的基本指导方针,直至全国解放。抗日战争时期货币关系最为复杂,敌、友、我三方货币交错流通,各根据地在确立自身货币为当地本位币的同时,对敌币和友币采取了区别对待的政策。邓小平曾说,"我们货币政策的原则,是打击伪钞,保护法币"①,这就是当时的情况。各根据地对于日伪币和地方性杂币,采取措施坚决予以取缔,禁止流通。对于国民党法币,由于统战关系,在政治、经济形势不断变化的过程中,在不同时段采取了不同的斗争策略。多数抗日根据地对法币的阵地斗争大体经历了:法币与根据地货币并行流通;允许法币有条件地流通;禁止法币流通,同时保护法币避免其外流;对法币不再保护,并将其排出境外等几个策略阶段,最后实现了统一的革命根据地货币市场。解放战争时期,在新老解放区和内战中的收复区,各根据地政府一如既往采取坚决禁止国民党货币流通的政策,将其排出境外。值得一提的是,在大规模运动战、拉锯战、

---

① 参见《邓小平文选》,第一卷,84页,北京,人民出版社,1994。

游击战过程中靠近敌人的边缘区，货币关系动荡而复杂。当敌人来时，市场流通使用国民党货币，敌人退走后又恢复使用革命根据地货币，而且这种情况曾多次反复。根据地政府采取的对策是，当我军撤出时，主动向市场抛售物资回收根据地货币，保持币值稳定，不使群众利益受损。经过几次反复后，当地商民体验到了实惠，都乐于使用革命根据地货币，鄙弃不断膨胀、日益贬值的国民党货币，即使在国民党军占领期间，也明里暗里以革命根据地货币计价、记账、支付货款，从而敌军撤退后国民党货币很快被肃清。晋察冀、晋冀鲁豫边区的一些地方都出现过这种情况，后来《当代中国的金融事业》一书对此曾评论说，"地方虽然暂时丢了，而边区的货币阵地仍然保持着"。[①]

比价斗争，其实质是根据地货币在与敌区货币的兑换中如何通过市场管理等措施实现对我有利的兑换比率的过程。比价斗争与阵地斗争是相互配合进行的，而当流通市场已由革命根据地货币统一之后，比价斗争便成为对敌货币斗争的焦点。比价斗争的特点是，通过对市场经常性的切实调查研究，在尊重市场客观规律的基础上，对货币兑换率进行适时适度的行政掌控，由根据地银行与外贸、工商管理等部门配合，在银行网点、外贸口岸及大的集镇等处组织实施。后来各根据地总结出了一套经验做法，即"本着有利于保持根据地货币币值稳定，有利于根据地重要

[①] 参见尚明：《当代中国的金融事业》，24页，北京，中国社会科学出版社，1989。

物资（棉花、粮食）的生产和收购，有利于军民必需品的输入，并照顾剩余土产品输出的原则，通过经常性的市场调研，根据两种货币购买力的高低和地区间物资输入输出的实际情况，适时确定和灵活调整双方货币兑换比率"。[①]抗日战争和解放战争时期的各老解放区以及东北等根据地，在比价斗争中都取得了突出的成绩，如东北解放区1946年对伪满券"赶绵羊"斗争的胜利就是很好例证。解放战争中后期国民党货币恶性通货膨胀，正常的市场被扭曲，比价斗争就不再适用了。各个根据地只得采取行政性手段，如"包封出口"等办法，将国民党货币驱逐出境外。

六、以人为本，培育一支思想道德高尚、勤劳勇敢、技术过硬的职工队伍，是革命根据地货币工作不断发扬光大的基石

各个根据地都极重视金融系统货币制作、发行与管理人员的组织建设和思想政治教育。多数货币制作机构，在党组织与行政部门的配合下，采取多种形式对员工进行思想政治教育，从而使各个货币制作、发行、管理机构营造出一个团结、紧张、精神、奋发的思想政治环境，职工们争着为印钞造币工作作出奉献，有相当一批干部、职工为了革命根据地货币事业而负伤、患病，甚至英勇地献出了自己的生命。

[①] 参见尚明：《当代中国的金融事业》，24页，北京，中国社会科学出版社，1989。

货币印制、发行与管理是一项政治性、技术性很强的工作，因此各根据地对这方面的技术人才、管理人才都极为珍视。各机构在大力推动职工们努力学政治、学文化、学技术的同时，还千方百计地收罗技术和管理人才。土地革命时期，许多根据地为铸造银元，把当地的银匠、制版师等视为珍宝，聘请他们作为师傅或顾问；苏维埃国家银行行长毛泽民就通过中华苏维埃共和国国家政治保卫局局长邓发将因冤案已判死刑的艺术人才黄亚光解救出来，安排其为苏维埃国家银行钞票设计票版，使其成为中央苏区钞票、邮票等各种票券印制设计的骨干。解放后，黄亚光历任中国人民银行总行副行长、中共福建省委书记等职。抗日战争和解放战争时期，各个根据地都通过多种渠道，从部队、地方政府部门抽调优秀人员充当货币工作的领导和骨干，从社会上、从兄弟单位、从缴获的敌人的印钞造币机构招聘、接收大量思想好、技术过硬的技术工人、技师、工程师、照相制版师以及绘画雕刻艺术家等印钞造币专业技术人才。有的根据地甚至通过地下党组织，从敌人统治区招聘各种专业技术人员从事根据地货币制作工作。如江淮印钞厂1941年通过上海地下党组织，将香港中华书局和苏北裕兴公司印钞厂的部分印钞工人和技术人员招聘到根据地从事印钞工作。1946年，东北嫩江省银行印刷厂利用东北民主联军收复长春的时机从日伪印刷厂接收了一批印钞设备和技术人员，还招聘了数十名日本、朝鲜等外籍的技术人员和工人作为技术骨干，对该厂印钞工作起了很好的作用。1948年该厂并入东北银行佳木斯印刷厂后，有不少外籍人员在劳动竞赛中立了功，成为劳动模范。许多印钞机构的技术人员与广大工人结合在一起，动脑筋想办法，搞了不少发明创造，改造革新了多种印钞机器和动力设备，晋察冀边区自行研制出了技术性很强的凹印设备，陕甘宁、晋绥、皖江、盐阜等根据地还利用当地原材料自行研制出质量较好、防伪性能较强的印钞专用纸和油墨等材料。

正是由于货币印制、发行与管理人员有着较高的政治素质和业务技术素质，才使得革命根据地货币的产量成倍增加，质量日新月异，流通渠道顺畅，币值相对稳定，很好地完成了支援工农红军、抗日部队、人民解放军胜利进军的任务，有力地支持了迅速扩大的革命根据地建设工作，解决了民生问题，最终使得人民币胜利统一全中国货币流通市场。

附录一 农村根据地货币一览表

表1　湘南根据地货币一览表

货币名称	发行机构	币材	面额	版别	流通区域	流通时间	备注
耒阳工农兵苏维埃政府劳动券	耒阳县工农兵苏维埃政府	纸	壹圆	1	湘南耒阳苏区	1928年2～4月	
耒阳第十三区工农兵苏维埃政府劳动券	耒阳县第十三区工农兵苏维埃政府	纸	壹角 贰角	2	耒阳县第十三区	1928年2～4月	手写
中华苏维埃金币	郴县良田乡苏维埃政府	金	拾圆 贰拾圆	2	郴县苏区	1928年1月	

资料来源：《中国钱币大辞典》编纂委员会：《中国钱币大辞典》，北京，中华书局，2001。

表 2　海陆丰根据地货币一览表

货币名称	发行机构	币材	面额	版别	流通区域	流通时间	备注
海陆丰劳动银行银票	海陆丰劳动银行	纸	壹圆 伍圆 拾圆	3	海陆丰根据地	1928年2月	南丰织造厂银票加盖戳记

资料来源：吴平：《华南革命根据地货币史》，北京，中国金融出版社，1995。

表 3　井冈山根据地货币一览表

货币名称	发行机构	币材	面额	版别	流通区域	流通时间	备注
"工"字银元	湘赣边界苏维埃政府	银	壹圆	1	井冈山根据地	1928年5月～1929年1月	

资料来源：罗开华等：《湘赣革命根据地货币史》，北京，中国金融出版社，1992。

表 4　中央苏区根据地货币一览表

货币名称	发行机构	币材	面额	版别	流通区域	流通时间	备注
东古平民银行铜元票	东古平民银行	纸	拾枚 贰拾枚 壹佰枚	4	吉安东固苏区	1929年8～11月	
东古银行铜元票	东古银行	纸	拾枚 贰拾枚 壹佰枚	4	赣西苏区	1930年2月～1931年1月	
坑口墟消费合作社银毫票	坑口墟消费合作社	纸	毫半	1	闽西杭武第三区	1931年1～5月	

附录一 农村根据地货币一览表　257

续表

货币名称	发行机构	币材	面额	版别	流通区域	流通时间	备注
蛟洋农民银行流通券	蛟洋农民银行	纸	壹角 壹圆	2	闽西蛟洋苏区	1927年12月~1928年6月	
永定县太平区信用合作社银毫票	永定县太平区信用合作社	纸	壹圆 伍圆 拾圆	3	闽西永定县太平区	1929年10月~1932年	
永定县第三区信用合作社银毫票	永定县第一区信用合作社	纸	壹毫 贰毫 伍毫	3	闽西湖雷苏区	1930年2月~1931年3月	加盖"丰"字
永定县第三区信用合作社银毫票	永定县第一区信用合作社	纸	壹毫	1	闽西永定县第三区	1930年2月~1931年	加盖"丰"字
上杭县北四区信用合作社流通券	上杭县北四区信用合作社	纸	贰角 伍角	2	闽西上杭县北四区	1929年10月	
闽西工农银行辅币券	闽西工农银行	纸	壹角 贰角 伍角	3	闽西苏区	1930年11月~1932年	
闽西工农银行银元票（暂用）	闽西工农银行	纸	壹圆	2	闽西苏区	1930~1932年	
江西工农银行铜元票	江西工农银行	纸	拾枚 伍佰文 壹仟文	4	赣南苏区	1931年初~1931年秋	

续表

货币名称	发行机构	币材	面额	版别	流通区域	流通时间	备注
江西工农银行暂借发行券	江西工农银行	纸	壹角	1	赣西南苏区	1930年11月~1931年1月	加盖戳记
中华苏维埃共和国国家银行银币券	中华苏维埃共和国国家银行	纸	伍分 壹角 贰角 伍角 壹圆	8	中央苏区	1932年7月~1935年2月	
中华苏维埃共和国铜币	中华苏维埃共和国国家银行	铜	壹分 伍分	7	中央苏区	1932~1934年	
中华苏维埃共和国银币	中华苏维埃共和国国家银行	银	贰角 壹圆	4	中央苏区	1932~1934年	
中华苏维埃共和国国家银行仿制银元	中华苏维埃共和国国家银行	银	壹圆	3	中央苏区和国统区	1932~1934年	
江西省苏维埃政府仿制银元	江西省苏维埃政府	银	壹圆	3	赣南苏区和国统区	1930年1月~1931年11月	
闽西南军政委员会借钱票	闽西南军政委员会	纸	壹圆 伍圆 拾圆	3	闽西游击区	1936年初~1937年10月	木版或手写

资料来源：罗华素、廖平之：《中央革命根据地货币史》，北京，中国金融出版社，2003；殷毅：《中国革命根据地印钞造币简史》，北京，中国金融出版社，1996。

附录一 农村根据地货币一览表

表5 湘鄂西根据地货币一览表

货币名称	发行机构	币材	面额	版别	流通区域	流通时间	备注
监利县苏维埃信用券	监利县苏维埃政府	纸	壹角 贰角 壹圆	3	湖北监利苏区	1930年3~10月	
沔阳县苏维埃政府信用券	沔阳县苏维埃政府财经委员会	纸	壹角 贰角 伍角	4	湖北沔阳苏区	1930年7~10月	
石首县农业银行信用券	石首县农业银行	纸	壹圆	2	湖北石首苏区	1930年2~7月	
鄂西农民银行信用券	鄂西农民银行	纸	壹角 贰角 伍角 壹圆 伍角	5	洪湖苏区	1931年7~11月	
鄂西农民银行信用条	鄂西农民银行	纸	贰角	8	洪湖苏区	1931年7~11月	
中华苏维埃共和国国家银行湘鄂西特区分行银币券	中华苏维埃共和国国家银行湘鄂西特区分行	纸	壹角 贰角 伍角 壹圆	12	洪湖苏区	1931年12月~1932年夏	
鄂北农民银行兑换条	鄂北农民银行	纸	壹串文	1	湖北均县、房县苏区	1931年7~9月	
鄂北农民银行信用条	鄂北农民银行	纸	伍角 壹圆	2	湖北均县、房县苏区	1931年7~12月	
鹤峰县苏维埃政府信用券	鹤峰县苏维埃银行	布	壹角 贰角 伍角 壹圆	4	湘鄂边鹤峰苏区	1931年3月~1932年7月	白竹布

续表

货币名称	发行机构	币材	面额	版别	流通区域	流通时间	备注
鹤峰苏维埃银行铜币券	鹤峰县苏维埃银行	纸	壹佰文 贰佰文 伍佰文 壹串文	4	湘鄂边鹤峰苏区	1931年3月~1933年8月	棉丝纸
湘鄂西省赤色铜币	湘鄂西省苏维埃政府	铜	壹分	1	湘鄂西苏区	1931~1932年	
中国苏维埃共和国币	鄂北农民银行	银	壹圆	1	鄂北房县苏区	1931年8~12月	
中国苏维埃共和国造银币	鄂北农民银行	银	壹圆	1	鄂北房县苏区	1931年8~12月	
"维持块"	鄂北农民银行	银	七钱二分	1	鄂北房县苏区	1931年7~8月	
中国苏维埃造银币	湘鄂西苏维埃政府	银	壹圆	1	湘鄂西苏区	1931年	
"苏维埃"戳记银元	湘鄂西苏维埃政府	银	壹圆	1	湘鄂西苏区	1931年	加盖戳记
湘鄂西盖戳铜元	湘鄂西苏维埃政府	铜	当拾文 当二拾文 当五拾文	3	鄂西苏区		加盖戳记

资料来源：刘崇明、祝迪涌：《湘鄂西革命根据地货币史》，北京，中华书局，2001。中国金融出版社，1996；《中国钱币大辞典》编纂委员会：《中国钱币大辞典》，北京，中华书局，2001。

湘鄂赣根据地货币一览表

表6

货币名称	发行机构	币材	面额	版别	流通区域	流通时间	备注
平江县工农银行光洋票	平江县工农银行	纸	壹角 贰角 伍角	5	平江苏区	1930年11月~1931年11月	
平江县工农银行银洋票	平江县工农银行	纸	壹圆	1	平江苏区	1930年11月~1931年11月	
平江县加义区苏维埃政府财政部铜钱票	加义区苏维埃政府财政部	纸	壹吊钱	1	平江县加义区	1930~1931年	6吊兑1圆
万载县工农兵银行银洋票	万载县工农兵银行	纸	壹角 贰角 壹圆	3	万载苏区	1931年1~10月	
浏阳工农兵银行银洋票	浏阳工农兵银行	纸	壹角 贰角 叁角	3	浏阳苏区	1931年1~11月	
铜鼓县生产合作社银洋票	铜鼓县生产合作社	纸	壹角 贰角	2	铜鼓苏区	1931年1~11月	
修水县立赤色消费合作总社铜元票	修水县立赤色消费合作总社	纸	壹佰文 叁佰文 伍佰文	3	修水苏区	1931年1~11月	
修水县立总合作社铜元钱票	修水县立总合作社	纸	壹佰文 叁佰文	2	修水苏区	1931年1~11月	

续表

货币名称	发行机构	币材	面额	版别	流通区域	流通时间	备注
宜春县工农兵银行银洋票	宜春县工农兵银行	纸	贰角 叁角	2	宜春苏区	1931年8～11月	
湘鄂赣省工农银行铜元钱票	湘鄂赣省工农银行	纸	壹佰文 贰佰文 伍佰文 壹仟文	7	湘鄂赣苏区	1931年1月～1934年7月	
湘鄂赣省工农银行铜元票	湘鄂赣省工农银行	纸	贰佰文	1	湘鄂赣苏区	1931年11月～1934年7月	
湘鄂赣省工农银行银洋票	湘鄂赣省工农银行	纸	壹角 贰角 叁角 伍角 壹圆	10	湘鄂赣苏区	1931年11月～1934年7月	
阳新县沿河区农民银行兑换条	阳新县沿河区农民银行	纸	钱壹串文	1	阳新县沿河区	1930年初～1931年10月	
阳新县苏维埃政府农民银行兑换券	阳新县苏维埃政府农民银行	纸	铜元贰串	1	阳新苏区	1930年8月～1931年10月	
阳新县大凤区农民银行铜币券	阳新县大凤区农民银行	纸	贰串文	1	阳新县大凤区	1930年初～1931年10月	
阳新县龙燕区农民银行兑换条	阳新县龙燕区农民银行	纸	铜元钱壹仟文	1	阳新县龙燕区	1930年初～1931年10月	

附录一 农村根据地货币一览表

续表

货币名称	发行机构	币材	面额	版别	流通区域	流通时间	备注
阳新县福丰区农民银行兑换条	阳新县福丰区农民银行	纸	钱伍佰文	1	阳新县福丰区	1930年初~1931年10月	
大冶第五区农民银行兑换条	大冶第五区农民银行	纸	铜元钱贰串文	1	大冶苏区	1930年初~1931年10月	
鄂东农民银行铜币券	鄂东农民银行	纸	壹串文	1	阳新苏区	1931年	
鄂东农民银行总行铜币券	鄂东农民银行	纸	贰串文 壹佰文	2	阳新苏区	1930年9月~1931年10月	
鄂东总行铜币券	鄂东农民银行	纸	贰串文	1	阳新苏区	1930年9月~1931年10月	
鄂东南工农兵银行铜币券	鄂东南工农兵银行	纸	伍佰文 壹串文 贰串文 伍串文	6	鄂东南苏区	1931年10月~1932年3月	
鄂东工农兵银行铜币券	鄂东工农兵银行	纸	壹串文 拾串文	3	鄂东南苏区	1932年3~5月	
鄂东南工农兵银行铜币券	鄂东南工农兵银行	纸	贰佰文 伍佰文 伍串文	3	鄂东南苏区	1932年5月~1933年	

续表

货币名称	发行机构	币材	面额	版别	流通区域	流通时间	备注
平江县苏维埃政府银币	平江县苏维埃政府	银	壹圆	1	平江苏区	1931年初~1931年10月	
铜鼓县苏维埃政府仿制银元	铜鼓县苏维埃政府	银	壹圆	3	铜鼓苏区	1931年1~11月	
万载县苏维埃政府仿制银元	万载县苏维埃政府	银	壹圆	3	万载苏区	1931年春~1931年10月	
修水县苏维埃政府仿制银元	修水县苏维埃政府	银	壹圆	3	修水苏区		
湘鄂赣省苏维埃政府仿制银元	湘鄂赣省苏维埃政府	银	壹圆	3	湘鄂赣苏区	1930年10月	
湖南省苏维埃政府仿制银币	湖南省苏维埃政府	银	壹圆	1	湘鄂赣边境地区		

资料来源：丁国良、张运才：《湘鄂赣革命根据地货币史》，北京，中国金融出版社，1993。

附录一 农村根据地货币一览表

表7 湘赣根据地货币一览表

货币名称	发行机构	币材	面额	版别	流通区域	流通时间	备注
中华苏维埃共和国湘赣省工农银行银币券	中华苏维埃共和国湘赣省工农银行	纸	壹角 壹圆	3	湘赣苏区	1932年1月~1934年5月	
中华苏维埃共和国国家银行湘赣省分行铜元票	中华苏维埃共和国国家银行湘赣省分行	纸	拾枚	1	湘赣苏区	1934年1~5月	
中华苏维埃共和国国家银行湘赣省分行银币券	中华苏维埃共和国国家银行湘赣省分行	纸	伍分 壹角 贰角 壹圆	7	湘赣苏区	1933年1月~1934年5月	
中华苏维埃共和国湘赣省革命战争债券改作银币券	湘赣省苏维埃政府	纸	壹圆 贰圆 伍圆	4	湘赣苏区	1932年12月~1933年7月	
仿制大清银币	湘赣省苏维埃政府	银	壹圆	1	湘赣苏区	1932年10月~1934年7月	

资料来源：罗开华等：《湘赣革命根据地货币史》，北京，中国金融出版社，1992。

表8 闽浙赣根据地货币一览表

货币名称	发行机构	币材	面额	版别	流通区域	流通时间	备注
赣东北特区贫民银行铜元票	赣东北特区贫民银行	纸	贰角 伍角	2	赣东北苏区	1931年5月~1932年6月	
赣东北省苏维埃银行银洋券	赣东北省苏维埃银行	纸	壹角 伍角 壹圆	5	赣东北苏区	1932年6~12月	

续表

货币名称	发行机构	币材	面额	版别	流通区域	流通时间	备注
赣东北省苏维埃银行闽北分行银洋券	赣东北省苏维埃银行闽北分行	纸	壹角 贰角 伍角	6	闽北苏区	1932年1月~1933年1月	
闽浙赣省苏维埃银行银洋券	闽浙赣省苏维埃银行	纸	壹角 壹圆	3	闽浙赣苏区	1933年1月~1934年	
闽浙赣省苏维埃银行铜元票	闽浙赣省苏维埃银行	纸	拾枚	1	闽浙赣苏区	1933~1934年	
闽浙赣省苏维埃银行闽北分行银洋券	闽浙赣省苏维埃银行闽北分行	纸	壹角 壹圆	2	闽北苏区	1934~1935年	
赣东北省苏维埃银行闽北分行大额银元兑换券	赣东北省苏维埃银行闽北分行	纸	伍拾圆 壹佰圆	2	闽北苏区	1932年	
中国苏维埃造银币	闽浙赣省苏维埃政府	银	壹元	1	闽浙赣苏区	1934年	
粉碎敌人五次围攻决战临时军用币	闽浙赣省苏维埃政府	银	壹圆	1	闽浙赣苏区	1934年	外贸使用
仿制银元	闽浙赣省苏维埃政府	银	壹圆	4	闽浙赣苏区	1933~1934年	

资料来源：张书成、许炳南：《闽浙赣革命根据地货币史》，北京，中国金融出版社，1996。

表9　鄂豫皖根据地货币一览表

货币名称	发行机构	币材	面额	版别	流通区域	流通时间	备注
鄂豫皖区苏维埃银行银币券	鄂豫皖区苏维埃银行	纸	伍角 壹圆	2	鄂豫皖苏区	1931年	
鄂豫皖特区苏维埃银行银币券	鄂豫皖特区苏维埃银行	纸	伍角 壹圆	3	鄂豫皖苏区	1931年	
鄂豫皖省苏维埃银行银币券	鄂豫皖省苏维埃银行	纸	伍角 壹圆	3	鄂豫皖苏区	1931年	
鄂豫皖省苏维埃工农银行银币券	鄂豫皖省苏维埃银行	纸	贰角 伍角	2	鄂豫皖苏区	1931年	
鄂豫皖苏维埃经济公社铜元票	鄂豫皖苏维埃经济公社	纸	贰串文	2	鄂豫皖苏区	1932年	
皖西北特区苏维埃银行银币券	皖西北特区苏维埃银行	纸	贰角 壹圆 贰圆 伍圆	5	鄂豫皖苏区	1931~1932年	
经济公社流通券铜元票	鄂豫皖苏维埃经济公社	油布	贰拾文 壹佰文 贰佰文 壹串文 贰串文 叁串文 伍串文	7	鄂豫皖苏区	1933年	
皖西北苏维埃造铜币	皖西北苏维埃政府	铜	贰拾文 二十文 伍拾文 五十文	5	皖西北特区	1931年	

续表

货币名称	发行机构	币材	面额	版别	流通区域	流通时间	备注
皖西北道区苏维埃政府造铜币	皖西北道区苏维埃政府	铜	伍拾文	3	皖西北地区	1931年	
皖西北特区苏维埃银行铜币	皖西北特区苏维埃银行	铜	贰拾文 伍拾文 壹佰文	3	皖西北特区	1932年	
鄂豫皖省苏维埃银行铜币	鄂豫皖省苏维埃银行	铜	伍拾文	2	鄂豫皖苏区	1932年	
赤城县苏维埃银行铜币	赤城县苏维埃银行	铜	伍拾文 壹佰文	2	皖西北赤城苏区	1932年2月	
皖西北特区苏维埃银行银币	皖西北特区苏维埃银行	银	伍角 壹圆	2	鄂豫皖苏区	1932年	
鄂豫皖省苏维埃银行银币	鄂豫皖省苏维埃银行	银	壹圆	1	鄂豫皖苏区	1931年	
鄂豫皖省苏维埃政府工农银行银币	鄂豫皖省苏维埃政府工农银行	银	壹圆	3	鄂豫皖苏区	1932年	
赤城县苏维埃银行银币	赤城县苏维埃银行	银	壹圆	1	皖西北赤城苏区	1932年2月	

资料来源：胡菊蓮：《鄂豫皖革命根据地货币史》，北京，中国金融出版社，1998；殷毅：《中国革命根据地印钞造币简史》，北京，中国金融出版社，1996。

表10　川陕根据地货币一览表

货币名称	发行机构	币材	面额	版别	流通区域	流通时间	备注
川陕省苏维埃政府工农银行银币券	川陕省苏维埃政府工农银行	纸	壹圆	1	川陕苏区	1933~1935年	马列头像
川陕省苏维埃政府工农银行铜币券	川陕省苏维埃政府工农银行	纸	壹串文	1	川陕苏区	1933~1935年	列宁头像
中华苏维埃共和国川陕省工农银行铜币券	川陕省苏维埃政府工农银行	纸	叁串文	1	川陕苏区	1933~1935年	列宁像
中华苏维埃共和国川陕省工农银行银币券	川陕省苏维埃政府工农银行	纸	壹圆	1	川陕苏区	1933~1935年	斯大林头像
中华苏维埃共和国川陕省工农银行银币券	川陕省苏维埃政府工农银行	布	壹圆	1	川陕苏区	1933~1935年	斯大林头像
川陕省苏维埃政府工农银行铜币券	川陕省苏维埃政府工农银行	布	贰串文 叁串文 伍串文 拾串文	8	川陕苏区	1933~1935年	
中华苏维埃共和国川陕省造币厂造银币	中华苏维埃共和国川陕省造币厂	银	壹圆	19	川陕苏区	1934~1935年	
川陕省苏维埃仿制银元	川陕省苏维埃政府	银	壹圆	3	川陕苏区	1933~1935年	

续表

货币名称	发行机构	币材	面额	版别	流通区域	流通时间	备注
川陕省苏维埃政府造币厂造铜币	川陕省苏维埃政府造币厂	铜	200 文	27	川陕苏区	1933~1935 年	大 200 文
川陕省苏维埃铜币	川陕省苏维埃政府	铜	200 文	4	川陕苏区	1934~1935 年	小 200 文
川陕省苏维埃造铜币	川陕省苏维埃政府	铜	500 文	9	川陕苏区	1934~1935 年	
川陕省苏维埃锡币	川陕省苏维埃政府	锡	当 50 文当 100 文当 200 文	3	通南巴苏区	1933 年	

资料来源：袁远福、巴家云：《川陕革命根据地货币史》，北京，中国金融出版社，2003；《中国钱币大辞典》编纂委员会：《中国钱币大辞典》，北京，中华书局，2001。

表 11　陕甘陕北根据地货币一览表

货币名称	发行机构	币材	面额	版别	流通区域	流通时间	备注
陕甘省苏维埃银行银币券	陕甘省苏维埃银行	纸	壹角 伍角 壹圆	3	陕甘边区	1935 年 4~11 月	
中华苏维埃共和国五年印制铜币券	陕甘省苏维埃银行	纸	贰拾枚	1	陕甘边区	1935 年 4~11 月	

续表

货币名称	发行机构	币材	面额	版别	流通区域	流通时间	备注
陕北省苏维埃银行币	陕北省苏维埃银行	纸	壹分 贰分 伍分 壹角 贰角	5	陕北苏区	1935年6~9月	
陕甘晋省苏维埃银行纸币	陕甘晋省苏维埃银行	纸	壹分 贰分 伍分 壹角 贰角 伍角	6	陕甘晋苏区	1935年9~11月	
中华苏维埃共和国国家银行西北分行纸币	中华苏维埃共和国国家银行西北分行	纸	壹分 伍分 壹角 贰角 伍角	5	陕北苏区	1935年11月~1936年7月	
中华苏维埃人民共和国国家银行西北分行纸币	中华苏维埃人民共和国国家银行西北分行	纸	伍分 贰角 伍角 壹圆 贰圆	7	陕北苏区	1936年7月~1937年8月	
神府特区抗日人民革命委员会银行流通券	神府特区抗日人民革命委员会银行	纸	伍分	1	陕北神府特区	1936年春~1937年4月	
神府特区抗日人民革命委员会银行流通纸券	神府特区抗日人民革命委员会银行	纸	壹角 贰角 伍角 壹圆	4	陕北神府特区	1936年春~1937年4月	
陕甘边区银行油布票	陕甘边区银行	布	壹角 贰角 伍角 壹圆	4	陕甘边区	1934年2~11月	
陕甘边区农民合作银行兑换券	陕甘边区农民合作银行	布	壹角 贰角 伍角 壹圆	4	陕甘边区	1934年11月~1935年4月	

续表

货币名称	发行机构	币材	面额	版别	流通区域	流通时间	备注
陕甘省苏维埃银行银币券	陕甘省苏维埃银行	布	壹圆	1	陕甘边区	1935年4~11月	蜡纸刻印
陕甘晋省苏维埃银行银币券	陕甘晋省苏维埃银行	布	伍分 壹角 贰角 伍角	4	陕甘晋苏区	1935年9~11月	
中华苏维埃共和国国家银行西北分行布币	中华苏维埃共和国国家银行西北分行	布	壹角 贰角 壹圆	3	陕北苏区	1935年11月~1936年7月	
神府特区抗日人民革命委员会银行流通纸券	神府特区抗日人民革命委员会银行	布	壹角 贰角 伍角	3	陕府神府特区	1936年春~1937年4月	
中华苏维埃共和国五年制银元	陕北省苏维埃银行	银	壹圆	3	陕北苏区	1935年夏~1935年11月	
陕甘晋省苏维埃银行币	陕甘晋省苏维埃银行	银	壹圆	1	陕甘晋苏区	1935年9~11月	
中华苏维埃铜币	陕北省苏维埃银行	铜	贰分	1	陕北苏区	1936年4月~1937年	

资料来源：李实：《陕甘宁革命根据地货币史》，北京，中国金融出版社，2003。

表 12　琼崖根据地货币一览表

货币名称	发行机构	币材	面额	版别	流通区域	流通时间	备注
琼崖苏维埃政府代用券	琼崖苏维埃政府	纸	壹角 壹圆	2	琼崖县第四区打雷、火烧坡等地	1930年8月～1931年冬	

资料来源：吴平：《华南革命根据地货币史》，北京，中国金融出版社，1995。

表 13　闽东根据地货币一览表

货币名称	发行机构	币材	面额	版别	流通区域	流通时间	备注
闽东苏维埃政府纸币	闽东苏维埃政府	纸	壹角 贰角	3	闽东安福县柏柱洋	1934年	
福寿县苏维埃政府纸币	福寿县苏维埃政府	纸	半角 壹角	2	福寿县地区	1935年夏～1937年	
安德县苏维埃政府纸币	安德县苏维埃政府	纸	贰分 伍分 壹角 贰角 伍角	5	安德县地区	1934年2月	
福霞县苏维埃政府纸币	福霞县苏维埃政府	纸	壹角 伍角	2	福霞县地区	1934年2月	
安福县苏维埃政府纸币	安福县苏维埃政府	纸	壹角 贰角 叁角 伍角	4	安福县柏柱洋一带	1932年2月	

续表

货币名称	发行机构	币材	面额	版别	流通区域	流通时间	备注
安福县中区苏维埃政府代用票	安福县中区苏维埃政府财政部	纸	叁角、伍角	2	安福县潭头、城阳乡	1934年6~11月	
福寿县上北区苏维埃政府代用票	福寿县上北区苏维埃政府财政部	纸	贰角、叁角	2	福寿县上北区	1934年12月~1935年初	

资料来源：蒋九如、刘敬扬：《福建革命根据地货币史》，北京，中国金融出版社，1994。

表14　左右江根据地货币一览表

货币名称	发行机构	币材	面额	版别	流通区域	流通时间	备注
左右江银锭	红七军前敌委员会	银	每锭重三两左右	1	北上途中使用	1930年9月	

资料来源：吴平：《华南革命根据地货币史》，北京，中国金融出版社，1995；殷毅：《中国革命根据地印钞造币简史》，北京，中国金融出版社，1996。

附录二 抗日根据地货币一览表

表1 陕甘宁抗日根据地货币一览表

货币名称	发行机构	币别	面额	版别	流通区域	流通时间	备注
延安光华商店代价券	陕甘宁边区银行	地方币	贰分 伍分 壹角 贰角 伍角	5	陕甘宁边区	1938年6月~1941年2月	
光华商店代价券	陕甘宁边区银行	地方币	贰角 伍角 柒角 伍分	3	陕甘宁边区	1940年	
陕甘宁边区银行币	陕甘宁边区银行	区域本位币	壹角 贰角 伍圆 拾圆 伍拾圆 壹佰圆 贰佰圆 伍佰圆 壹仟圆 伍仟圆	15	陕甘宁边区	1941年3月~1944年5月	

续表

货币名称	发行机构	币别	面额	版别	流通区域	流通时间	备注
陕甘宁边区银行三边分行币	陕甘宁边区银行三边分行	地方币	壹佰圆	1	定边、靖边、安边地区	1942年	布质
陕甘宁边区贸易公司商业流通券	陕甘宁边区银行	区域本位币	伍圆 拾圆 贰拾圆 伍拾圆 壹佰圆 贰佰圆 伍佰圆 壹仟圆 贰仟圆 伍仟圆	13	陕甘宁边区	1944年7月~1945年8月	

注：区域本位币指战略区以上发行的货币，地方币指专区以下发行的货币，下同。
资料来源：李实：《陕甘宁革命根据地货币史》，北京，中国金融出版社，2003。

表2　晋绥抗日根据地货币一览表

货币名称	发行机构	币别	面额	版别	流通区域	流通时间	备注
西北农民银行币	西北农民银行	区域本位币	伍分 贰角 伍角 壹圆 贰圆 伍圆 拾圆 伍拾圆 壹佰圆 伍佰圆	19	晋绥边区	1940年5月~1945年8月	

附录二 抗日根据地货币一览表

续表

货币名称	发行机构	币别	面额	版别	流通区域	流通时间	备注
兴县农民银行币	兴县农民银行	地方币	伍分 贰角 伍角 壹圆 伍圆	6	兴县、河曲、偏关、保德一带	1937年12月~1940年5月	
文水地方金融流通券	文水县政府	地方币	壹角 贰角 壹圆	3	文水地区	1938年10月~1939年10月	
兴县财政局流通券	兴县抗日政府	地方币	壹角 壹圆	2	兴县地区	1939年	
兴县产销合作社代价券	兴县产销合作社	地方币	伍角	1	兴县地区	1939年	

资料来源：杨世源：《晋绥革命根据地货币史》，北京，中国金融出版社，2001。

表3 晋察冀抗日根据地货币一览表

货币名称①	发行机构	币别	面额	版别	流通区域	流通时间	备注
晋察冀边区银行币	晋察冀边区银行	区域本位币	贰拾枚 壹角 贰角 伍角 壹圆 贰圆 伍圆 拾圆 伍拾圆 壹佰圆 伍佰圆	23	晋察冀边区	1938年3月~1945年8月	

续表

货币名称	发行机构	币别	面额	版别	流通区域	流通时间	备注
晋察冀边区银行（冀热辽）币	晋察冀边区银行	区域本位币	伍圆 拾圆 伍拾圆	6	冀热辽地区	1945年6~8月	
晋察冀边区银行（冀中）币	晋察冀边区银行冀中分行	区域本位币	拾圆 伍拾圆 壹佰圆 贰佰圆	8	冀中地区	1945年6~8月	
晋察冀边区银行兑换券	晋察冀边区银行	区域本位币	壹仟圆 伍仟圆	2	晋察冀边区	1944年~1945年8月	
灵寿县调剂金融兑换券	灵寿县政府	地方币	壹角 贰角	2	灵寿地区	1938年3月	
定襄县人民商店兑换券	定襄县人民商店	地方币	伍分 贰角 伍角	3	定襄地区	1938年	
唐县合作银行券	唐县合作银行	地方币	贰角	1	唐县地区	1939年	
冀中第五行政区银钱局票	冀中第五行政区银钱局	地方币	伍分 壹角 贰角 伍角	4	雄县、固安等七县地区	1939年	
晋察冀边区第七行政区合作社流通券	晋察冀边区第七行政区合作社	地方币	壹角 贰角 伍角	4	深南、宁晋等八县地区	1941~1942年	

附录二 抗日根据地货币一览表　279

续表

货币名称	发行机构	币别	面额	版别	流通区域	流通时间	备注
冀中区深县农村合作社流通券	冀中区深县农村合作社	地方币	伍分 壹角 贰角 伍角	6	深县地区	1939~1940年	
冀中区武强县农村合作社流通券	冀中区武强县农村合作社	地方币	伍分 壹角 贰角 伍角	4	武强县地区	1939年	
冀中区安平县农村合作社流通券	冀中区安平县农村合作社	地方币	壹角 贰角 伍角	3	安平县地区	1939年	
冀中区无极县农村合作社流通券	冀中区无极县农村合作社	地方币	壹角 贰角 伍角	3	无极县地区	1939年	
冀中区任邱县农村合作社流通券	冀中区任邱县农村合作社	地方币	伍角	1	任邱县地区	1939年	
冀中区安新县农村合作社流通券	冀中区安新县农村合作社	地方币	壹角 贰角 伍角	3	安新县地区	1939年	
冀中区饶阳县农村合作社流通券	冀中区饶阳县农村合作社	地方币	壹角 贰角 伍角	3	饶阳县地区	1939年	
冀中区交河县农村合作社流通券	冀中区交河县农村合作社	地方币	伍角	1	交河县地区	1940年	

续表

货币名称	发行机构	币别	面额	版别	流通区域	流通时间	备注
冀中区献县农村合作社流通券	冀中区献县农村合作社	地方币	伍分 壹角 伍角	3	献县地区	1940年	
冀中区深泽县农村合作社流通券	冀中区深泽县农村合作社	地方币	贰角 伍角	2	深泽县地区	1939~1940年	
冀中区肃宁县农村合作社流通券	冀中区肃宁县农村合作社	地方币	伍分 贰角 伍角	3	肃宁县地区	1940年	
冀中区定县农村合作社流通券	冀中区定县农村合作社	地方币	伍角	1	定县地区	1940年	
冀中区大城县农村合作社流通券	冀中区大城县农村合作社	地方币	壹角 伍角	2	大城县地区	1940年	
冀中区徐水县农村合作社流通券	冀中区徐水县农村合作社	地方币	伍分 壹角 贰角 伍角	5	徐水县地区	1940年	
冀中区文新县农村合作社流通券	冀中区文新县农村合作社	地方币	壹角 贰角 伍角	3	文新县地区	1940年	
冀中区容城县农村合作社流通券	冀中区容城县农村合作社	地方币	伍角	1	容城县地区	1940年	

附录二 抗日根据地货币一览表　281

续表

货币名称	发行机构	币别	面额	版别	流通区域	流通时间	备注
冀中区新安县农村合作社流通券	冀中区新安县农村合作社	地方币	壹角 贰角 伍角	4	新安县地区	1940年	
冀中区任河县农村合作社流通券	冀中区任河县农村合作社	地方币	壹角 贰角 伍角	3	任河县地区	1940年	
冀中区安国县农村合作社流通券	冀中区安国县农村合作社	地方币	壹角 贰角 伍角	3	安国县地区	1940~1941年	
冀中区河间县农村合作社流通券	冀中区河间县农村合作社	地方币	壹角 贰角 伍角	3	河间县地区	1941年	
冀中区建国县农村合作社流通券	冀中区建国县农村合作社	地方币	贰角 伍角	2	建国县地区	1941年	
冀中区献交县农村合作社流通券	冀中区献交县农村合作社	地方币	贰角 伍角	2	献交县地区	1941年	
冀中区蠡县农村合作社流通券	冀中区蠡县农村合作社	地方币	伍角	1	蠡县地区	1941年	
冀中区高阳县农村合作社流通券	冀中区高阳县农村合作社	地方币	伍角	1	高阳县地区	1941年	

续表

货币名称	发行机构	币别	面额	版别	流通区域	流通时间	备注
冀中区博野县农村合作社流通券	冀中区博野县农村合作社	地方币	伍角	1	博野县地区	1941年	
冀中区清苑县农村合作社流通券	冀中区清苑县农村合作社	地方币	伍角	2	清苑县地区	1941年	

注：①带括号的货币名称指地名券，下同。

资料来源：河北省金融研究所：《晋察冀边区银行》，北京，中国金融出版社，1988；《中国钱币大辞典》编纂委员会：《中国钱币大辞典》，北京，中华书局，2001。

表4　晋冀鲁豫抗日根据地货币一览表

货币名称	发行机构	币别	面额	版别	流通区域	流通时间	备注
上党银号票	上党银号	地方币	壹分 贰分 伍角 壹角 贰角 贰圆 伍圆 拾圆	13	晋东南第三、第五专署地区	1938年8月~1941年2月	
山西省第五行政区救国合作社临时找零兑换券	山西第五专署救国合作社	地方币	壹分 贰角 贰角 伍分 伍角	4	晋东南第五专署地区	1939年4月~1940年5月	

附录二 抗日根据地货币一览表

续表

货币名称	发行机构	币别	面额	版别	流通区域	流通时间	备注
山西省第五行政区救国合作社兑换券	山西五专署救国合作社	地方币	壹角 贰角 伍角	3	晋东南第五专署地区	1940年	
冀南农民合作社兑换券	冀南农民合作社	地方币	壹分 伍分 壹角 贰角 伍角	5	冀南地区	1940年	
冀南银行(太行)币	冀南银行	区域本位币	伍圆 拾元 伍拾圆 壹佰圆	7	太行地区	1939年10月~1945年8月	
冀南银行(太岳)币	冀南银行	区域本位币	伍圆 拾元 贰拾圆 伍拾圆	6	太岳地区	1939年10月~1945年8月	
冀南银行(滏西)币	冀南银行	区域本位币	贰角	1	滏阳地区	1940年	
冀南银行(平原)币	冀南银行	区域本位币	伍圆 拾圆 贰拾圆 伍拾圆 壹佰圆	11	平原地区	1939年10月~1945年8月	
冀南银行币	冀南银行	区域本位币	拾枚 贰拾枚 壹角 贰角伍分 伍角 壹圆 贰圆 叁圆 伍圆 拾圆 贰拾圆 伍拾圆 壹佰圆 贰佰圆 伍佰圆 壹仟圆	40	晋冀鲁豫边区	1939年10月~1945年8月	

续表

货币名称	发行机构	币别	面额	版别	流通区域	流通时间	备注
长子县银号票	长子县银号	地方币	壹角 贰角 叁角 伍角	8	晋东南长子县	1939~1940年	
长子县银号兑换券	长子县银号	地方币	贰角	1	长子县地区	1940年	
长治县银号加盖票	长治县银号	地方币	壹角 贰角 伍角	3	晋东南长治县	1938~1939年	晋钞样银号票盖戳记
长治县银号票	长治县银号	地方币	贰角 贰角伍分 叁角 伍角	6	晋东南长治县	1939~1940年	
潞城县银号票	潞城县银号	地方币	壹角 贰角 叁角 伍角	6	晋东南潞城县	1938~1939年	
晋城县银号票	晋城县银号	地方币	壹角 贰角伍分 叁角 伍角	5	晋东南晋城县	1939~1940年	
陵川县银号兑换券	陵川县银号	地方币	贰角 叁角 伍角	6	晋东南陵川县	1939~1942年	
平顺县银号票	平顺县银号	地方币	叁角 伍角	2	晋东南平顺县	1939年	

续表

货币名称	发行机构	币别	面额	版别	流通区域	流通时间	备注
阳城县银号票	阳城县银号	地方币	壹角 叁角 伍角	3	晋东南阳城县	1939~1940年	
高平县银号票	高平县银号	地方币	叁角 伍角	2	晋东南高平县	1939年	
沁水县银号票	沁水县银号	地方币	伍角	2	晋东南沁水县	1939~1940年	
壶关县银号票	壶关县银号	地方币	贰角 叁角 伍角	3	晋东南壶关县	1939年	
浮山县银号票	浮山县银号	地方币	壹角 伍角	2	晋东南浮山县	1939年	
黎城县金库流通券	黎城县政府财政科	地方币	壹角	1	晋东南黎城县	1942年	
赵城地方兑换券	山西第六行政区财政科	地方币	贰角 伍角	2	晋西赵城县	1939年	
临汾地方兑换券	山西第六行政区财政科	地方币	贰角 伍角	2	晋西临汾县	1939年	

续表

货币名称	发行机构	币别	面额	版别	流通区域	流通时间	备注
洪洞地方兑换券	山西第六行政区财政科	地方币	贰角 伍角	2	晋西洪洞县	1939年	
大宁地方兑换券	山西第六行政区财政科	地方币	贰角 伍角	2	晋西大宁县	1939年	
隰县地方兑换券	山西第六行政区财政科	地方币	贰角 伍角	2	晋西隰县	1939年	
霍县地方兑换券	山西第六行政区财政科	地方币	贰角 伍角	2	晋西霍县	1939年	
永和地方兑换券	山西第六行政区财政科	地方币	贰角 伍角	2	晋西永和县	1939年	
汾西地方兑换券	山西第六行政区财政科	地方币	贰角 伍角	2	晋西汾西县	1939年	
蒲县地方兑换券	山西第六行政区财政科	地方币	贰角	1	晋西蒲县	1939年	
灵石地方兑换券	山西第六行政区财政科	地方币	贰角	1	晋西灵石县	1939年	

附录二 抗日根据地货币一览表　287

续表

货币名称	发行机构	币别	面额	版别	流通区域	流通时间	备注
鲁西银行币	鲁西银行	区域本位币	肆分 伍分 壹角 贰角 贰角伍分 伍角 壹圆 贰拾圆 伍拾圆 伍佰圆	26	鲁西地区	1940年5月~1945年8月	
鲁西银行临时流通券	鲁西银行	区域本位币	贰佰圆 叁佰圆 伍佰圆	4	鲁西地区	1943~1945年	
鲁西银行（湖西）币	鲁西银行	区域本位币	贰角 伍角 贰圆 伍圆 拾圆 贰拾圆	6	冀鲁豫湖西地区	1943~1945年	
鲁西银行（泰运）币	鲁西银行	区域本位币	拾圆	1	冀鲁豫泰聊城地区	1944年1月~1945年	
泰西银行长清分行币	泰西专署	地方币	壹角 贰角 伍角	3	冀鲁豫泰西地区	1939年6月~1940年5月	
鱼台县地方流通券	鱼台县政府	地方币	壹角 贰角 伍角 壹圆 贰圆	7	鱼台县及次鲁豫地区	1939年7月~1943年春	
鱼台流通券	鱼台县政府	地方币	壹角 贰角 伍角 壹圆	4	湖西地区	1939年7月~1943年秋	

续表

货币名称	发行机构	币别	面额	版别	流通区域	流通时间	备注
铜北流通券	苏鲁豫铜北办事处	地方币	壹圆	1	江苏铜山县千里井	1939年10~11月	

资料来源：张转芳：《晋冀鲁豫边区货币史》，上册，北京，中国金融出版社，1996；《中国钱币大辞典》编纂委员会：《中国钱币大辞典》，北京，中华书局，2001。

表5　山东抗日根据地货币一览表

货币名称	发行机构	币别	面额	版别	流通区域	流通时间	备注
北海银行（掖北县）币	北海银行（掖蓬黄时期）	地方币	壹角 贰角 伍角 壹圆	4	掖县、蓬莱、黄县地区	1938年8月	
北海银行币	北海银行（北海专署银行时期）	地方币	壹角 伍角 壹圆	3	北海专署辖区	1938年12月	
北海银行币	北海银行（胶东行政区时期）	地方币	壹角 贰角 伍角 壹圆 伍圆 拾圆	6	胶东地区	1939年8月~1941年8月	
北海银行（东海）币	北海银行（胶东行政区时期）	地方币	壹圆	1	胶东东海地区	1939年8月	
北海银行（北）币	北海银行（胶东行政区时期）	地方币	壹圆	1	胶东北海地区	1939年8月	

附录二 抗日根据地货币一览表　289

续表

货币名称	发行机构	币别	面额	版别	流通区域	流通时间	备注
北海银行（南）（南海）币	北海银行（胶东行政区时期）	地方币	壹圆	2	胶东南海地区	1939年8月	
北海银行（胶东）币	北海银行（胶东行政区时期）	地方币	伍圆 拾圆	4	胶东地区	1939年8月~1941年8月	
北海银行（胶东）币	北海银行胶东分行	区域本位币	壹角 贰角 伍角 壹圆 伍圆 拾圆 伍拾 伍圆 伍拾圆 壹百圆	30	胶东地区	1941年8月~1945年8月	票面有"发"、"展"、"繁"、"荣"等字
北海银行（清河）、（清）币	清河区北海银行利北海银行清河分行	区域本位币	壹角 贰角 伍角 壹圆 伍圆 拾圆	10	清河地区	1940年~1943年夏	
北海银行（山东）币	北海银行总行	区域本位币	伍分 贰角 伍角 贰圆 壹圆 伍圆 拾圆 伍拾圆 壹百圆 贰百圆	61	鲁中、滨海、鲁南地区	1940年~1945年8月	
北海银行（冀鲁边）币	北海银行冀鲁边分行	区域本位币	壹角 伍角 壹圆 伍圆 拾圆	7	冀鲁边、渤海地区	1940年6月~1945年8月	

续表

货币名称	发行机构	币别	面额	版别	流通区域	流通时间	备注
北海银行（渤海）币	北海银行渤海分行	区域本位币	伍角 壹圆 伍圆 拾圆 伍拾圆 壹百圆 贰百圆	14	渤海地区	1943年夏～1945年8月	
北海银行（鲁中）币	北海银行鲁中分行	区域本位币	伍角 壹圆 伍圆 拾圆 伍拾圆	7	鲁中、滨海、鲁南地区	1943年春～1945年8月	
北海银行（鲁南）币	北海银行鲁南办事处（支行、分行）	区域本位币	贰角 伍角 壹圆 拾圆 伍拾圆	6	鲁南、滨海地区	1940年～1945年8月	
北海银行（滨海）币	北海银行滨海分行	区域本位币	伍角 拾圆 伍拾圆	4	滨海、鲁中、鲁南地区	1942年9月～1945年8月	
牟平地方流通券	胶东地方流通券总管理处	地方币	贰角 伍角	2	牟平县地区	1941年～1945年8月	
海阳地方流通券	海阳地方流通券总管理处	地方币	贰角 伍角	2	海阳县地区	1941年～1945年8月	
黄县地方流通券	黄县地方流通券管理委员会	地方币	壹角 贰角 贰角 伍分 伍角	4	黄县地区	1941年～1945年8月	
栖霞地方流通券	栖霞地方流通券总管理处	地方币	壹角 贰角 贰角 伍分 伍角	5	栖霞地区	1941年～1945年8月	

附录二 抗日根据地货币一览表　291

续表

货币名称	发行机构	币别	面额	版别	流通区域	流通时间	备注
蓬莱地方流通券	蓬莱地方流通券管理委员会	地方币	壹角 贰角 伍分 伍角	5	蓬莱地区	1940年~1945年8月	
掖县地方流通券	掖县政府	地方币	壹角 贰角 伍分 伍角	3	掖县地区	1940年	
峄县地方流通券	峄县政府	地方币	贰角 伍角 壹圆	3	峄县地区	1940年2月	
招远县地方流通券	招远县政府	地方币	壹角 贰角 伍角	3	招远县地区	1940年	
文登地方流通券	胶东地方流通券管理处	地方币	贰角 伍角	2	文登地区	1941年~1945年8月	
福山地方流通券	胶东地方流通券管理处	地方币	贰角 伍角	2	福山地区	1941年~1945年8月	
荣成地方流通券	胶东地方流通券管理处	地方币	贰角 伍角	3	荣成地区	1941年~1945年8月	
临郯费峄地方流通券	八路军临郯费峄四县边联支队	地方币	壹角 贰角 伍角 壹圆	4	抱犊崮山地区	1940年3月~1941年12月	

续表

货币名称	发行机构	币别	面额	版别	流通区域	流通时间	备注
益寿临广流通辅币	益都、寿光、临朐、广饶四边联防政府	地方币	伍分 壹角 贰角 伍角	5	清河地区	1940年5月~1943年2月	
长山金融流通券	长山县民众运动委员会	地方币	壹角 贰角 叁角 伍角	4	清河地区	1940年春	
莱芜农民合作社	莱芜县抗日民主政府财政科	地方币	伍分 壹角 贰角 伍角	5	莱芜、泰安、博山地区	1939年10月~1943年	
滨海商店临时期券	滨海商店	地方币	壹百圆 贰百圆 伍百圆	3	滨海地区	1944年4月~1945年	
滨北工商管理局临时流通券	滨北工商管理局	地方币	壹圆	1	滨北地区	1945年初	

资料来源：殷毅：《中国革命根据地印钞造币简史》，北京，中国金融出版社，1996；《中国钱币大辞典》编纂委员会：《中国钱币大辞典》，北京，中华书局，2001。

表6　华中抗日根据地货币一览表

货币名称	发行机构	币别	面额	版别	流通区域	流通时间	备注
江淮银行币	江淮银行	区域本位币	贰角 伍角 壹圆 拾圆 贰拾圆	7	苏中各分区	1942年11月~1945年11月	

附录二 抗日根据地货币一览表

续表

货币名称	发行机构	币别	面额	版别	流通区域	流通时间	备注
江淮银行币（新抗币）	江淮银行	区域本位币	肆分 壹角 壹圆	4	苏中各分区	1944~1945年	
江淮银行（苏中）币	江淮银行	区域本位币	壹圆 伍圆 作伍圆	5	苏中各分区	1941~1944年	
江淮银行（盐阜）币	江淮银行	区域本位币	作伍圆	1	盐阜区	1941年	
江淮银行（苏浙）币	江淮银行	区域本位币	拾圆	1	苏浙军区	1944年	
江淮银行苏中第一支行币	江淮银行苏中第一支行	地方币	贰角	1	江都、高邮、宝应、兴化等地	1943年	
江淮银行苏中第三支行币	江淮银行苏中第三支行	地方币	伍角	3	苏中三分区	1943年	
江淮银行苏中第三支行流通券	江淮银行苏中第三支行	地方币	壹圆	1	苏中三分区	1945年	
苏中第四行政区流通券	苏中第四专署	地方币	作壹圆	1	苏中四分区	1944年	

续表

货币名称	发行机构	币别	面额	版别	流通区域	流通时间	备注
江淮银行五分区支行流通券	江淮银行五分区支行	地方币	壹圆	1	苏中五分区	1945年	
江淮银行苏中东南办处代价券	江淮银行苏中四分区支行东南办事处	地方币	伍圆 拾圆	4	苏中四分区	1945年	
江淮银行苏中第三支行本票	江淮银行苏中第三支行	地方币	新抗币贰拾圆 伍拾圆 壹百圆	3	苏中三分区	1945年	与抗币等值流通
江淮银行苏中第四支行南通办事处本票	江淮银行苏中四支行南通办事处	地方币	伍圆	1	南通地区	1945年	与新抗币等值流通
江淮银行苏中第四支行东南办事处本票	江淮银行苏中第四支行东南办事处	地方币	伍圆	1	海门、启东地区	1945年	与新抗币等值流通
江淮银行苏中第四支行本票	江淮银行苏中第四支行	地方币	伍拾圆 壹佰圆 贰佰圆	3	苏中四分区	1945年	与新抗币等值流通

续表

货币名称	发行机构	币别	面额	版别	流通区域	流通时间	备注
高邮县辅币流通券	高邮县政府	地方币	壹角 伍角	2	高邮地区	1943年	
江都河南流通券	江都县贸易管理局	地方币	壹角	1	江都地区	1944年	
江都县流通券	江都县贸易管理局	地方币	壹圆 伍圆	2	江都地区	1944年	
江高宝兴流通券	苏中第一专署	地方币	伍角 壹圆	2	江都、高邮、宝应、兴化地区	1945年	
兴化县流通券	兴化县贸易管理局	地方币	壹圆	1	兴化地区	1944年	
东台县流通券	东台县财政局	地方币	壹圆	1	东台地区	1944年	
东南流通券	东南行署财政局	地方币	壹圆	1	启东、海门地区	1945年	
掘港流通券	如东县财政局	地方币	贰圆	1	如东地区	1945年	
皋东商店代价券	皋东商店	地方币	作壹圆	1	如东掘港地区	1944年	

续表

货币名称	发行机构	币别	面额	版别	流通区域	流通时间	备注
苏北流通券	通如靖泰临时行政委员会	地方币	伍角	1	通如靖泰地区	1940年	
江淮流通券（新抗币）	江淮银行苏中第三支行	地方币	伍圆	1	苏中三分区	1945年	
如泰靖流通券	江淮银行苏中第三支行	地方币	壹圆	1	苏中三分区	1945年	
泰兴县流通券	江淮银行泰兴县办事处	地方币	壹圆	4	泰兴地区	1945年	
泰兴公营商店流通券	泰兴公营商店	地方币	壹圆	1	泰兴地区	1945年	
扬中商店流通券	扬中商店	地方币	伍分 壹角 贰角 伍角	7	扬中码头、天后宫等地	1945年	
扬中三滧流通券	扬中县三滧镇	地方币	伍分	1	扬中县三滧镇	1945年	
南通县流通券	南通县政府	地方币	壹圆	1	南通地区	1945年	
扬中公信桥临时流通券	扬中县公信桥镇	地方币	贰角	1	公信桥地区	1945年	

续表

货币名称	发行机构	币别	面额	版别	流通区域	流通时间	备注
扬中天后宫临时流通券	扬中县天后宫镇	地方币	伍角	1	天后宫地区	1945年	
扬中普济庵临时流通券	扬中县普济庵镇	地方币	伍角	1	普济庵镇	1945年	
淮海区流通券	淮海区专员公署	区域本位币	伍角	1	淮海区	1942年	
淮海地方银行币	淮海地方银行	区域本位币	贰角 伍角 壹圆	3	涟水、淮安、沭阳等地	1941~1942年	
荣昌商店抗票	淮海分区工商局荣昌商店	地方币	贰角	1	淮海区	1945年	
鸿昌商店抗票	淮海分区工商局鸿昌商店	地方币	贰角	1	泗沭地区	1945年	
盐阜银行币	盐阜银行	区域本位币	壹角 贰角 伍角 壹圆 作贰圆 伍圆 作伍圆 作拾圆	24	盐阜地区	1942年4月~1945年8月	

续表

货币名称	发行机构	币别	面额	版别	流通区域	流通时间	备注
盐阜银行本票	盐阜银行	区域本位币	壹佰圆 贰佰圆	2	盐阜地区	1943年	与盐阜币通用
阜东县第四区流通券	阜东县区政府	地方币	伍角	1	阜东县八滩镇	1941年	
阜东县大众合作社流通券	阜东县大众合作社	地方币	壹角 贰角 壹圆	3	阜东地区	1942年	
盐城县大众合作社流通券	盐城县大众合作社总社	地方币	贰角	1	盐城地区	1942年	
盐城县合作社总社流通券	盐城县合作社总社	地方币	壹角 贰角 伍角 壹圆 贰圆	6	盐城、盐东、建阳地区	1945年	
苏北流通券	（待考）	地方币	伍角	1	苏北地区	1940年	
访仙镇货币流通券	新四军江南抗日义勇军挺进纵队	地方币	壹角 贰角	2	丹阳访仙镇地区	1939年	
江南商业货券	苏南第二区专署	地方币	壹角 贰角 伍角 壹圆	4	苏南东路地区	1940～1942年	江南商业货币改制

续表

货币名称	发行机构	币别	面额	版别	流通区域	流通时间	备注
丹北货币流通券	新四军江南抗日义勇军挺进纵队	地方币	壹圆	1	丹阳北部游击区	1942年	
惠农银行币	惠农银行	区域本位币	壹圆 伍圆 拾圆	3	茅山东部、溧阳、丹阳等地	1942~1943年	壹圆券为惠农银号流通券改制
江南银行币	江南银行	区域本位币	壹圆 伍圆	2	浙西长兴地区	1945年	
江南银行江宁办事处辅币券	江南银行江宁办事处	地方币	贰角 伍角	2	江宁、溧熟地区	1945年	
马迹山临时流通券	马迹山军政委员会	地方币	伍分	1	无锡太湖地区	1942年	
汇业流通券	江南行政委员会财经局路南办事处	地方币	伍角 壹圆 伍圆 拾圆	4	茅山、太滆地区	1941年	
茅东临时流通券	茅东贸易公司	地方币	伍角	1	茅东地区	1945年	
句容县临时流通券	句容县财经处	地方币	壹角 贰角 伍角	3	句容地区	1945年	

续表

货币名称	发行机构	币别	面额	版别	流通区域	流通时间	备注
金坛县辅币券	金坛县财经处	地方币	伍角	1	金坛地区	1945年	
溧阳县流通券	溧阳县财经处	地方币	伍角	1	溧阳地区	1945年	
宜溧县政府财政经济局金融流通券	宜溧县政府财政经济局	地方币	伍角	1	宜溧县地区	1945年	
宜溧流通铜币	宜溧县政府	地方币	伍分	1	宜溧县地区	1945年	十文民国开国纪念币加戳记
溧高县韩固区辅币券	溧高县韩固区政府	地方币	壹角	1	溧高韩固地区	1945年	
溧水城区金融调剂委员会流通券	溧水城区金融调剂委员会	地方币	贰角	1	溧水城区	1945年	
江宁西岗镇商业流通券	江宁西岗镇商业部门	地方币	伍角	1	江宁西岗镇	1945年	
水北镇商业流通券	水北镇商业部门	地方币	伍分	1	金坛、溧阳交界地区	1945年	
长兴县流通券	长兴县政府	地方币	壹角 贰角	2	长兴地区	1945年	蜡版油印
长兴县泗安区临时流通券	长兴县泗安区政府	地方币	贰角 伍角 柒角伍分	6	长兴县泗安地区	1945年	蜡版油印

续表

货币名称	发行机构	币别	面额	版别	流通区域	流通时间	备注
津浦路西流通券	津浦路西各县联防办事处	地方币	壹分 贰分 伍分 壹角 贰角 伍角	6	淮南津浦路西各县	1940～1943年	蜡版油印
津浦路东抗日民主政府流通券	津浦路东天长、来安等县政府	地方币	壹分 伍分	2	津浦路东地区	1940年	
淮南银行币	淮南银行	区域本位币	壹角 伍角 壹圆 伍佰圆 壹拾圆 伍圆作法币贰拾伍元作法币五十元	32	淮南地区	1942年2月～1945年10月	
淮南银行（路西）币	淮南银行路西分行	区域本位币	壹圆 拾圆作法币伍拾圆	8	淮南津浦路西地区	1942～1943年	
直一区民众合作社兑换券	淮南半塔民众合作社	地方币	壹角 贰角	2	淮南津浦路东中心区	1942年	
永城县流通券	永城县政府	地方币	伍分 壹角 贰角 伍角 壹圆	5	豫皖苏永城县	1939年	

续表

货币名称	发行机构	币别	面额	版别	流通区域	流通时间	备注
夏邑县流通券	夏邑县政府	地方币	壹角 贰角 伍角 壹圆	4	豫皖苏夏邑县	1940年	
萧县县政府流通券	萧县县政府	地方币	壹圆	1	豫皖苏萧县地区	1938年10月	瑞蚨祥钱庄票加盖戳记
萧县地方流通券	萧县政府经济科	地方币	壹角 贰角 伍角 壹圆 贰角伍分	9	豫皖苏萧县地区	1939年10月~1940年	
豫皖苏边地方银号币（前期）	豫皖苏边地方银号	地方币	伍分 壹角 贰角 伍角 壹圆 贰圆 伍圆 拾圆	9	豫皖苏边区（前期）	1940年10月~1941年5月	
豫皖苏边地方银号币（后期）	豫皖苏边地方银号	地方币	壹角 贰角 伍角 壹圆 贰圆 拾圆	6	豫皖苏边区（后期）	1944~1945年	
淮上地方银号流通券	淮上地方银号	地方币	伍圆 拾圆 贰拾圆	3	苏皖边淮上地区	1945~1947年	有的为豫皖苏边地方银号币改制

附录二 抗日根据地货币一览表

续表

货币名称	发行机构	币别	面额	版别	流通区域	流通时间	备注
股北流通券	宿东县股北区政府	地方币	壹角 贰角 伍角 壹圆	4	宿东地区	1940~1942年	
淮北地方银号币	淮北地方银号	区域本位币	壹角 贰角 伍角 壹圆 贰圆 伍圆 拾圆 贰拾圆 作拾圆	34	皖东北地区	1941~1945年	有的壹圆券为江淮银行币改制
淮北地方银号本票	淮北地方银号	区域本位币	伍拾圆	1	皖东北地区	1943年	与淮北币通用
大江银行币	大江银行	区域本位币	壹角 伍角 壹圆 贰圆 伍圆 拾圆 贰拾圆	29	皖江区	1942~1945年	
大江银行（皖南）币	大江银行	区域本位币	伍角 壹圆 贰圆 五元 伍圆	4	皖南地区	1945年	
大江银行（和含）币	大江银行	区域本位币	五角 一元 二元 五元	6	皖西地区	1944~1945年	

续表

货币名称	发行机构	币别	面额	版别	流通区域	流通时间	备注
裕民号代价券	新四军七师商店裕民号	地方币	一角 五角	4	皖江区	1944～1945年	
南义合作社代价券	南义合作社	地方币	壹角	1	皖中区	1944年	
信义合作社代价券	信义合作社	地方币	壹角	1	皖中区	1944年	
无为联营社代价券	无为联营社	地方币	壹角	1	皖中区	1944年	
无东联营社代价券	无东联营社	地方币	壹角	2	皖中区	1944年	
湖东联营社代价券	湖东联营社	地方币	壹角	1	皖中区	1944年	
集成号代价券	新四军七师商店集成号	地方币	五角	1	皖江区	1945年	
永大号代价券	新四军七师商店永大号	地方币	五角	1	皖江区	1945年	
豫鄂边区建设银行币	豫鄂边区建设银行	区域本位币	伍角 壹圆 贰圆 叁圆 伍圆 拾圆 壹佰圆 贰佰圆 伍佰圆 壹仟圆	16	豫鄂边区	1941年～1945年11月	

续表

货币名称	发行机构	币别	面额	版别	流通区域	流通时间	备注
襄西生产运销合作社临时兑换券	襄西生产运销合作社	地方币	壹圆	2	襄西地区	1942~1945年	
襄河贸易管理分总局流通券	襄河贸易管理分总局	地方币	伍佰圆	1	襄西地区	1945年	
三北游击司令部金库兑换券	三北游击司令部	地方币	壹仟圆 伍仟圆 壹万圆	3	浙东慈溪、余姚、镇海北部地区	1943~1945年	
浙东敌后临时行政委员会金库兑换券	浙东敌后临时行政委员会	地方币	拾圆	2	浙东四明山地区	1943年	
浙东行政公署金库兑换券	浙东行政公署	地方币	作 贰 仟 圆（"中储券"值）拾圆	2	浙东地区	1945年	
新四军浙东游击纵队金萧支队兑换券	新四军浙东游击纵队金萧支队	地方币	拾圆 伍拾圆 壹佰圆	3	浙东金华、萧山地区	1945年	
浙东行政公署金库兑换券	浙东银行经理发行	地方币	伍圆 拾圆	3	浙东地区	1945年	

续表

货币名称	发行机构	币别	面额	版别	流通区域	流通时间	备注
浙东银行辅币券	浙东银行	区域本位币	贰角 伍角	3	浙东地区	1945年	
浙东银行币	浙东银行	区域本位币	壹圆 伍圆 拾圆	12	浙东地区	1945年	
浙东银行（鄞县）辅币券	浙东银行	区域本位币	贰角	1	浙东鄞县地区	1945年	
浙东银行（慈溪）辅币券	浙东银行	区域本位币	贰角	1	浙东慈溪地区	1945年	
浙东银行（余姚）辅币券	浙东银行	区域本位币	贰角	1	浙东余姚地区	1945年	
浙东银行（上虞）辅币券	浙东银行	区域本位币	贰角	1	浙东上虞地区	1945年	
浙东银行（三北）辅币券	浙东银行	区域本位币	贰角	1	浙东三北地区	1945年	
浙东银行（南山）辅币券	浙东银行	区域本位币	贰角	1	浙东南山地区	1945年	

续表

货币名称	发行机构	币别	面额	版别	流通区域	流通时间	备注
浙东银行本票	浙东银行	区域本位币	伍拾圆 壹佰圆	5	浙东地区	1945年	与浙东币通用
浙东银行余姚支行临时兑换券	浙东银行余姚支行	地方币	贰角 伍角 壹圆	3	余姚地区	1945年	
浙东银行三北支行临时兑换券	浙东银行三北支行	地方币	伍角 壹圆	3	三北地区	1945年7~10月	
浙东银行上虞支行临时兑换券	浙东银行上虞支行	地方币	壹角 贰角	2	上虞地区	1945年8~10月	
慈溪县丈亭区通用辅币券	慈溪县丈亭区署	地方币	壹角 贰角 伍角 壹圆	4	三北慈溪县地区	1945年8月	
慈溪县观城区署临时兑换券	慈溪县观城区署	地方币	壹角 贰角 伍角 壹圆 贰圆 伍圆	10	三北观城地区	1945年8月	
慈溪县庄桥区署临时兑换券	慈溪县庄桥区署	地方币	壹圆 伍圆	2	三北庄桥地区	1945年8月	
慈溪县庄桥黄思乡公所抗币辅用券	慈溪县庄桥区署黄思乡公所	地方币	伍角 壹圆	2	庄桥黄思三乡通行	1945年8月	

续表

货币名称	发行机构	币别	面额	版别	流通区域	流通时间	备注
鄞县古林区署抗币临时兑换券	鄞县古林区署	地方币	伍角 伍圆	2	鄞县古林区	1945年8月	
鄞县武陵区辅币临时兑换券	鄞县武陵区署	地方币	壹圆	1	鄞县武陵区	1945年	
鄞县武陵区凤岙镇公所临时兑换券	凤岙镇公所	地方币	壹圆	1	武陵区凤岙镇	1945年	
浒山区临时辅币	余姚浒山区署	地方币（镴币）	壹角 贰角 伍角	3	余姚浒山镇	1945年	镴为铝锡合金
三管乡一分镴币	余姚三管乡公所	地方币（镴币）	一分	2	余姚三管乡	1945年	镴为铝锡合金
三管乡临时兑换券	余姚三管乡公所	地方币	贰角	1	余姚三管乡	1945年	
新浦乡抗币临时代用券	余姚新浦乡公所	地方币	壹角	1	余姚新浦乡	1945年	
彭泾乡抗币临时兑换券	余姚彭泾乡公所	地方币	壹圆	1	余姚彭泾乡	1945年	
镇海县政府临时流通兑换券	镇海县政府	地方币	壹角 伍角 壹圆 伍圆	4	镇海县地区	1945年	

附录二 抗日根据地货币一览表

续表

货币名称	发行机构	币别	面额	版别	流通区域	流通时间	备注
浒山区临时兑换券	余姚浒山区署	地方币	贰角 伍角 壹圆 贰圆	8	余姚浒山镇	1945年	
后陈镇临时兑换券	上虞县后陈镇	地方币	贰角	1	上虞县后陈镇	1945年	
陆埠镇辅币	南山县陆埠镇	地方币（镴币）	贰角	1	南山县陆埠镇	1945年	镴为铅锡合金
中河乡抗币兑换券	余姚中河乡政府	地方币	壹圆	1	余姚县中和乡	1945年	
新民合作社抗币兑换券	余姚新民合作社	地方币	壹圆	1	余姚县	1945年	
金山场盐民生产合作社临时兑货券	镇海金山场盐民生产合作社	地方币	贰角	1	镇海县虞北	1945年	

资料来源：江苏钱币学会：《华中革命根据地货币史》，第一分册，北京，中国金融出版社，2005；安徽省钱币学会：《华中革命根据地货币史》，第二分册，北京，中国金融出版社，2000；浙江钱币学会：《华中革命根据地货币史》，第三分册，北京，中国金融出版社，2004。

表7　华南抗日根据地货币一览表

货币名称	发行机构	币别	面额	版别	流通区域	流通时间	备注
琼崖东北区政府代用币	琼崖东北区政府	区域本位币	壹圆	1	海南琼崖区	1942年	
美合根据地消费流通券	琼崖特委机关消费合作社	地方币	伍分 贰角 伍角 壹圆	4	海南澄迈县美合地区	1940年	
临高县人民券	临高县政府	地方币	壹角 贰角 伍角	3	海南临高地区	1943年	木版

资料来源：吴平：《华南革命根据地货币史》，北京，中国金融出版社，1995。

附表1　东北抗日义勇军货币一览表

货币名称	发行机构	币材	面额	版别	流通区域	流通时间
辽宁民众救国军军用流通债券（恒仁版）	辽宁民众救国会第三军区唐聚五部	纸	壹圆 伍圆 拾圆	3	辽东恒仁地区	1932年4～9月
辽宁民众救国军军用债券（通化版）	辽宁民众救国会第三军区唐聚五部	纸	壹角 贰角 伍角 壹圆 伍圆 拾圆	6	辽东通化地区	1932年6～10月
辽宁民众银行发行兑换军用券	辽宁民众银行	纸	壹角 贰角 伍角	3	通化地区	1932年8～10月
东北民众自卫军通用钞票	东北民众自卫军司令部邓铁梅部	纸	壹角 贰角 伍角 壹圆 贰圆 伍圆 拾圆	7	辽宁东沟、凤城、岫岩等县	1932年7月～1934年5月

附录二 抗日根据地货币一览表 311

续表

货币名称	发行机构	币材	面额	版别	流通区域	流通时间
邓司令部监制铅币	东北民众自卫军司令部	铝合金	上片肆圆、中片贰圆、下片壹圆	3	尖山窑地区	1933年6月~1934年5月
岫岩县财务局流通券	第二军区第十四路军司令部刘景文部	纸	壹角 贰角 伍角 壹圆	7	岫岩地区	1932年5月~1933年11月
第十九路军军用流通券	第三军区第十九路军王凤阁部	纸	伍角 壹圆 贰圆 伍圆 拾圆	5		1932年6月
第三十七路军军需处军大洋票	第三军区第三十七路军王永成部	纸	壹角 伍角	2	抚松县地区	1932年9~10月
地方抚民现洋票	第五军区高文彬部	纸	壹圆 伍圆 拾圆	3	辽北蒙边地区	1932年5月~1933年1月
第五军区军用现洋票	第五军区高文彬部	纸	壹圆	1	辽北蒙边地区	1932年5月~1933年1月
辽阳县第五路军食粮救急券	第二军区第七路军阎华山部	纸	伍角 壹圆 贰圆	3	辽阳地区	1932年5~12月
辽南抗日救国流通券	第二军区第三路军张海天部	纸	伍角 壹圆 伍圆	3	盘山、海城一带	1932年8月~1933年5月

续表

货币名称	发行机构	币材	面额	版别	流通区域	流通时间
榆树县财务处吉钱条	榆树县临时驻军给养供应会（张作舟部）	纸	壹佰吊	2	榆树县	1931年12月~1933年6月
依兰县金融救济券	吉林自卫军李杜部	纸	壹圆 伍圆 拾圆	3	依兰县	1932年1~5月
密山县地方金融流通券	密山县财务处（李杜部）	纸	壹圆 伍圆	2	密山县	1932年4~5月
密山县金融救济券	密山县财务处	纸	壹角 贰角 伍圆	3	密山县	1932年4~5月
虎饶抚通救济券	国民救国军高玉山部	纸	壹角 贰角 伍角 壹圆 叁圆 伍圆 拾圆	7	虎林、饶河、抚远三县	1933年4月~1934年
黑龙江官银号大洋券	东北黑龙江省军事总指挥马占山部	纸	壹圆 伍圆 拾圆	3	黑河、嫩江等地	1932年5月~1933年1月

资料来源：周建民、初本德：《东北革命根据地货币史》，北京，中国金融出版社，2005；郑海章：《东北革命根据地钞票》，沈阳，辽沈书社，1991。

附录二 抗日根据地货币一览表

附表 2　晋西北抗日货币一览表

货币名称	发行机构	币材	面额	版别	流通区域	流通时间
五寨银号兑换券	五寨县银号	纸	壹角 贰角 伍角	3	五寨地区	1939 年
五寨银号救济金融流通券	五寨县银号	纸	壹圆	1	五寨地区	1939 年
中阳县救济金融兑换券	中阳县政府	纸	贰角 伍角	2	中阳地区	1939 年
离石县财政局流通券	离石县财政局	纸	壹角	1	离石地区	1939 年
临县县政府调剂金融券	临县县政府	纸	伍角 捌角 壹角	3	临县地区	1939 年
临县县银号调剂金融券	临县县银号	纸	贰角 捌角 壹圆	3	临县地区	1939 年
临县曲裕商会流通券	临县曲裕商会	纸	贰角 叁角 壹圆	3	临县地区	1939 年
中阳县财政局流通券	中阳县财政局	纸	壹圆	1	中阳地区	1939 年

资料来源：杨世源：《晋绥革命根据地货币史》，北京，中国金融出版社，2001。

附表 3　浙东商会抗币一览表

货币名称	发行机构	币材	面额	版别	流通地域	流通时间
庵东镇商会辅币券	余姚庵东镇商会	纸币	伍角	1	余姚庵东镇	1945 年
梁弄镇商会临时货币券	梁弄镇临时经济委员会	纸币	伍角	1	南山梁弄镇	1945 年
梁弄镇商会临时兑换券	梁弄镇临时经济委员会	纸币	贰角	1	南山梁弄镇	1945 年
鄞江镇商会临时辅币代用券	鄞江镇商会	纸币	壹角 伍角	4	鄞县鄞江镇	1945 年
鹤皋商会币	慈溪鹤皋商会	镍币	一分 壹角 贰角	4	慈溪县鹤皋镇	1945 年

续表

货币名称	发行机构	币材	面额	版别	流通地域	流通时间
观城区商会币	慈溪观城区商会	镍币	伍角 一分	3	慈溪县观城镇	1945年
观城商会币	慈溪观城区商会	镍币	一分 伍分 壹角 贰角	11	慈溪县观城镇	1945年
掌起桥商会币	慈溪掌起桥商会	镍币	一分	4	慈溪县掌起桥	1945年
掌镇商会币	慈溪掌起桥商会	镍币	一分	1	慈溪县掌起桥	1945年
师桥商会币	慈溪师桥商会	镍币	一分 伍分	2	慈溪县师桥镇	1945年
坎墩镇商会币	余姚坎墩镇商会	镍币	壹角 伍角	2	余姚坎墩镇	1945年
三七市商会币	慈溪三七市商会	镍币	一分	2	慈溪文亭集市	1945年
三管币	余姚三管乡富户	镍币	一分 伍分 壹角	2	余姚县三管乡	1945年
双桥商会币	慈溪双桥商会	镍币	贰角	3	慈溪县双桥镇	1945年
淹浦商会币	慈溪淹浦商会	镍币	壹分	1	慈溪县淹浦镇	1945年
芦江市商会币	余姚芦江市商会	镍币	壹角 贰角 伍角	1	余姚芦江市	1945年
利民盐行抗币兑换券	镇海利民盐行	纸币		4	镇海庵东特区	1945年
南雷乡经济委员会抗币兑换券	余姚南雷乡经济委员会	纸币	伍分	1	余姚南雷乡	1945年

资料来源：浙江钱币学会：《华中革命根据地货币史》，第三分册，北京，中国金融出版社，2004。

附录二 抗日根据地货币一览表

附表4 苏北殷实商号抗日货币一览表

货币名称	发行机构	币材	面额	版别	流通区域	流通时间
东沟竹筹辅币	东沟、益林商户	竹筹	壹角 贰角	一	苏北东沟、益林	1941年
东坎竹筹辅币	东坎商户	竹筹	伍角	一	苏北东坎	1941年
八滩竹筹辅币	八滩商户	竹筹	一	一	苏北八滩	1941年
建阳辅币券	建阳某区政府	纸币	壹角 贰角	一	苏北建阳某区	1941年
阜东第四区流通券	阜东第四区	纸币	伍角	一	苏北阜东第四区	1941年

注：以上1941年各币根据苏北行政公署《殷实商号发行货币券办法》发行，盐阜银号成立后停用回收。

资料来源：殷毅：《中国革命根据地印钞造币简史》，182页，北京，中国金融出版社，1996。

附录三 解放区货币一览表

表1　华北解放区货币一览表

货币名称	发行机构	币别	面额	版别	流通区域	流通时间	备注
晋察冀边区银行币	晋察冀边区银行	区域本位币	壹百圆 贰百圆 伍佰圆 壹仟圆 伍仟圆	11	晋察冀边区	1945年9月~1948年12月	
晋察冀边区银行（冀热辽）币	晋察冀边区银行	区域本位币	拾圆 壹百圆 贰佰圆 贰百圆 伍佰圆 壹仟圆 贰仟圆 伍仟圆	7	冀热辽地区	1945年9月~1948年12月	
香河县流通券	香河县政府	地方币	伍拾圆 壹百圆	2	香河县地区	1946年	

附录三 解放区货币一览表

续表

货币名称	发行机构	币别	面额	版别	流通区域	流通时间	备注
宝坻县流通券	宝坻县政府	地方币	伍拾圆 壹佰圆	2	宝坻县地区	1946年	
晋察冀冀东第十四专署流通券	冀东五个联合县和蓟县办事处	地方币	伍拾圆	2	平谷等地	1946年	
冀热辽第十七专区边币流通券	冀热辽第十七专署	地方币	伍圆 拾圆 伍拾圆	3	冀东第十七专区	1946年	
二专天顺店流通券	晋察冀第二专署	地方币	拾圆	2	雁北地区	1946年	
雁北复兴茂分总店流通券	雁北复兴茂商店	地方币	拾圆	1	雁北地区	1946年	
冀南银行币	冀南银行	区域本位币	壹百圆 伍佰圆 仟圆 贰仟圆 伍百圆	8	晋冀鲁豫地区	1945年8月~1948年12月	
太岳经济局商业流通券	太岳经济局	区域本位币	壹圆 伍拾圆 壹佰圆	4	太岳区	1945~1946年	

注：晋察冀边币和冀南币的面额种类及版别数不包括1946年以前发行继续流通的货币。

资料来源：河北省金融研究所：《晋察冀边区银行》，北京，中国金融出版社，1998；张转芳：《晋冀鲁豫边区货币史》，上册，北京，中国金融出版社，1996。

表 2　西北解放区货币一览表

货币名称	发行机构	币别	面额	版别	流通区域	流通时间	备注
陕甘宁边区贸易公司商业流通券	陕甘宁边区银行	区域本位币	壹仟圆 贰仟圆 伍仟圆	5	陕甘宁边区	1945年9月~1947年8月	面额和版别数不含1946年以前发行的货币
西北农民银行币	西北农民银行	区域本位币	壹佰圆 伍佰圆 壹仟圆 贰仟圆 伍仟圆 壹万圆 伍万圆	9	西北解放区	1945年9月~1948年12月	面额和版别不含1946年以前发行的货币
新疆省银行圆票	新疆省银行	地方币	壹分 伍角 壹角 贰角 伍角 拾圆	7	新疆地区	1949年9月~1951年11月	贾尼木汗或白文旦签字
新疆省银行圆票	新疆省银行	地方币	伍圆 拾圆	3	新疆地区	1949年9月~1951年11月	辛兰亭签字

资料来源：《陕甘宁革命根据地货币史》；杨世源：《晋绥革命根据地货币史》，北京，中国金融出版社，2001；《新疆钱币》图册。

表3　华东解放区货币一览表

货币名称	发行机构	币别	面额	版别	流通区域	流通时间	备注
北海银行币	北海银行	区域本位币	壹圆 贰圆 拾圆 贰拾圆 伍拾圆 壹佰圆 贰佰圆 伍佰圆 壹仟圆 贰仟圆	42	山东及华东地区	1945年9月~1948年12月	
北海银行本票	北海银行	区域本位币	拾万圆	1	山东地区	1948年	
淮上地方银号券	淮上地方银号	地方币	拾圆	1	苏皖边淮上地区	1946年	
华中银行币	华中银行	区域本位币	伍角 壹圆 贰圆 伍拾圆 拾圆 贰拾圆 伍佰圆 壹佰圆 贰佰圆 壹仟圆 贰仟圆 伍仟圆	55	华东地区	1945年8月~1949年	
华中银行本票	华中银行	区域本位币	壹仟圆 贰仟圆 伍仟圆 拾万圆	5	华东地区	1947~1949年	与华中币等值流通
华中银行苏中办事处本票	华中银行苏中办事处	地方币	壹仟圆 贰仟圆 伍仟圆	3	苏中地区	1947年	与华中币等值流通

续表

货币名称	发行机构	币别	面额	版别	流通区域	流通时间	备注
淮海贸易公司本票	淮海贸易公司	地方币	贰仟圆	1	苏皖地区	1947年	与华中币等值流通
浙东行政公署第三行政督察员公署金库券	浙东行政公署第三行政督察员公署	地方币	伍分 壹角 伍角 壹圆 贰圆 伍圆 拾圆 叁拾圆	8	浙东地区	1949年3~8月	

注：淮上地方银号券的面额种类及版别数不包括抗日时期发行的各票券。

资料来源：《华中革命根据地货币史》，第一分册，北京，中国金融出版社，2005；安徽省钱币学会：《华中革命根据地货币史》，第二分册，北京，中国金融出版社，2004；中国人民银行山东省分行金融研究所：《中国革命根据地北海银行史料》，济南，山东人民出版社，1988。江苏钱币学会：《华中革命根据地货币史》，第二分册，北京，中国金融出版社，2004；浙江钱币学会：《华中革命根据地货币史》，第三分册，北京，中国金融出版社，2000；中国人民银行山东省分行金融研究所：《中国革命根据地北海银行史料》，济南，山东人民出版社，1988。

表4　东北解放区货币一览表

货币名称	发行机构	币别	面额	版别	流通区域	流通时间	备注
东北银行法币	东北银行	区域本位币	拾圆	1	沈阳等地	1945年11~12月	
东北银行地方流通券	东北银行	区域本位币	伍角 壹圆 拾圆 壹佰圆 壹佰伍拾圆 贰佰圆 伍佰圆 壹仟圆 伍仟圆 壹万圆 伍万圆 拾万圆	30	东北地区	1946年6月~1951年4月	

附录三 解放区货币一览表

续表

货币名称	发行机构	币别	面额	版别	流通区域	流通时间	备注
东北银行（辽东）币	东北银行辽东区行	区域本位币	伍角 壹圆 伍圆 拾圆 伍拾圆 壹佰圆 贰佰伍拾圆 伍佰圆	11	辽东地区	1946年1月~1948年9月	
东北银行地方流通券（辽西）	东北银行辽西分行	区域本位币	壹圆 伍圆 拾圆 伍拾圆 壹佰圆 贰佰伍圆	13	辽西地区	1946年3月~1947年8月	
东北银行吉江流通券	东北银行辽西分行	区域本位币	伍圆 拾圆 伍拾圆 壹百圆	6	嫩南地区	1946年1~5月	
东北银行本票	东北银行	区域本位币	壹仟圆 伍万圆 拾万圆 伍拾万圆 壹百万圆	5	哈尔滨、沈阳等地	1948~1949年	与东北币通用
吉东银行地方流通券	吉东银行	地方币	伍圆 拾圆 壹百圆	3	延吉市	1946年4~8月	
吉林省银行地方流通券	吉林省银行	地方币	伍圆 拾圆 伍拾圆 壹百圆	6	吉林省	1946年3月~1947年10月	

续表

货币名称	发行机构	币别	面额	版别	流通区域	流通时间	备注
嫩江省银行币	嫩江省银行	地方币	伍圆 拾圆 伍拾圆 壹百圆	8	嫩江省	1946年6月~1948年5月	
牡丹江实业银行币	牡丹江实业银行	地方币	拾圆 伍拾圆 壹百圆	4	牡丹江省	1946年1~10月	
东安地区实业银行流通券	东安地区实业银行	地方币	拾圆	1	东安地区	1946年8~11月	
合江银行地方经济建设流通券	合江银行	地方币	壹角 伍角 壹圆 拾圆 壹百圆	5	合江地区	1946年1~6月	
黑龙江省银行黑河地方流通券	黑河地区政府	地方币	拾圆 壹百圆	2	黑河地区	1946年初~1948年5月	
克山县大众银行地方流通券	克山县大众银行	地方币	拾圆 壹百圆	2	克山县	1945年12月~1946年6月	
克东县粮谷交易存款证	克东县政府	地方币	拾圆 壹百圆	2	克东县	1946年1~6月	

附录三 解放区货币一览表

续表

货币名称	发行机构	币别	面额	版别	流通区域	流通时间	备注
依兰县金融救济券	依兰县政府	地方币	壹圆 贰圆 伍圆 拾圆 壹百圆 伍百圆	6	依兰县	1945年11月~1946年6月	
辽北省第一专区兑换券	辽北省第一专区行政公署	地方币	拾圆	1	辽北省	1946年1~3月	
宁安县地方银行币	宁安临时县政府	地方币	壹百圆	1	宁安县	1945年12月~1946年秋	
松江贸公司流通券	松江省贸易公司	地方币	伍拾圆 壹百圆	2	松江省	1946年	
鹤岗矿务局煤票	鹤岗矿务局	地方币	拾圆 伍拾圆 壹百圆	3	鹤岗地区	1945年8月~1946年12月	
东北银行辽宁省分行本票	东北银行辽宁省分行	地方币	壹万圆	1	辽宁省	1948年	限本地流通
东北银行安东省分行本票	东北银行安东省分行	地方币	壹万圆	1	安东省	1948年	限本地流通

续表

货币名称	发行机构	币别	面额	版别	流通区域	流通时间	备注
大连银行本票	大连银行	地方币	伍百圆 壹仟圆 伍仟圆 壹万圆 伍万圆 拾万圆 贰拾万圆	7	旅大地区	1946年9月~1947年初	
关东银行券	关东银行	地方币	壹圆 伍圆 拾圆 伍拾圆 壹百圆	5	旅大地区	1948年11月~1950年6月	
关东银行"加贴票"	关东银行	地方币	拾圆 壹百圆	4	旅大地区	1947年5月~1948年11月	在苏联红军票或伪满币上加贴标签
热河省银行地方流通券	热河省银行	地方币	拾圆 贰拾圆 伍拾圆 壹佰圆 贰佰圆	11	冀热辽地区	1946年冬~1948年2月	
热河省利民商店地方流通券	热河省利民商店	地方币	拾圆	1	冀热辽地区	1946年1~2月	

附录三 解放区货币一览表

续表

货币名称	发行机构	币别	面额	版别	流通区域	流通时间	备注
长城银行冀热辽流通券	长城银行	地方币	壹佰圆 贰佰圆 伍佰圆 壹仟圆 伍仟圆	10	冀热辽地区	1948年2月~1949年1月	
长城银行本票	长城银行	地方币	伍万圆 拾万圆	2	冀热辽地区	1948年	限本地流通
通鲁地方救济券	通鲁工委财粮科	地方币	伍圆 拾圆	2	辽宁通辽、开鲁地区	1946年	

资料来源：周建民、初本德：《东北革命根据地货币史》，北京，中国金融出版社，2005。

表5 内蒙古解放区货币一览表

货币名称	发行机构	币别	面额	版别	流通区域	流通时间	备注
兴安总省政府暂行流通券	东蒙印刷厂	地方币	伍圆 拾圆 壹百圆	3	东蒙地区	1945年10月~1948年6月	
东蒙古人民自治政府暂行流通券	东蒙银行	地方币	伍拾圆 壹百圆	2	东蒙地区	1946年3月~1948年6月	
兴安省政府暂行流通券	兴安省政府	地方币	伍圆 拾圆 伍拾圆 壹百圆	6	兴安省地区	1946年7月~1948年6月	

续表

货币名称	发行机构	币别	面额	版别	流通区域	流通时间	备注
兴安省政府东蒙各旗县地方流通券	兴安省政府	地方币	伍圆 伍拾圆 壹百圆	3	东蒙各旗县	1946年10月~1948年6月	
东蒙银行币	东蒙银行	地方币	伍拾圆 壹百圆	3	东蒙各旗县	1946年9月~1948年6月	
纳文慕仁盟政府暂行流通券	纳文慕仁盟政府	地方币	壹百圆	1	纳文慕仁盟	1946年10月~1948年6月	
通辽县地方临时救济券8月版	通辽县地方维持会	地方币	百圆	1	通辽县	1945年8月	
通鲁地方救济券	通辽县人民政府	地方币	伍圆 拾圆	2	通辽县	1946年3月	
奈曼旗人民临时自卫委员会流通券	奈曼旗人民临时自卫委员会	地方币	拾圆	1	奈曼地区	1945年9月~1946年3月	
科尔沁左翼三旗联合流通券	科尔沁左翼三旗联合办事处	地方币	壹百圆	1	科尔沁巴彦塔拉一带	1945年10月~1946年3月	
通辽县大林镇维持会临时救济券	通辽县大林镇维持会	地方币	伍拾圆	1	通辽县大林镇	1945年12月	

附录三 解放区货币一览表

续表

货币名称	发行机构	币别	面额	版别	流通区域	流通时间	备注
通辽县钱家店维持会临时救济流市通用券	通辽县钱家店维持会	地方币	伍拾圆	1	通辽县钱家店	1945年10月	
阿荣旗金融救济委员会流通券	东蒙阿荣旗金融救济委员会	地方币	拾圆 百圆	2	阿荣旗地区	1946年7月	
内蒙银行币（又称内蒙各旗县公私款通用地方流通券）	内蒙银行	地方币	壹百圆 贰百圆 伍百圆	4	内蒙古地区	1947年6月～1948年5月	俗称旧蒙币
内蒙古人民银行币	内蒙古人民银行	区域本位币	贰佰圆 伍佰圆 贰仟圆 壹万圆 伍万圆	5	内蒙古地区	1948年6月～1951年3月	俗称新蒙币
内蒙古人民银行本票	内蒙古人民银行	区域本位币	贰拾万圆 伍拾万圆 壹佰万圆	4	内蒙古地区	1949年6月～1951年3月	与新蒙币通用

资料来源：内蒙古自治区钱币学会：《内蒙古革命根据地货币史》，北京，中国金融出版社，2007。

表6 中原解放区货币一览表

货币名称	发行机构	币别	面额	版别	流通区域	流通时间	备注
中州农民银行币	中州农民银行	区域本位币	壹圆 贰圆 叁圆 伍圆 拾圆 贰拾圆 伍拾圆 壹佰圆 贰佰圆 伍佰圆	14	中原地区	1948年5月~1949年12月	
中州农民银行(陕南)币	中州农民银行陕南分行	区域本位币	壹圆 贰圆 叁圆 伍圆	5	陕南地区	1948~1949年	
中州农民银行(江汉)币	中州农民银行江汉分行	区域本位币	贰圆 伍圆 拾圆	4	江汉解放区	1948~1949年	
中州农民银行(桐柏)币	中州农民银行桐柏分行	区域本位币	贰圆	1	桐柏地区	1948~1949年	
洛阳流通券	洛阳县政府	地方币	贰圆	1	洛阳县地区	1948年9月~1949年2月	
孟津县流通券	孟津县政府	地方币	贰圆	1	孟津县地区	1948年9月~1949年2月	
襄城县人民民主政府流通券	襄城县政府	地方币	贰圆	2	襄城县地区	1948年	
宝丰县流通券	宝丰县政府	地方币	贰圆	1	宝丰县地区	1948年	

附录三 解放区货币一览表

续表

货币名称	发行机构	币别	面额	版别	流通区域	流通时间	备注
鲁山县商业流通券	中州农民银行鲁山支行	地方币	壹圆	1	鲁山县地区	1948年	
禹县流通券	禹县民主政府	地方币	壹圆 贰圆	2	禹县地区	1948年	
方城县流通券	方城县政府	地方币	贰圆	1	方城县地区	1948年	
郏县民主政府流通券	郏县民主政府	地方币	贰圆	1	郏县地区	1948年	
郑州流通券	郑州县政府	地方币	贰圆	1	郑州地区	1948年	
宛西贸易公司流通券	桐柏区行署	地方币	贰圆	1	南阳县地区	1948年	
陕南区汉通商店流通券	陕南汉通商店	地方币	贰拾圆	1	陕南区	1948年	
老河口市临时流通券	老河口市政府	地方币	壹圆	1	老河口市	1948年	
皖西流通券	皖西工商总局	地方币	伍分 壹角 贰角伍分	5	皖西地区	1949年1~4月	
皖西工商管理局四专区流通券	皖西工商管理局四专区	地方币	贰角 伍角	3	皖西四专区	1949年1~4月	

资料来源：赵宁夫：《中原革命根据地货币史》，北京，中国金融出版社，2005。

表 7　华南解放区货币一览表

货币名称	发行机构	币别	面额	版别	流通区域	流通时间	备注
裕民银行币	裕民银行	地方币	壹角 贰角 伍角 壹圆 伍圆 拾圆	9	广东潮汕地区	1948年12月~1949年	有的写做裕民币
新陆银行币	新陆银行	地方币	壹角 贰角 伍角 壹圆 伍圆	5	东江地区	1949年春~1949年7月	
粤赣湘边人民流通券	粤赣湘边纵队司令部	地方币	贰角 伍角 壹圆 伍圆 拾圆	5	九连山,南岭地区	1949年8~9月	单面油印
连河县信用流通券	连河县人民政府	地方币	壹圆 贰圆 叁圆	4	九连山河地区	1949年	单面油印
河源县信用流通券	连河县人民政府	地方币	伍角 壹圆 贰圆 伍圆 拾圆 贰拾圆 伍拾圆 佰圆 伍佰圆 壹仟圆 壹万圆	11	九连山河源地区	1948年11月~1949年8月	单面油印
新丰县信用欠票	粤赣边支队第二团	地方币	壹圆	1	新丰县地区	1949~1950年	单面油印
海丰民主县政府临时流通券	海丰民主县政府	地方币	壹角 贰角 叁圆 壹圆 伍圆	5	海丰、陆丰等地	1949年	单面印制

附录三 解放区货币一览表　331

续表

货币名称	发行机构	币别	面额	版别	流通区域	流通时间	备注
紫金县人民政府流通券	紫金县人民政府	地方币	壹毫 伍毫 壹圆	3	九连山紫金县	1949年	
紫金人民流通券	紫金县人民政府	地方币	伍角	1	九连山紫金县	1949年	
闽西军民合作社流通券	闽西军民合作社	地方币	伍分 壹角 壹圆 拾圆	6	闽西永定县	1949年5月~1950年1月	单面木版
大埔军民合作社流通券	大埔军民合作社	地方币	伍分 壹角 壹圆 伍圆	6	闽西大埔县	1949年5月~1950年1月	单面木版
闽中支队部钞票	闽中支队司令部	地方币	壹角	1	福建莆田地区	1949年	单面油印
琼崖临时人民政府光洋代用券	琼崖临时人民政府	地方币	伍分 壹角 伍角	3	海南琼崖地区	1949年6月~1950年8月	
大众合作社光洋代用券	琼崖大众合作社	地方币	壹角 贰角	2	海南琼崖地区	1947年1月~1949年6月	
西区专员公署光银代用券	琼崖西区专员公署	地方币	伍分 壹角 贰角	3	琼崖地区	1948年12月~1949年5月	

续表

货币名称	发行机构	币别	面额	版别	流通区域	流通时间	备注
潮饶丰行政委员会军民合作社流通券	潮饶丰边县军民合作社	地方币	壹角 贰角 伍角 壹圆	4	潮安、饶平、丰顺边县地区	1949年7~10月	单面油印
鹤山县第四区人民政府粮税代用券	鹤山县第四区人民政府	地方币	壹毫 伍毫 壹圆 贰圆	7	鹤山县第四区	1946年6~10月	
高明县第一区人民政府粮税代用券	高明县第一区人民政府	地方币	壹毫 贰毫 伍毫 壹圆	4	高明县第一区	1949年7~10月	单面油印
高明县第二区人民政府粮税代用券	高明县第二区人民政府	地方币	伍毫 壹圆	3	高明县第二区	1949年7~10月	单面油印
高明县第三区人民政府粮税代用券	高明县第三区人民政府	地方币	壹毫 贰毫 壹圆	3	高要县第三区	1949年8~10月	单面油印
高要县第二区人民政府粮税代用券	高要县第二区人民政府	地方币	壹圆	1	高要县第二区	1949年8~10月	单面油印
新兴县人民政府军粮代换券	新兴县人民政府	地方币	壹角 伍角 壹圆	4	新兴县地区	1949年5~7月	单面油印
江城县临时联合政府流通券	江城县临时联合政府	地方币	壹圆 伍圆	2	云南江城县	1949年6~11月	布币，木版印刷

附录三 解放区货币一览表 333

续表

货币名称	发行机构	币别	面额	版别	流通区域	流通时间	备注
车佛南流通券	车佛南流通券发行局	地方币	壹圆 贰圆	2	桂滇黔边区车佛南地区	1949年10月~1950年1月	
南方人民银行币	南方人民银行	区域本位币	壹角 贰角 伍角 壹圆 伍圆 拾圆	8	华南解放区	1949年8~11月	

资料来源：吴平：《华南革命根据地货币史》，北京，中国金融出版社，1995。

表8 中国人民银行货币一览表

货币名称	发行机构	币别	面额	版别	流通区域	流通时间	备注
中国人民银行币	中国人民银行	本位币	壹圆 伍圆 拾圆 贰拾圆 伍拾圆 壹佰圆 贰佰圆 伍佰圆 壹仟圆 伍仟圆 壹万圆 伍万圆	56	全国	1948年12月~1955年3月	
中国人民银行币（维吾尔文版）	中国人民银行	本位币	伍佰圆 壹仟圆 伍仟圆 壹万元	4	全国	1951年11月~1955年3月	

续表

货币名称	发行机构	币别	面额	版别	流通区域	流通时间	备注
中国人民银行币（蒙古文版）	中国人民银行	本位币	伍千圆 壹万元	2	全国	1951年5月～1955年3月	
中国人民银行江西省分行临时流通券	中国人民银行江西省分行	地方币	伍圆 拾圆 贰拾圆	3	江西省	1949年6月～1950年6月	

资料来源：中国人民银行货币发行司：《中华人民共和国货币图录》，北京，中国大百科全书出版社，1993；内蒙古自治区钱币学会：《内蒙古革命根据地货币史》，北京，中国金融出版社，2007；诸锦瀛：《江西近代货币简史》，南昌，江西人民出版社，2002。

附表

苏联红军司令部钞票一览表

货币名称	发行机构	币别	面额	版别	流通区域	流通时间	备注
苏联红军司令部钞票（中文版）	苏联红军司令部	地方币	壹圆 伍圆 拾圆 佰圆	4	东北及东蒙地区	1945年10月～1949年12月	又称苏军票
苏联红军司令部钞票（朝鲜文版）	苏联红军司令部	地方币	壹圆 伍圆 拾圆 佰圆	4	东北部分地区及朝鲜地区	1945年10月～1949年12月	又称苏军票

注：苏联红军司令部钞票在东北俗称苏联红军票。

资料来源：周建民、初本德：《东北革命根据地货币史》，北京，中国金融出版社，2005；郑海章：《东北革命根据地钞票》，沈阳，辽沈书社，1991。

后　　记

本书是在中国钱币博物馆、中国钱币协会秘书处和《中国革命根据地货币史》丛书编辑委员会的领导下编写的。戴志强、周世敏、金德平、殷毅、童子玉同志对本书的创意和初稿的修改提出了宝贵的意见，本书的编写还得到了黄锡全、王永生、王雪阳、殷兰芍等同志的大力支持和帮助，在此表示衷心的感谢！

《中国革命根据地货币史》丛书各卷本，在抢救了大量濒临散失的珍贵史料的同时，经过有关省、自治区同志们的精心研究编写出版，本书则是在各卷本的基础上加以总结提炼而成，本书得以编写出版相当部分应归功于各卷本的成果，在此谨对编写出版各卷本的江西、湖南、福建、广东、安徽、湖北、浙江、江苏、四川、河南、陕西、山西、山东、河北、辽宁、吉林、黑龙江、内蒙古十八省、自治区人民银行分支机构、钱币协会的领导、组织者、编纂者付出的辛勤劳动致以诚挚的谢意！对为本书提供某些难得资料的赵会元、胡国瑞、赵宁夫、刘森同志，致以深切的谢意!

对为本书的出版提供了大力支持和帮助的中国金融出版社林铁钢、李苒、赵燕红等同志,表示衷心的感谢!

由于笔者水平有限,书中疏漏或不足之处在所难免,欢迎广大读者批评指正。

著者
2008年1月